H. ALLAIN

Membre de la Société historique de Côme

PLINE LE JEUNE

ET SES HÉRITIERS

Ouvrage illustré de 198 Photogravures
et de 20 Cartes ou Plans

TABLES GÉNÉRALES

PARIS

Albert FONTEMOING, Éditeur

Libraire des Écoles françaises d'Athènes et de Rome

4, rue Le Goff, 4

1902

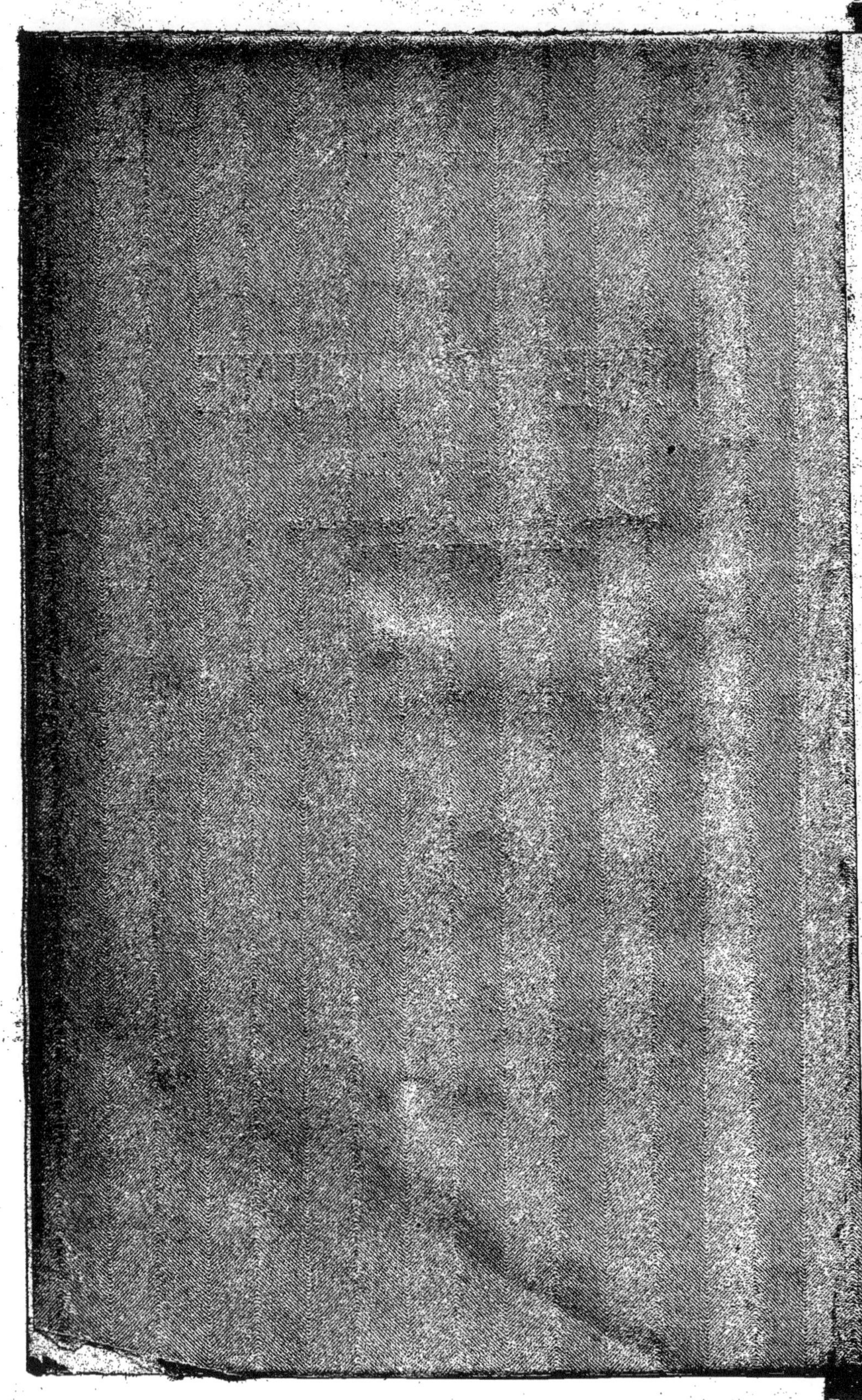

E. ALLAIN

Membre de la Société historique de Côme.

PLINE LE JEUNE

ET SES HÉRITIERS

Ouvrage illustré de 123 Photogravures
et de 20 Cartes ou Plans

TABLES GÉNÉRALES

PARIS

Albert FONTEMOING, Éditeur

Libraire des Écoles françaises d'Athènes et de Rome

4, rue Le Goff, 4

1902

LES MATIÈRES

LES GRAVURES

I. — TABLE ANALYTIQUE DES MATIÈRES

L'œuvre de Pline qui a survécu est très courte (300 pages in-18), mais elle nous fournit les plus utiles documents sur l'écrivain, ses relations, son époque, 3. — L'auteur se placera exclusivement au point de vue littéraire, 4, — car il n'a pas qualité pour aborder le terrain de l'érudition, 5. — Son livre est divisé en quatre parties [coupées à mi-chemin par un *Intermezzo*], 5. — Il explique ses modernismes, ses citations, ses notes, 6, 7, 8. — Il cite les auteurs dont il a tiré le plus grand profit, 8-15. — Il indique son but : engager le lecteur à se reporter aux originaux, 16.

PREMIÈRE PARTIE : L'HOMME.

I. — La Naissance et l'Éducation.

On constate déjà au temps de César la présence à Côme des Cæcilii, 23. — Pline le Jeune naît à Côme en 61 ou 62 de Lucius Cæcilius et de Plinia, sœur cadette de Pline le Naturaliste, 24. — Lucius Cæcilius meurt vers 70, 24. — P. J. est placé sous la tutelle testamentaire de Virginius Rufus, 25 — est adopté en 73 par son oncle le naturaliste, 26. — Pline le Naturaliste est né à Vérone et non à Côme, 27, 28. — Influence de l'adoption de P. J. sur son nom, 29. — P. J. fait dans sa famille son instruction primaire et son instruction secondaire, 34, 37. — A 15 ans, il prend la toge virile, sous les auspices de son père adoptif qui l'emmène à Rome, 38. — Il fait ses deux premières années de rhétorique sous Quintilien et la troisième sous Quintilien et Nicétès, 40. — Août 79, son oncle décède, 41. — Année 80, P. J. entre dans la vie, *matris auspiciis*, 41.

II. — La Famille et le Rang social.

On peut fixer à 83 la mort de Plinia, 43. — Santés délicates du père, de la mère, de l'oncle, de P. J., 43 — En 84, premier mariage de P. J. ; en novembre ou décembre 96, veuvage, 44. — Fin 97, deuxième mariage avec Calpurnia, 44. — P. J. ne s'est pas marié trois fois, 44-47. — Pompéia Célérina était la mère de Calpurnia, 48. — Famille de P. J. : Cæcilius, Plinia, Pline le Naturaliste, Pompéia Célérina, Fabatus, Hispulla, Calvinus, Calvina, Cœlius Clémens, Pline Paterne, 48, 49. — P. J. connaît quelques petits bourgeois (*mediocres*), notamment Geniter, 50, 51. — Par sa naissance, P. J. appartient à la bourgeoisie provinciale (*egregii*), 51. — Par son adoption, il devient chevalier (haut bourgeois), 54. — Il ne pénètre qu'au titre lettré dans l'aristocratie républicaine, 55. — Sénateur depuis 87, P. J. est le personnage le plus considérable de sa famille, mais son rang social ne dépasse pas celui d'un baron de Napoléon Ier, 56.

III. — La Fortune et les Libéralités.

En outre de sa fortune immobilière, P. J. ne possède qu'un compte de banque assez restreint, 57. — P. J. n'a pas de villas à Tusculum, Tibur, Préneste, 61. — *Ses immeubles improductifs sont* : la maison comasque (15,000 fr.), l'hôtel de Rome (400,000), le château laurentin (100,000), la *Tragédie* (50,000), la *Comédie* (25,000), trois ou quatre villas du lac (40,000), 61, 62. — *Immeubles*

IV. — *Contubernales et Amici.*

I. — *Les cinq Inscriptions.*

II. — *Les Empereurs.*

vue de Tacite, 155. — P. J. voit uniquement dans les règnes de Claude et de Néron la marée montante des *Libertini*, 161. — Galba a les défauts et les qualités d'un grand seigneur républicain, 162. — Proclamé empereur, Othon chercha à se concilier les sympathies universelles, 165. — Pour indiquer le modèle de gouvernement qu'il se proposait de suivre, Vitellius offrit, dès son entrée à Rome, une cérémonie funèbre aux mânes de Néron, 167. — La région cisalpine fut le principal théâtre des guerres civiles de Vitellius et d'Othon, de Vespasien et de Vitellius, 168 — M. Zeller s'arrête aux apparences lorsqu'il résume cette époque de conflits sociaux, dans les mots *démagogie militaire*, 169. — L'enfance de P. J. fut bercée par des sympathies othoniennes, 170. — Vespasien, le candidat des classes inférieures, valait mieux que ses trois prédécesseurs, 173. — Au pouvoir, Vespasien resta un paysan, 175. — Tout le milieu de P. J. bénéficia de la révolution vespasienne, 185. — Le règne de Titus fut lamentable, 185. — Domitien, c'est Julien Sorel revêtu de la pourpre impériale, 193. — Sans la division du règne en trois phases, il est impossible de concilier les jugements portés par les écrivains du temps sur le dernier Flavien, 202 — Dans le Sénat de Trajan, P. J. parle de Domitien sur le ton d'un fonctionnaire de Napoléon rallié à Louis XVIII, 210. — Sans être régulière, la procédure Cornélie-Licinianus ne revêt pas le caractère de monstrueuse iniquité que dénonce P. J., 215. — Causes du triomphe exceptionnel du patriciat et de la bourgeoisie le 18 septembre 96, 218. — L'élection de Nerva démontre que le Sénat était dépourvu de sens politique, 221. — P. J. n'éprouve pour Nerva qu'une sympathie mitigée, 224. — Rappel du portrait de Trajan par Montesquieu, 229.

III. — *La Carrière*.

La Carrière équestre et la Carrière sénatoriale 232. — La Carrière de P. J. débute par le *flaminium* comasque *divi Titi Augusti*, 233, 234. — En 82 P. J. est décemvir *stlitibus judicandis*, 234. — Au temps de P. J., les futurs sénateurs pensent beaucoup plus à leur avancement qu'à leur instruction, 238. — En 83, P. J. fait son stage militaire en Syrie comme officier comptable, 238. — Il n'en rapporte que des souvenirs étrangers à la profession militaire, 243. — P. J. resta sous les drapeaux dans sa classe sociale, 251. — Il est *sevir equitum romanorum*, 252. — Dans la carrière sénatoriale, la questure est la magistrature initiale, 259. — P. J. eut pour collègue dans sa questure impériale, non un patricien, mais un bourgeois comme lui (Tiro), 260. — Il ne tira de sa questure que le bénéfice honorifique, 261. — Il fut sénateur pendant quatre périodes bien différentes, 265. — Son retour mélancolique sur les lacunes de son éducation, 265. — Il est tribun du 5 décembre 91 au 4 décembre 92, 274. — Les questoriens sérieux parvenaient à la préture non par le tribunat, mais par l'édilité, 276. — Les vrais préteurs ont des fonctions graves et délicates, 280. — Le rôle des préteurs *in partibus* se borne à la présidence des fêtes publiques ordinaires, 281. — P. J., préteur *in partibus* ne daigne pas présider les jeux qui lui sont dévolus, 285. — On doit fixer la préture de P. J. du 1er janvier au 31 décembre 94, 288. — Sous Domitien, P. J. franchit *au pas de course* les diverses étapes de son Cursus, 292. L'arrêt de sa carrière fut calculé et voulu, 294. — Il eut pendant 18 mois une situation fausse et inquiétante mais dont il ne faut pas exagérer les périls, 295. — Réfutation de M. Mommsen qui qualifie P. J. de *personnalité insignifiante*, 299. — P. J. fut nommé trésorier militaire par Nerva et non par Domitien, 299. — P. J. fut nommé par Nerva, postérieurement au 9 janvier 98, trésorier de Saturne et confirmé vers le mois d'Avril par Trajan, 306. — Il sortit de sa charge en janvier 104, 310. — Le 9 janvier 100 il est élu consul *suffectus*, 315. — Côté caractéristique de cette élection, 316. — Il entre en charge le 1er septembre, en sort le 31 Octobre, 316. — Le *jus trium liberorum* accordé à P. J. ne représentait pour lui que quelques bénéfices de vanité, 321. — En 101 et 106-107 P. J. fait partie *au titre amical* du conseil de Trajan, 322. — Banalité du rôle d'audience du Tribunal impérial, 328. — De janvier 105 à janvier 108, P. J. est *curator alvei Tiberis*, 329. — Il est augure en 106 et non en 103 ou 104, 338. — Dans la carrière de P. J. on ne

**

I. — *En théorie.*

Le Romain n'aime pas les *intellectuels*, 121, 122 ; Cicéron explique et justifie son intellectualité dans *l'Oratio pro Archia*, 122-127 ; son opinion intime, après le départ des électeurs, sur l'intellectualité : *pensée mauvaise sans l'action*, *action mauvaise sans la pensée*, 127, 128 ; Horace rompt avec la tradition romaine, il apporte son concours à la politique d'Auguste « littérature, moyen de gouvernement », il proclame la mission sociale du poète, il se décerne un diplôme d'immortalité, 128-131 ; Valère Maxime range les lettres dans les très nobles travaux, 131-135 ; Perse ne voit dans les lettres que *nuces* et *nugæ* ; arrière-pensées et illogismes de ses dédains, 135-138.

II. — *En Pratique.*

L'histoire du mot *otiosus*, 139 ; mépris de Cicéron pour les *Otiosi*, 139, 140 ; l'*Otium* devient depuis Horace, jusqu'à la fin de Tibère, un titre d'honneur, et l'humanité se divise en deux camps : *negotiosi*, *otiosi*, 140 ; *Otia sequentes* dans Phèdre, 140, 141, 142 ; les *Otiosi* réhabilités continuent à appeler leurs productions : *viles næniæ*, explication : « l'otiosus fait de la politique et la police » le guette », 142, 143 ; les *Otiosi* démasqués tombent dans le boulangisme, 144 ; Néron accorde aux *Otiosi* une bienveillance confraternelle, 144 ; au temps des Flaviens, *otiosus* signifie : intellectuel inoffensif, et *philosophus* : conspirateur, 144, 145 ; Vespasien enrégimente les *Otiosi*, 145 ; Domitien continue au rabais la politique de son père, 145, 146 ; Trajan renonce à parquer les *Otiosi*, 146.

III. — *Le Studiosisme.*

P. J. édifie une échelle complète de la hiérarchie humaine, 148 ; cette échelle, 148-150 ; au sommet des sommets, se trouve le *Studiosisme*, 150 ; P. J. ne peut se dire qu'*Amantissimus studiosorum*, 150 ; P. J. applique ses théories, 150-173 ; la pratique fait effondrer les théories de P. J., explications de cet écroulement, 173, 174, 175, 179 ; P. J. n'a pas soupçonné les problèmes que M. Janet a résolus, 175-178 ; conséquences du studiosisme : dilettantisme, vanité, défaut de sens politique, cosmopolitisme, 181 ; *quid* du dilettantisme, de la vanité, du défaut de sens politique, du cosmopolitisme de P. J. ? examen d'opinions émises par M. Bender, 181-187 ; le bénéfice que P. J. retira de sa passion pour les lettres, 188.

IV. — *Scribendi : cacoëthes — amor — usus.*

Les esprits dits *cultivés*, à Rome et de nos jours, 188, 189 ; *les écrivains* « *pour rire* » : Arrius Antoninus, Calpurnius Pison, Caninius Rufus, Claude Pollion, Fannius, Geminus, Herennius Sénécion, Julius Avitus, Junius Avitus, Rusticus Arulenus, Sura, Maxime, Octavius Rufus, Passienus Paulus, Saturninus, Sardus, Sentius Augurinus, Silius Proculus, Terentius Junior, Capito, Virginius Romanus, Virginius Rufus, Voconius Romanus ; éloges hyperboliques que leur décerne P. J. ; observations de Septicius, 189-212 ; *les vrais écrivains sans arrière-pensées pécuniaires* : Pline l'Ancien, Cluvius Rufus, Fabius Rusticus, Silius Italicus, Tacite, Suétone, 212-242 ; Martial tente de vivre de sa plume ; les conséquences et le sort de sa tentative ; ses relations avec P. J. ; ce que P. J. dit de lui, 242-273 ; P. J. n'a pas écrit l'histoire littéraire de son temps ; les écrivains qu'il a omis, ceux qu'il loue et comment il les loue, 273-276.

DEUXIÈME PARTIE : **L'ÉCRIVAIN.**

I. — *Le Fond.*

La Correspondance privée, la Correspondance officielle, 280, 281 ; *La Correspondance privée* : Le littérateur, la variété, le but, la brièveté, l'autobiographie, les deux étoiles, 280-302 ; *La Correspondance officielle* : l'intérêt, la chronologie, 302-305.

II. — *La Forme.*

III. — *Les trois Sénateurs.*

IV. — *Les Sévérités de Joubert.*

V. — *Le Désordre chronologique.*

VI. — *Manuscrits, Éditions, Traductions.*

I. — *Simple bouquet.*

II. — *Le Mérite littéraire.*

III. — *L'Intérêt historique.*

IV. *La Valeur morale.*

V. — *Manuscrits, Éditions, Traductions.*

*
* *

*
* *

II. — *L'école française.*

CHAPITRE DEUXIÈME. La Grivoiserie bourgeoise 379-409

I. — *Les Prodromes.*

II. — *L'Epidémie.*

CHAPITRE TROISIÈME. — Les Très humbles Adresses. 413-482

I. — *De Mamertin l'Ancien à Pacatus.*

II. — *La Vérité sur les panégyristes Gaulois.*

III. — *De Claudien à Fontanes.*

Conclusion. 485-516

I. — *Spirans Imago.*

II. — *Numerosa gloria.*

❦❦❦

II. — GRAVURES & CARTES

1° ADDENDA

2° ERRATA   } PAR VOLUME

3° LABECULÆ

ADDENDA — ERRATA — LABECULÆ

N. B. — P. indique la page; *n.* une note; *l.* la ligne; A. veut dire *ajoutez*;
a. l. d. *au lieu de* ; L. *lizez*.

I. — ADDENDA.

Tome 1er.

P. 4, *n.* 3, *l.* 5, après les mots : et surtout, A. : 1° *Bibliotheca scriptorum latinorum*, Engelmann et Preuss (t. II). Leipsig, Engelmann, 1882, p. 523-530. 2°.

P. 12, *l.* 13, après le mot : Schaeffer, A. : (de notre premier volume).

P. 41, *l.* 13, après les mots : prédécesseur de Quintilien, A. (en note) : « Nous lisons ce rapprochement entre Nicétès et Latro dans Sénèque le rhéteur. *Controv.*, l. IV, 25 (p. 291, Edit. Argent., 1810) : *Nec ulli alii contigisse scio, quam apud Græcos Nicetæ, apud Romanos Latroni, ut discipuli non audiri desiderarent, sed contenti essent audire.*

P. 58, *n.* 4, A. à la fin de la note (P. 61) : Voir aussi les deux dernières lignes de *n.* 1, P. 70. (Tibur et Préneste faisaient également partie du Latium).

P. 69, *l.* 17, après le mot : savoir, A. (en note) : Nous insistons sur ce point que les chiffres donnés ne constituent que des hypothèses, signalant même que de nombreux auteurs ont crû pouvoir renvoyer à une époque bien postérieure l'attribution aux fonctionnaires supérieurs de traitements règlementés.

P. 72, avant-dernière ligne.... 12 °/₀, A. (en note) : Sur le calcul de ce taux fixé par la loi des XII tables, voir *Grasset* (Pline le Jeune), p. 104.

P. 75, sur les dépenses excessives du rang sénatorial, A. (en note) : Voir Tacite, Ann., l. I, 75 (Propertius Celer, prætorius, demande à se retirer du Sénat *ob paupertatem*).

P. 96, *l.* 28, après revenus patrimoniaux, A. : (de perception assurée ou régulière).

P. 101, *l.* 14, après les mots : pour en tenir lieu, un préciput, A. (en note) : Adam (t. I, p. 97) lit mal ce passage *deinde pro quadrante præceptionem*) lorsqu'il voit dans cette *præceptio* un legs particulier pris d'abord sur la fortune du testateur et ajouté à la part du légataire.

P. 102, *l.* 30, après les mots : plus du 1/10ᵉ de la succession, A. (en note) : Le plus ordinairement on divisait l'héritage romain (As) en douze parties — *unciæ* (L'uncia se subdivisait elle-même en *semuncia, duella, sicilicum, sextula*). Calvisius Rufus aurait donc été appelé à recueillir 1/12ᵉ de la succession Saturninus. Nous avons évalué par 1/10ᵉ pour simplifier le calcul de P. 103, *n.* 1.

P. 106, *l.* 15, après les mots : dizaine de mille francs, A. (en note) : Voir t. III, p. CCLXXXVIII, CCLXXXIX.

P. 112, *l.* 15, 16, 17, après les mots : et multiplie..... cent de ses affranchis, A. (en note) : Aux termes de la loi Furia ou Fusia Caninia portée a. U. c. 761

et qui resta en vigueur jusqu'à Justinien, le propriétaire d'esclaves ne pouvait dépasser testamentairement le nombre de cent affranchissements. On voit que le *de cujus* avait atteint le maximum.

P. 120, *l.* 4...., l. III, 1, A. : 19.

P. 128, *l.* 18...., l'enfant unique, A. (en note) : Sur les avantages matériels du célibat qui faisaient dire *Cœlibes, Cœlites* (Célibataires, habitants des cieux), voir les pages 56-62 de l'ouvrage de Cartier cité *Addenda*, p. 319.

P. 133, *l.* 31, malveillants ou même hostiles...., A. (en note) : Voir *Errata*.

P. 137, *l.* 11...., Fecchio, A. (en note) : *Fegii quæ Cantuariensis pagi villa est, in semiruta Juliani æde nuper reperta [fuit lapis]* (Alciat). — Fecchio [devenu aujourd'hui par corruption Jecchio] n'est pas à proprement parler un village, mais un hameau ou une section de commune dépendant de Cantù, gros bourg (presque une petite ville) situé à environ 10 kilomètres de Côme.

P. 156, *l.* 12, après les mots : épithète anodine de *malus*, A. (en note) : l. III, 5, l. V, 3. — On trouve neuf autres fois sous la plume de Pline le nom de Néron ; mais huit fois (l. I, 5, l. III, 7, l. V, 5, l. VI, 31, *Pan.* 11) l'épistolier se borne à des constatations historiques sans commentaires. Dans un seul passage (*Pan.* 53) il enfle un peu la voix : *An excidit dolori nostro vindicatus Nero ?* ; mais que ce larmoiement est loin des rugissements contre Domitien, *optimi cujusque spoliator et carnifex !*

P. 157, *l.* 23, après les mots : lui-même, A. (en note) : Voir Cucheval (*Éloquence ap. Cicéron*, t. II), p. 376, 377, le texte de ce sénatus-consulte (28 janvier 49).

P. 161, *l.* 14, après les mots : besicles fonctionnaires, A. (en note) : Ce qui démontre la localisation aux *honores petituri* de la haine contre Pallas, c'est que l'inscription *cœni sordis*, en vedette sur la voie publique, avait traversé sans encombre une cinquantaine d'années.

P. 165, *l.* 6, après les mots : massacrés par les prétoriens, A. (en note) : Tacite (*Hist.*, l. II, 55) voudrait nous faire croire que le peuple regretta Galba, autant que le Sénat lui-même ; mais ce qu'il dit ailleurs (*Hist.*, l. III, 7) prouve que les hommages rendus à la mémoire du défunt ne furent que des manifestations aristocratiques. Sur ce point, Suétone (*Galba*, 33) ne laisse point de doute, car il nous révèle un conflit caractéristique entre le noble Sénat et Vespasien, le candidat du peuple. Le Sénat vota une statue à Galba ; mais, en prenant un prétexte quelconque, *decretum Vespasianus abolevit.*

P. 170, *l.* 31...., haine insurmontable, A. (en note) : 1° Les Romains gardaient de la royauté le souvenir que les Anglais conservent de la monarchie catholique ; 2° P. J. fait (*Pan.* 45) une distinction très nette entre les rois qu'il met sur le même pied que les ennemis de l'extérieur et un empereur comme Trajan qui se rattache étroitement aux fondateurs de la République.

P. 173, *l.* 19, après le mot fit, A. : ou laissa.

P. 177, *n.* 1, *l.* 4...., morales, A. : (Il va sans dire que par *vénalité des offices*, nous entendons uniquement la nomination contre paiement au trésor, et non un droit de transmission quelconque, de la charge obtenue).

P. 194, *l.* 24...., dix-sept consulats, A. (en note) : Nous suivons ici les biographes qui accablent toujours le tyran sous une addition unique de ces consulats tant de fois ressassés. Mais pour cette période spéciale du règne, le compte est majoré ; voir, notamment, p. 292, n. 1.

P. 209, *n.* 1, *l.* 4...., un programme quelconque, A. : (surtout politique).

P. 210, *l.* 13...., s'écriera, A. : (ou sera censé s'écrier).

P. 230, *l.* 16...., professeur, A. : le préfet.

P. 244, *l.* 27...., en Syrie, A. (en note) : M. Duruy [Voir sa Table analytique générale, p. 624] fait un seul et même personnage du philosophe ami de P. J. et du rhéteur Artémidore qui écrivit, sous les derniers Antonins, une *Inter-*

prétation des Songes. Le calcul des âges (observation esquissée par Gesner) nous paraît repousser cette confusion ; le futur obligé de P. J. était déjà un homme mûr en 83 : *Artemidum ipsum jam tum, quum in Syria tribunus militarem, arcta familiaritate complexus sum.*

P. 259, P. 258, n. 6, A. : Voir aussi Zeller (*Les Empereurs romains*), p. 168, 169 ; et Cucheval (*L'Eloquence romaine depuis Cicéron*), t. II, p. 166 et suiv., p. 379-381, où l'on lit le texte même de la *Lex Imperii* de Vespasien.

P. 262, n. 3. Cf. ce que dit Willems, (p. 531, 532) de la situation des *prætextati* dans *l'ordo decurionum.*

P. 264, l. 3...., de l'ordre sénatorien, A. : ou dont sont victimes les grands personnages de l'Etat. (Voir P. 555, n. 3).

P. 2 9, l. 16...., se laisser appeler, A. : (officieusement).

P. 270, l. 7...., y remédier lui-même, A. : (voir aussi l. IV, 12, le débat sur le traitement du greffier de Marcellinus).

P. 286, l. 1...., Corellius Rufus, A. : (Voir t. III, p. 205, n. 1).

P. 314, l. 25...., le plus considérable, A. : Ainsi en 97, Nerva prend pour collègue Virginius Rufus III, et Trajan, en 98, 100, Frontin, II, III.

P. 314, l. 28...., consul suffectus de fin d'année, A. (en note) : Voici comment Ausone parlant de Fronton (*Grat. act.)* juge ce genre de consulat. « Quel con-
» sulat ! Substitué à un consulat ordinaire, intercalé pour un bimestre, il
» s'éclipse avec la sixième partie d'une année, si bien qu'il nous reste à
» chercher sous quels consuls un si grand orateur a exercé le consulat ! »

P. 315, fin de n. 3, P. 314, A. : (Voir Mommsen, p. 113).

P. 319, n. 3. A : l. Le vers 89 de Juvénal *Sat.* IX, est ainsi commenté par Dusaulx : « Par un article de la loi Papia Poppæa, les citoyens de la ville de Rome qui avaient eu trois enfants en légitime mariage jouissaient de l'exemption des charges personnelles. Quatre enfants en Italie et cinq dans les provinces donnaient le même privilège..... » II. Dans le petit volume que M. Ernest Cartier vient de publier [1902, Paris, Plon] sur le *Célibat à Rome*, on lira avec intérêt, relativement au *Jus trium liberorum* « privilège très envié, » devenu une faveur dispensée souvent de la manière la plus capricieuse » les pages 90, 91, 92, 93, 94, 114-120, 137, 138, 139, 140, 141-144. En outre des deux commentaires sur les *Leges novæ* de Heineccius et de Godefroy, l'auteur signale les principaux textes, soit juridiques, soit littéraires (Ulpien, Gaius, Paullus, Tacite, Martial, Pline le Jeune, Juvénal, Dion Cassius).

P. 329, l. 6...., de la République, A. (en note) : Voir t. III, *Intermezzo,* p. xxxvi et n. 1.

P. 331, l. 4, de n. 3, P. 330...., ci-après, A. : (page 333, n. 1).

P. 341, l. 7...., appréciés, A. (en note). : Cette observation, à laquelle nous donnons ici un caractère général, ne fera point échec à ce qui sera dit plus tard sur l'incapacité *partielle* du gouverneur de Bithynie.

P. 341, n. 1, l. 5...., en 113, A. : [voir Mommsen, p. 116].

P. 353, l. 16...., tombent au rang, A. (en note). : Bien entendu quand nous parlons de chûte, nous nous plaçons sur le terrain même de ce « pince sans rire. » Voir notamment p. 344.

P. 354, l. 5, 6...., extrêmement choquante, A. : Pour démontrer le caractère anormal de cette nomination, il suffirait de signaler (v. p. 385, 386) que l'avocat de Bassus fut appelé au cours de sa mission à statuer sur l'application de l'arrêt rendu contre son client.

P. 359. Lorsque nous regardions ce portrait de « grand dadais », il nous revenait en mémoire ces lignes de Goncourt « Elie [Mme Gervaisais] interrogeait » ces figures, troublée souvent par le démenti qu'elles donnaient à la postérité, » inquiète de la contradiction, du hasard et de l'injustice des visages qui » prêtaient à Trajan le crâne de l'imbécillité.... »

P. 365, *l.* 24..,., les exemples de plusieurs villes, A. (en note) : Nous attirons l'attention sur la phrase qui n'est pas sans étonner, puisque P. J. n'a point invoqué cet argument.

P. 376, *n.* 2, A. : et Accarias, *Précis de droit romain*, t. I, p. 279, *n.* 4.

P. 381, *l.* 10...., mes instructions, A. (en note) : Si l'on doit voir ici des instructions directes données par l'empereur à Coelianus, depuis que P. J. se trouve en Bithynie, il n'est point besoin de chercher ailleurs la démonstration de l'incertitude et de l'imprécision des pouvoirs du réformateur.

P. 384, *n.* 5, *l.* 5, après les mots : mal tenus, A. : [Quand il y a du désordre dans une administration, ce désordre est partout ; cas de la Bithynie. Voir lettre 71, K. 65, la méfiance qu'éprouve Pline à l'égard de ses archives ; ses employés lui lisent diverses pièces qu'il juge *parum emendata et quædam non certæ fidei*...].

P. 391, *n.* 3, *l.* 6, après les mots : de la Berge, A. : [M. Pellisson (*Les Romains*, p. 3, 4) loue au contraire sans réserve la décision de Trajan, parce qu'il la rattache un peu arbitrairement à la question des *comprachicos*. (Voir notre page 547, *l.* 20 et suiv.)].

P. 394, *n.* 2, *l.* 6, après les mots : les conjoints, A. : La première dite *Bonorum possessio unde cognati* était accordée à la parenté *naturelle*, suivant son degré de proximité ; la seconde, dite *bonorum possessio unde vir et uxor*, bénéficiait (en l'absence de *manus*) à l'époux survivant non divorcé. Le préteur comblait ainsi les lacunes du droit civil qu'il corrigeait en outre par d'autres *bonorum possessiones* créées en faveur des posthumes externes inefficacement institués, des enfants émancipés omis dans le testament, etc., etc.

Page 401 (dans la *n.* 3, P. 400), *l.* 4, après les mots : la minute du sénatus-consulte, A. : [Voir lettre 71, K. 65, Pline renvoyant lui-même, et beaucoup plus logiquement, Trajan aux archives de la Chancellerie centrale].

P. 405, *l.* 4, après les mots : Anicius Maximus, A. (en note) : M. Lemaire fait suivre son nom de cette note : *fuisse Vareni successorem, Plinii vero antecessorem, ab. a. 102 usque ad annum sequentem existimant.*

P. 405, *l.* 5, après les mots : tous les décurions, A. (en note) : Pline qui a dit *eos etiam qui a censoribus legerentur*, s'exprime ici en ces termes : ..... *omnes qui deinde buleutæ* leguntur. Il semblerait donc que la question posée viserait exclusivement les décurions censoriaux. Mais après avoir lu le début de la réponse impériale : *omnes qui.... decuriones* fiunt, et la traduction de M. Pessonneaux « tous ceux qui à l'avenir seront *nommés* sénateurs » nous avons cru que le légat devait (ou pouvait) avoir eu en vue les deux catégories de buleutæ, *a censoribus lecti — surnumerarii.*

P. 405, *l.* 7, après le mot : uniforme, A. (en note) : *certum aliquid.* De Sacy et J. Pierrot : « une somme fixe et certaine. » Cabaret-Dupaty et Pessonneaux : « une somme fixe. »

P. 406, fin de *n.* 6, P. 405, A. : *Observation complémentaire :* I. Nous avons entendu par décurions *involontaires* tous les décurions impériaux, considérant (Note 4, p. 402, note 2, p. 405) que la soi-disant faveur impériale ne constituait qu'un impôt ; nous avons entendu par décurions *volontaires* tous les décurions censo. iaux, estimant que les censeurs ne devaient dresser leurs listes qu'après s'être assurés des adhésions. Mais nous ne saurions dissimuler que [tout en traduisant comme nous *ou* (voir note 5, p. 405) par *les censeurs*] la plupart des commentateurs voient dans les premiers tous les décurions censoriaux et dans les seconds tous les décurions impériaux. Peut-être les deux explications sont-elles trop absolues. Les décurions volontaires seraient : 1° les censoriaux qui ont donné leur adhésion dans les villes où l'on n'exige point de versement ; 2° les censoriaux qui, à leur adhésion, ont joint l'engagement de payer dans les villes où existe *l'honorarium* ; 3° les impériaux qui s'offrent à payer (l. X, 48, K. 39) ; et les décurions involontaires : tous ceux censoriaux ou impériaux (l. X, 48, K. 39) qui nécessitent l'exercice d'une contrainte. Dans cette hypothèse, Trajan aurait émis la décision suivante : 1° Pas de règlement général pour ceux qui s'offrent à payer. Censoriaux et impériaux resteront soumis aux précédents locaux ; 2° En cas de concours, on préférera aux censoriaux qui ne veulent pas payer, les censoriaux qui veulent bien payer; aux impériaux qui ne veulent pas payer, les impériaux qui veulent bien payer. — Quelle que soit sa traduction, la dépêche impériale reste d'une singulière obscurité. Il ne s'en dégage nettement que ces deux points : La Chancellerie 1° se refuse (contrairement au sage avis de Pline) à faire cesser des anomalies choquantes, 2° ratifie les décisions illégales prises à l'égard de quelques censoriaux, *sans toutefois autoriser l'extension sollicitée de la mesure proconsulaire*. II. Sur *l'ordo decurionum*, consulter Willems, p. 528-532.

P. 406, fin de *n.* 5, A. : III. MM. J. Pierrot et Cabaret-Dupaty traduisent « on publia. » Le texte ne porte pas en effet entre *propositus* et *libellus*, le *mihi* qui justifierait la traduction « on m'a remis », de Sacy suivi par MM. Pessonneaux et Allard.

P. 410, *n.* 1, *l.* 2, L. : MM. Hardy, Allard (*Persécutions de l'Eglise*, p. 167) et Westcott [c. ad. ayant rang dans la hiérarchie ecclésiastique comme la Phœbé dont parle S. Paul dans l'Epître aux Romains].

P. 410, *n.* 1, II, A. : (Après avoir reconnu que les deux *ministræ* étaient elles-mêmes des accusées, M. Allard (p. 157), parle de tortures *arbitraires*, par application des rescrits de Trajan sur la mise à la torture des esclaves. — Il y a contradiction ou, tout au moins, nous ne comprenons pas bien la phrase).

P. 410, *n.* 3, A. : (Voir sur l'hostilité de Tacite contre le christianisme : Troplong : *De l'influence du christianisme....*, p. 74, 75 et ajouter à notre Etude (t. III) sur les relations de P. J. et de Tacite, la comparaison des sentiments que la religion nouvelle inspire aux deux écrivains).

P. 417, *l.* 12, après les mots : à l'église, A. (en note) : *Par église,* nous entendons — cela va sans dire — la très modeste chapelle primitive des demeures privées, et *par réunion,* le groupement *passager* de *quelques* personnes. Ce qui revient à dire que, comme Allard (pp. 156, 157), nous faisons la distinction entre les parties essentielles du culte et les agapes périodiques prohibées depuis l'édit de Trajan sur les hétéries.

P. 419, *n.* 1, A. : II. Le rescrit de Trajan concernait-il l'Empire entier ou seulement la Bithynie ? M. Hardy se prononce pour la Bithynie seule ; M. Allard répond (p. 167) que les rescrits impériaux avaient force de loi non seulement pour le cas visé par eux, mais d'une manière générale.

P. 439, fin de *n.* 1, A. : III. M. l'abbé Variot a combattu en faveur de l'authenticité non seulement dans sa thèse de 1878, mais encore dans la « Revue des Questions historiques » (article cité par M. Robert, p. 127). IV. « L'authenticité de cette lettre [compte-rendu à l'Empereur de l'enquête sur les chrétiens] a été attaquée par un des plus célèbres théologiens protestants du xviiie siècle, qui accuse Tertullien de l'avoir fabriquée — par Semler dans ses *Historiæ eccles. selecta capita*, Halæ, 1767, 3 vol. in-8°, vol. I, mais avec plus de détails dans *Neue Versuche die Kirchen-Historie der ersten Jahrhunderte mehr aufzuklæren*, Leipz., 1787, in-8°. » (Schœll, *Hist. abrégée de la litt. rom.*, Paris, 1815). V. M. Platner mentionne (p. 10, n° 33) : *Delaunay, Ferdinand. Eglise chrétienne devant la législation romaine à la fin du Ier siècle. La lettre de Pline à Trajan. Comptes-rendus des Séances de l'Académie*. Nouv. sér., v. 7, Janv.-Mars 1879.

P. 439, *n.* 3. *l.* 1, après 1874, A. : (1er Décembre).

P. 440, *n.* 1, A. : Complétons et précisons l'indication des travaux de M. Boissier sur ces questions : *Revue Archéologique,* (Février 1876) ; *Revue des Deux-Mondes,* (15 Avril 1876) ; *Journal des Savants,* (Juin 1879).

P. 452, *l.* 28...., aucune mention, A. (en note) : Voir sur le titre *Hadriano* qu'Alde donne à la lettre l. IV, 3, (Antonino) les notes de Gesner, Ernesti, Heusinger dans l'édition Lemaire.

P. 454, *l.* 8...., second consulat, A. (en note) : M. Mommsen, (p. 111) recule ce second consulat à fin Janvier 98. Trajan, précédemment collègue de Nerva, aurait eu alors pour collègue Sex. Julius Frontinus II.

P. 457, *l.* 18...., ses rapports, A. : Comme commentaire, lire *Epist.* IX, 13, 15, *Carmina*, 3, 9, les hommages que Sidoine Apollinaire, successeur de Pline, prodigue à Pétrus, successeur de Capito.

P. 463, *n.* 1, A. : Voir cependant le *bene morituram* de Plinia, (l. VI, 20) qui lui ne peut se traduire que par *sans regrets*, ou *contente*, (de Sacy, Pessonneaux, Navarro).

P. 466, *l.* 6...., oraison funèbre, A. (en note) : Procédé de romancier (ou de poète) que nous retrouverons dans Lamartine chantant comme une morte son Elvire vivante (Anatole France).

P. 473, *l.* 15...., mûrement réfléchi, A. (en note) : Ce qui revient à dire : *Pèse le pour et le contre* : *L'humanité se divise en stoïciens et en fonctionnaires. Prendras-tu la gloire ? Ou prendras-tu l'argent ?* Quelle vanité ! Quelle pose ! Quel opportunisme et quelle philosophie de carton ! Jamais une conviction sincère n'a tenu semblables propos ; elle fait des prosélytes.

P. 481, *l.* 20...., nuée de tyranneaux, A. (en note) : Pour se rendre compte de la tartuferie du stoïcisme *politique* [qu'il ne faut pas confondre avec le stoïcisme *philosophique*], voir Tacite, *Ann.*, l. XVI, 32.

P. 483, *n.* 2, *l.* 5...., la note de, A. : Bosanquet, revision de....

P. 483, *n.* 4. Pline (sic), A. : [C'est évidemment Trajan qu'il faut lire. Voir Dio. 68, 16].

P. 489. Consulté sur l'exact parcours de cette Via Appia (qui reliait Pérouse à Gubbio et à Città di Castello), M. Magherini-Graziani a bien voulu (lettres des 15 Avril, 16 Mai 1902) nous envoyer d'intéressants extraits de : Ciatti, *Perugia Augusta*, l. II. p. 370 ; Siepi, *Descrizione di Perugia*, vol. 2, p. 555, 696 ; Alessandro Bellucci, *Profilo storico di Bevagna*, dans *la Favilla* (Avril 1902) ; Getulio Ceci dans le vol. V, p. 47 du *Bollettino della R. Deputazione umbra di Storia Patria* ; Giovanni Eroli dans *Iconoglia delle antiche vie romane*, (Assisi, 1888). Nous prions le lecteur de se reporter à ces ouvrages.

P. 494, *n.* 5, *l.* 6, après l. III, A. : 8, deuxième ligne.

P. 495, fin de la note précédente, l. 11, après l. III, 8, A. : deuxième ligne.

P. 497, *l.* 4...., sur les Fastes, A. : en tête de liste.

P. 501, *n.* 2, A. : Voir supra, p. 120.

P. 535. *n.* 4, A. : « ... l'éloquence n'était pas cultivée à Rome pour elle-même ; elle n'était qu'un moyen de réussir dans la politique. » (Cartier, *Le Célibat à Rome*, p. 34).

P. 546, *l.* 15, A. (n.) : S'il n'évite pas toujours la controversia subtile, Quintilien ne tombe pas du moins dans la controversia absurde. A son ch. II, l. IV, il propose cette controversia sensiblement plus intelligente : La fille séduite a la faculté d'opter entre la mort de son ravisseur ou le mariage avec lui. Ce droit est-il exclusivement attaché à sa personne, ou bien peut-il être exercé également par le père ?

P. 547 (548, *n.* 2), A. : Dans la lettre l. IV, 23 (copiée sur P. J., l. IX, 21) Sidoine dit au fils coupable qu'il est digne *abdicatione*, cruce, culeo etc. MM. Grégoire et Collombet font suivre (t. I, p. 441) le mot *abdicatione*, d'une note historique remontant à l'origine athénienne de ce reniement.

P. 565, (564, fin de *n.* 5). A. : (lire toute la lettre l. I, 2 qui nous fournit des renseignements caractéristiques sur le procédé plinien : chercher la force, sans renoncer à la grâce ; imiter Démosthène et Calvus « sans dédaigner les

» fleurs cicéroniénnes toutes les fois que d'agréables digressions placées en
» leur lieu invitaient à s'écarter du chemin. »

P. 573, *n. 3 l. 4*, après les mots : avocat général, A. : *Observation complémentaire*. En vertu de traditions immémoriales, les Anglais attendaient de la
seule initiative individuelle les poursuites en réparation du préjudice causé à
la collectivité par le fait délictueux, c'est-à-dire que le magistrat n'était mis
en mouvement que par une dénonciation engageant la responsabilité de son
auteur. Or les déplacements, les dépenses, les risques effrayaient tout naturellement le délateur, si bien que sur 60.000 crimes ou délits constatés annuel-
lement, 47.000 demeuraient impunis. Pour remédier à cet état de choses — ou
plus exactement pour l'atténuer — est intervenu en 1879 le *Prosecution of
offenses Act* qui institue un *prosecutor public*. Mais tenant à éviter ce qu'elles
jugeaient la tyrannie et l'arbitraire du système français, les chambres britan-
niques ont limité rigoureusement les pouvoirs, le champ d'action, l'attitude
même (V. Reverdin, *Des poursuites criminelles en Angleterre*, Toulouse, Lagarde
et Sébille, 1901) de leur agent social. La législation romaine paraît avoir connu
ces deux phases — au-delà desquelles elle n'est point allée. Après les impunités
scandaleuses de la République détrousseuse de nos ancêtres, l'Empire créa
lui aussi, dans l'intérêt primordial des provinces, un demi-ministère public.
(Celui-ci désigné pour une affaire spéciale, pris dans le Sénat, joua surtout le
rôle d'avocat, tandis que le *prosecutor* anglais est un fonctionnaire permanent
qui ne parle pas).

P. 592, *l. 14*, pendant deux ans, A. : Il n'est pas possible que ce « non-lieu
de Panama » ait été consul en mai 105, comme l'indique Mommsen (Index
Keil).

P. 593, *l. 9*, des avocats professionnels, A. (en note) : Nigrinus plaida, il est
vrai, en second (Voir t. II, p. 92) mais très brièvement (presse) alors que
Fonteius Magnus *unus ex Bithynis* avait déja perdu l'affaire avec son verbiage
(*plurimis verbis, paucissimis rebus*).

P. 596, *l. 25*, les deux députations, A. (en note) : P. J. (l. VII, 6) : « Un
député est arrivé de Bithynie apportant un décret du conseil de cette province...
Le député Polyænus expliqua la raison du désistement des Bithyniens, et il
demanda qu'on ne préjugeât rien dans une cause soumise à l'Empereur. Magnus
répondit. Polyænus répliqua. J'entremêlai quelques mots à leurs discours, et
du reste je gardai un profond silence. » — Et l. VII, 10 « la cause a été plaidée
devant l'Empereur, d'un côté par Polyænus, de l'autre par Magnus. Après
leurs plaidoyers, l'empereur dit.... »

II. — ERRATA.

P. 8, *l. 17*, a. l. d. Artzenius, L. : Arntzenius.

P. 24 *l. 5*; P. 25, *l. 2*; P. 26, *l. 23*; P. 28, *l. 13*; P. 29, *l. 2, 5, 8*, a. l. d.
Caïus, L. : Caius.

P. 40, *l. 4, 5*, a. l. d. l'une des, L. : la première chaire.... rétribuée....

P. 61, *n. 1, l. 17*, a. l. d. Toscano, L. : Tuscano.

P. 68, *l. 23*, a. l. d. Paulinus, L. : préférablement Paullinus.

P. 69, *n. 2, l. 2*, a. l. d. Blocqueville, L. : Bloqueville.

P. 92, *n. 4*, a. l. d. *scribeddum*, L. : *scribendum*.

P. 95, *l. 12*, de *n. 4*, P. 94, a. l. d. Baudry-Lacautinerie, L. : Baudry-Lacan-
tinerie.

P. 95, *n. 1, l. 1*, a. l. d. Vanderblit, L. : Vanderbilt.

P. 97, *l. 14*; P. 99, *l. 2*, a. l. d. Montagne, L. : Montague.

P. 98, *l. 16*, a. l. d. Bedfort, L. : Bedford.

P. 111, *n. 2, l. 1*, a. l. d. Paulinus, L. : préférablement Paullinus.

P. 120, *n.* 4, a. l. d. Tò αὐτέκμαγμα, L. : *Spirans imago.*

P. 133, *l.* 31, Même hostiles, voir t. II, p. 308, *l.* 11, 12 et p. 309, *n.* 1.

P. 135, *n.* 1, a. l. d. reste, L. : restait.

P. 145, *n.* 1, a. l. d. les rédacteurs.... ne purent, L. : le rédacteur.... ne put.

P. 147, *l.* 18, 19, a. l. d. Paconius, Agrippinus, L. : Paconius Agrippinus.

P. 173, *n.* 4, *l.* 1, a. l. d. allait de villes et jusqu'en Asie, L. : allait de ville en ville et jusqu'en Asie.

P. 175, a. l. d. *n.* 2, 3, 4, 1, L. : *n.* 1, 2, 3, 4.

P. 199, *l.* 23, a. l. d. la mère, L. : la belle-mère.

P. 233. *l.* 30, a. l. d. *divinæ*, L. *divina.*

P. 248, *l.* 9, a. l. d. ce bienfaisant, L. : préférablement cette bienfaisante.

P. 252, *n.* 4. *l.* 4, a. l. d. Hensen, L. : Henzen.

P. 274, *l.* 3, 6, a. l. d. Vibullus, L. : Vibullius.

P. 314, *l.* 16, 20. A la nomenclature, empruntée à Masson, des consuls ordinaires de 96, 100, substituez celle plus complète et plus exacte de M. Mommsen, p. 111, 112 : 96, C. Antistius Vetus et C. Manlius Valens ; 100, Imp. Nerva Traianus Aug. III et Sex. Julius Frontinus III (voir p. 454, *l.* 14).

P. 322, *n.* 2, *l.* 5, 6, a. l. d. Valère, Maxime, L. : Valère Maxime.

P. 334, *l.* 13, a. l. d. Maturuis, L. : Maturius.

P. 352, *l.* 22, a. l. d. Aussi le Sénat, L. : Aussi Sénat.

P. 392, *n.* 1, *l.* 3, a. l. d. Steib. L. : Seibt.

P. 394, *n.* 2, *l.* 5, a. l. d. les agnats, L. : les cognats.

P. 402, *n.* 4, *l.* 2, a. l. d. K. 38, L. : K. 39.

P. 403, 1° a. l. d. Bysantium, L. : Byzantium ; 2° a. l. d. Pons, Pons, L. : Pontus, Pontus, (Voir t. II. P. 692, *n.* 1); 3° a. l. d. Moesia, L. : préférablement Mysia.

P. 445, *n.* 3, a. l. d. Juin 1879, L. : Novembre, Décembre 1876.

P. 447, *n.* 2, *l.* 2, a. l. d. Exauthi (sic), L. : Exanthi.

P. 464, *l.* 20, a. l. d. exilé en Italie, L. : exilé d'Italie.

P. 471, *n.* 3, *l.* 2, a. l. d. Périchon, L. : Perrichon.

P. 485, *n.* 6, *l.* 1, a. l. d. Pedagogos, L. : Pædagogos.

P. 491, *n.* 1, *l.* 2, a. l. d. traduisirent, L. : traduisent.

P. 496, *l.* 8, a. l. d. Articuléius, Pétus, L. : Articuléius Pétus.

P. 496, *l.* 8, a. l. d. V. Maximus, L. : M. Maximus.

P. 497, *n.* 3, *l.* 2, (P. 498), a. l. d. destinataire, L. : Nératius.

P. 499, *n.* 4, *l.* 5, a. l. d. Véientio, L. : Véiento.

P. 500, *n.* 4, *l.* 2, a. l. d. Nératus, L. : Nératius.

P. 503, *n.* 2, ouvrir la parenthèse avant *Alia clariora* et reporter après Döring celle qui suit *honoratior.*

P. 503, *n.* 2, *l.* 5 et 6, a. l. d. *inter est, obscuritate,* L. : *interest, obscuritate.*

P. 509, *l.* 7, a. l. d. Porthumius, L. : Posthumius.

P. 510, *n.* 4, *l.* 14, a. l. d. déshérité, L. : déshéritée.

P. 515, *l.* 3, a. l. d. de Paulinus, L. : préférablement Paullinus.

P. 518, fin de *n.* 6, P. 517, *l.* 2, fermer la parenthèse après : c'étaient les vôtres ; en ouvrir une avant : vos enfants.

P. 518, *n.* 1, *l.* 2, a. l. d. cacohetes, L. : cacoethes

P. 548, *l.* 13 et *l.* 16, a. l. d. Flamininius, L. : Flamininus.

P. 562, *n.* 2, *l.* 13, a. l. d. Tome II, L. : Tome III.

P. 574, *n.* 3, *l.* 6, a. l. d. Crispus, L. : Priscus.

III. — LABECULÆ.

L. : P. 6, *l.* 4, quoi qu'il en soit ; P. 42, *n.* 1, *l.* 3, coteau ; P. 48, *l.* 21, pri-
meur ; P. 55, *l.* 29, noblesses ; P. 56, *l.* 15, 16, meubles meublants ; P. 70, *l.* 21,
prévoirons ; P. 73, *l.* 2, meubles meublants ; P. 93, *l.* 14, partit ; P. 95, *l.* 7,
rente ; P. 98, *l.* 39, quoi qu'il en soit ; P. 112, *l.* 1, plaît ; P. 124, *l.* 16, Qu'elles ;
P. 176, *l.* 20, rente ; P. 177, *l.* 24, jetterez ; P. 205, *n.* 3, *l.* 2, Quintilien ; P. 210,
n. 2, *l.* 2, *statimque* ; P. 217, *l.* 7, pas pourvu ; P. 222, *l.* 29, mise à mort ;
P. 241, *l.* 15, le cercle ; P. 249, *n.* 3, *l.* 1, *præerat alæ* ; P. 264, *l.* 12, sénatus-
consulte ; P. 274, *l.* 12, quoi qu'il en soit ; P. 286, *l.* 16, Calestrius Tiro) ? ;
P. 305, *l.* 23, fût ; P. 350, *n.* 1, *l.* 9, clairement ; P. 369, *n.* 5, *l.* 7, cette imperatoria ; P. 392, *n.* 1, *l.* 4, entre rhéteurs ; P. 407, *n.* 3, *l.* 6, idolâtrie ; P. 417,
n. 2, *l.* 3, 4, précisément ; P. 434, *l.* 25, P. 435, *l.* 15 et *n.* 2, *l.* 5, Budé ; P. 434,
dernière ligne, Giocondo ; P. 438, *n.* 3, *l.* 2, Sans ; P. 452. *l.* 11, le meilleur ;
P. 466, *l.* 11, l'atrium ; P. 469, *l.* 25, surcroît ; P. 470, *n.* 1, *l.* 1, la fait ; P. 470,
n. 5, *l.* 1, *scriberem* : « ; P. 475, *n.* 2, *l.* 5, 6, Quant à ; P. 477, *n.* 1, *l.* 8,
Claud., 28) ; P. 492, *l.* 9, (il est des leurs) ; P. 495, *l.* 16, quindécemvirat ;
P. 499, *n.* 4, *l.* 3, sur le ; P. 501, *n.* 1, *l.* 5, « Comment l'éloquence ; P. 506,
l. 4, Quintilien ; P. 525, *n.* 2, *l.* 3, philanthropique ; P. 562, *n.* 2, *l.* 18, fonds
lorrain ; P. 587, *l.* 5, l'un d'eux ; P. 606, dernière ligne, rente.

****

I. — ADDENDA.

Tome IIe.

P. 11, *in fine*, A. : *est plerisque Græcorum pro copia volubilitas.* Quintilien
avait dit : *loquax magis quam facundus.*

P. 31, Sur les orateurs, titre marginal, A. : (en note) ces lignes de De la Berge
(p. 251) : « De cette époque [celle de Trajan] il ne reste aucun morceau du
» genre que les anciens appelaient délibératif. Pline, dans sa correspondance,
» n'apprécie littérairement aucun discours prononcé dans le Sénat sur les
» questions administratives et politiques : il est donc à supposer que les ora-
» teurs qui traitaient alors les affaires publiques ne se préoccupaient pas,
» autant que les avocats, des recherches du style, et qu'ils avaient conservé
» ce tour de parole naturel et simple, ce *minor apparatus* qui, au temps de
» Cicéron, caractérisait l'éloquence sénatoriale et que l'on retrouve encore
» dans le discours de l'Empereur Claude (inscription de Lyon). »

P. 68, *n.* 2, A. : Morin (*Etude sur Symmaque* p. 72) a écrit : « Symmaque
» partageait sur les combats de gladiateurs l'opinion de ses compatriotes de
» toutes les époques..... Pline le Jeune a pour cette institution une admiration
» sans réserve (*Pan.* 33). »

P. 76, *l.* 5, Cn. Pedanius, A. : *Fuscus* avant *Salinator.*

P. 112, *l.* 5, Euphrate, A. (en note) : Nous avons déjà parlé de ce rhéteur t. I,
p. 247-249. Sidoine Apollinaire (l. IV, 3) le cite dans cette phrase mystérieuse :
« Au besoin, tu [Claudien] ne dédaignes pas de manier *cum Euphrate horos-
copium.* »

Grégoire et Collombet joignent (t. I, p. 419) ce commentaire : « Euphrates,
» philosophe stoïcien, fut l'ami de Pline le Jeune qui en fait l'éloge le plus
» magnifique (*Epist.* I, 10). Il fut aussi lié avec Dion Chrysostôme et Apollonius
» de Tyane ; mais il se brouilla avec ce dernier, sans doute parce qu'il ne
» voulut pas croire à ses prestiges ; et depuis ce temps-là Apollonius ne laissa
» passer aucune occasion de le déchirer. Il a été imité par Philostrate, l'auteur
» de sa Vie, liv. 5 ; mais on s'en rapportera plutôt à Pline ou à Epictète qui

» le citent avec éloge. Euphrates fut aussi honoré de l'amitié de l'empereur
» Adrien. Parvenu à un âge très avancé, et se voyant attaqué d'une maladie
» incurable, il obtint de ce prince la permission de se délivrer de la vie, ce
» qu'il fit en prenant du poison. Dionis, *Hist. rom.* LXIX, 8. Eusebii *Chron.*
» Ann. Dom. 98 et 123. — *Biogr. univ.* au mot Euphrates — Nous n'avons pu,
» malgré nos recherches, découvrir la raison pour laquelle Sidonius fait tenir
» *l'horoscope à Euphrates.* »

P. 112, *n.* 1, A. : Nous lisons en effet dans Ausone (*Grat. actio*) : *Quintilianus consularia ornamenta sortitus, honestamenta nominis potius videtur quam insignia potestatis habuisse.*

P. 189. Sur le *scribendi cacoethes*, titre marginal, A. : Dans *les Mémoires d'un chasseur* (xx) Tourgheniéf fait dire à son Hamlet russe : « Le cercle remplace les libres entretiens par des dissertations ; il vous accoutume à un stérile parlage ; il vous détourne du travail isolé, de l'étude suivie, de la méditation intime ; il vous inocule le *scribendi cacoethes...* »

P. 234, *n.* 3, *l.* 11, A. : Les particuliers avaient aussi leurs *comites* (id. est clients). Voir Juvénal. *Sat.* VII, v. 44, *magnas comitum disponere voces.* De même les grands seigneurs, comme Silanus, voulaient avoir leurs *ministères* : finances, requêtes, correspondance. Voir Tacite *Ann.* XVI, 8.

P. 244, *n.* 4, A. : Sur les *gravissimæ dignitates*, voir Imp. Constantinus ad Volusianum (1ᵉʳ Août 321). *Ausone*, Panck., t. II, p. 458.

P. 250, *l.* 1, donnez-moi donc votre brochurette ! A. (en note) : Et souvent pour quel usage ! Martial lance cette épigramme (l. VII, 87) contre Tucca : « Tu me demandes instamment de te donner mes ouvrages. Je n'en ferai rien,
» *nam vis vendere, non legere.* »

P. 258, *l.* 20, A. (en note) : *altum vincere tramitem Suburræ.* Il est intéressant de se reporter à l'*Epigr.*, l. V, 22. Martial considère ici les Esquilies comme « au bout du monde » et la route comme des plus désagréables. Il faut grimper *alta Suburrani semita clivi* dont le pavé est toujours humide et sale ; là on échappe difficilement aux longues files de mulets qui, à force de cordes, traînent péniblement des blocs de marbre.

P. 264, fin du 1ᵉʳ paragraphe, A. (en note) : .... *habere quotidie bonum stomachum.* — on trouve la traduction dans Chamfort. « M. de Lassay disait qu'il faudrait avaler un crapaud tous les matins pour ne trouver plus rien de dégoûtant le reste de la journée quand on devait la passer dans le monde ».

P. 271, *l.* 19, A. : 2° avant les mots : La conclusion plinienne.

P. 275, *l.* 12, esprits médiocres, A. (en note) : Morin (p. 29) juge à son tour en ces termes les nombreux correspondants de son auteur « la plupart des
» amis de Symmaque paraissent doués de qualités moyennes, plus faites pour
» assurer le bonheur d'un particulier que la force d'un parti. »

P. 302, *l.* 8, A. (en note) : Voir aussi comment P. J. traite (l. VIII, 6) les courtisans de Pallas, aux nombre desquels figuraient en première ligne un Baréa Soranus et un Cornelius Scipion.

P. 309, *l.* 14, Zothecula, A. (en note) : Sidoine (l. VIII, 16) a emprunté ce mot à son modèle : *per armariola et zothéculas nostras non remanserunt digna prolatu.*

P. 319, *l.* 2, nourris de la mer, A. (en note) : Nous dirions aujourd'hui « des vieux loups de mer. »

P. 332, *l.* 9, comme ceux de Symmaque, A. (en note) : Il est probable que la *rotunditas* que Sidoine (l. I, 1) attribue à Symmaque serait exactement traduite par : prose métrique.

P. 337, *l.* 14, 15, *vetus et antiquum*, A. (en note) : Mais est-ce bien là une véritable synonymie ? — Voir *Intermezzo*, p. CCXCVI, notamment *n.* 3.

P. 337, *l.* 19, *frigidum et gelidum*, A. (en note) : Sur cette synonymie discutable, voir *Intermezzo*, p. CCXXXII, *n.* 1.

P. 352, *l.* 5..., réforme, A. : nous dirons de même que la formule très courante *ad exhibendum* (Voir supra p. 231 et la note) aurait pu se rencontrer sous une plume étrangère à la basilique.

P. 352, *l.* 20... élégance, A. (en note) : « Ici aussi [dans la Correspondance avec Trajan] l'auteur a donné tous ses soins à la forme. » (Teuffel).

P. 353, *l.* 14, A. : Sur la *grécomanie* [dont P. J. ne fut pas d'ailleurs atteint comme nous l'avons dit t. Iᵉʳ, p. 34], voir, Egger, *Mém. d'Hist. et de Phil.*, p. 270.

P. 353, *l.* 16, A. (en note) : La direction des lettres ou de la correspondance, *scrinium epistolarum*, paraît d'ailleurs avoir compris deux bureaux distincts, celui des lettres latines et celui des lettres grecques (Egger, *Mém. d'Hist. et de Phil.*, p. 222), et P. J. correspondait avec le bureau latin.

P. 355, *n.* 1, A. : Sur la façon dont les Empereurs qualifiaient dans leur correspondance les hauts fonctionnaires, consulter *passim*, l'*Histoire Auguste*. On verra notamment Gallien écrire à Venustus, *mi Venuste* (Treb. Pollion, *Vie de Claude*, 17) et Adrien dire Serviano consuli : *Serviane carissime*, (Vopiscus, *Saturnin*, 7). Pour se convaincre qu'il n'y a lieu de faire état de la parenté de Venustus et de Servianus avec les princes, il suffira de se reporter à la lettre impériale transcrite par Eumène, (*Orat. pro. restaur.*, 14) qui se termine ainsi : *Vale Eumeni, carissime nobis*.

P. 360, *l.* 1, *imperatoria brevitas*, A. : Joindre à ce que nous avons dit t. Iᵉʳ, p. 431, 432 ces lignes enthousiastes de Vignole Marville (*Mélan. Hist. litt.*, t. III, p. 197) « le dixième livre des Épîtres du Jeune Pline est le chef-
» d'œuvre de ce grand homme. Ses autres lettres ont de grandes beautés et des
» agrémens singuliers pour les gens qui aiment les belles lettres : mais celles-
» ci, qui regardent le ministère, sont incomparables, principalement quand
» elles se trouvent accompagnées des réponses de Trajan, qui leur apportent
» un grand lustre. Jamais rien ne m'a fait mieux concevoir ce que les Romains
» appelaient *Imperatoria brevitas*, que ces réponses si brèves et si sages. Si
» les purs esprits se mêlaient d'écrire, ils n'écriraient pas autrement. C'est là
» le plus haut point de la perfection. »

P. 360, *n.* 1, A. : III. « La correspondance de Pline avec Trajan se trouve mettre involontairement en relief la patience et la grave prudence de l'Empereur en regard de la disette des idées et de l'impuissance des efforts de son conseiller. » (Teuffel).

P. 437. Après la dernière ligne, A. : cette pensée (si on la considère comme disponible), *Quod de vivente scriptum est, in defunctum quoque, tanquam viventem adhuc, editur, si editur statim.*

P. 445, A. : cette pensée, (l. V, 5) *Sanctitas morum non distat ordinibus.*

P. 456, dernière ligne, A. : cette pensée [voir supra, p. 392] : « s'il est mal
» aisé de saisir la ressemblance quand on peint d'après nature, reproduire une
» reproduction est de beaucoup plus difficile. »

P. 472, *l.* 4.... avec quelque soin, A. (en note) : P. J. ne donnera donc que des *extraits choisis* de sa correspondance. Et dès le début de la lettre suivante, il confirme ce caractère de son recueil, en visant plusieurs lettres antérieurement écrites à Arrianus, le destinataire de l. I, 2.

P. 475, *l.* 12, A. : III. L. III, 15. Pline écrit à Proculus : *Petis ut libellos tuos in secessu legam.* Cette lettre doit être datée de l'été 102. P. J. actuellement sans emploi est dans quelque villa, livré à ses studieux loisirs. — L. III, 18 est de l'automne 102. P. J. (*nunquam valde vacat Romæ.... audire recitantem*) est de retour à Rome. — L. III, 13. En 101, P. J. envoie à Voconius Romanus les actions de grâces qu'il a *récemment* adressées à l'Empereur. — L. III, 18, qui relate la lecture du *Pan. (volumen spatiosius et uberius)* est bien postérieure à l. III, 13 puisque P. J. commençait par prendre l'avis de quelques amis (l. III, 13), puis après avoir pesé leurs critiques, donnait une lecture à des auditeurs plus nombreux (*pluribus*), (l. VII, 17). — L. III, 20. (Rétablissement

du scrutin secret — *omnes comitiorum die tabellas postulaverunt*) doit être de
commencement 103. Vraisemblablement, elle fut écrite peu après une élection
de Janvier, à toute autre fonction que la fonction consulaire puisque *consularium* n'est pas spécifié. Comme conséquences ; 1° même date à assigner à
l. III, 21 ; 2° mort de Martial, 102, etc. etc.

P. 493, *n.* 4, A. : (Voir notamment supra, p. 403, n. 3).

P. 501, *n.* 2, dernière ligne, A. : III. Voici le relevé (nous remercions de
nouveau M. Trudon des Ormes, notre gracieux introducteur à la Bibliothèque
nationale) des manuscrits *epistolarum C. Plinii* que possède cette bibliothèque :

Ms. lat. 6806 — *Epistolae duae Plinii junioris, quarum altera Marco, altera
          Tacito inscribitur.* xvᵉ s.

Ms. lat. 8556. — *Caii Plinii IIⁱ epistolarum libri decem ; primi initium et de-
          cimi finis desiderantur. Ejusdem panegyricus Trajano
          dictus.* xvᵉ s.

Ms. lat. 8557. — *C. Plinii 2ᵈⁱ epistolae : initium desideratur.* xvᵉ s.

Ms. lat. 8558. —   —   *epistolarum libri quinque priores.* xvᵉ s.

Ms. lat. 8560. —   —   *epistolarum libri quatuor priores.* xvᵉ s.

Ms. lat. 8607. —   —   *epistolae, nulla librorum facta distinctione. Is
          codex anno 1454 exaratus est.*

Ms. lat. 8620. —   —   *epistolarum libri octo priores.* xvᵉ s.

Ms. lat. 8621. —   —   *id.*

Ms. lat. 8622 —   —   *epist. libri octo priores : praemittitur annotatio
          de duobus Pliniis Veronensibus.* xvᵉ s.

Ms. lat. 14166 — Extrait des lettres de Pline. xviiᵉ siècle.

Ms. Nouv. acq. lat. 379. — Lettres de Pline, manuscrit italien du xvᵉ siècle.
Quant au Panégyrique de Trajan, on le trouve dans le ms. lat. 7805, ms. du
xvᵉ siècle, dans le manuscrit 7840, autre ms. du xvᵉ s. et dans le ms. 8556 cité
supra. Voir notre p. 663 et nos *Addenda* p 663, l. 19.

P. 506, *l.* 19... 1822, A. (en note) : Recensant, sous les nᵒˢ 155, 183, un certain nombre d'éditions Tauchnitz, M. Platner donne cette première date de
1822. Nous avons depuis cherché l'édition sans pouvoir la trouver, mais nous
venons de recevoir un autre volume dont ne parle pas la bibliographie : *C.
Plinii ... editio stereotypa Lipsiæ. Tauchnitz, 1829.*

P. 507, *l.* 11, 15. I. L'édition Osnabrugi 1735 (Platner) n'est mentionnée
ni par Lemaire (*Nottitia litteraria*), ni par Engelmann et Preuss. II. Platner
n'indique pas d'auteur pour l'édition Halæ, 1735 (6) in-12, nach Art der Epistol.
selectarum Ciceronis, mit deutschen noten. Lemaire écrit : « 1735. Halæ, 8°.
Epistolæ selectæ, ex recensione Köcheri. » Engelmann et Preuss donnent la
seule date de 1736 et ajoutent le nom de l'éditeur Renger. III. Voir nos
Errata pour l'édition Viennæ, 1763.

P. 507, *n.* 3, *l.* 5. Nous retrouvons cependant cette date (1873) à la page 128
de Vassereau. Trad. de Bender, *Litt. romaine.*

P. 507, *n.* 3, A. : la dernière édition de Keil, 1896.

P. 580, *n.* 1, *l.* 2... 1886, A. : a.

P. 587, *n.* 6, A : Sidoine (*Pan.* de Majorien, vers 316-318) dit : « Lorsque
» Nerva adopta Trajan, celui-ci était déjà vainqueur et avant d'être Germanicus
» par le titre, il l'avait été par son mérite. »

P. 590, dernière ligne : des subventions annuelles, A. en note : Spartien
(Adrien, 7) nous apprend qu'Adrien augmenta en faveur des *pueri ac puellæ,
quibus etiam Trajanus alimenta detulerat, incrementum liberalitatis* — passage que le traduc. Panck. fait suivre de ce commentaire : « Avant Auguste,
les enfants au-dessous de onze ans n'étaient point admis aux distributions de
vivres. Ce prince dérogea le premier à cet usage ; mais Trajan alla plus loin :
il établit pour eux le droit permanent de prendre part comme les autres à ces
largesses. (Pline, *Pan.*) »

P. 599, *l.* 18, quand il juge, A. : Sur la juridiction civile et criminelle de Trajan, voir de la Berge, p. 132-139. Nous y relevons notamment ceci : I. Une fois les contestations civiles engagées, Trajan exigeait qu'elles fussent suivies jusqu'au bout et il appliqua rigoureusement à la *tergiversatio* le sénatus-consulte Turpilien dans les détails duquel il porta plus de précision. (Voir notre t. Ier, p. 324 *in fine* et début de page 327). II. Trajan eut l'honneur de poser ces trois principes que l'assentiment des criminalistes modernes a consacrés : 1° rejet pur et simple de toute dénonciation anonyme, [voir notre t. Ier, p. 412, dernière ligne, p. 413, deux premières lignes, ainsi que pages 416, 417] ; 2° ne condamner que sur des indices dont le nombre et l'importance produiraient la certitude ou au moins une grande probabilité ; 3° droit pour le condamné par défaut et en fuite de purger sa contumace.

P. 603, *n.* 3, A. : Deux de ces travaux de Trajan nous sont révélés par P. J. lui-même. D'abord, le port de Centum-Cellæ (l. VI, 31) puis le creusement d'un canal destiné à restreindre les inondations du Tibre (Voir t. III, Intermezzo, p. xxxvii et n. 1) [M. Mommsen — *Etude P. J.*, p. 20, n. 4 — voit une relation entre ces deux travaux].

P. 605, *n.* 3, A. : III. Bonaparte disait à Monsignor Spina [Thiers, *Le Consulat*, t. III, p. 237. Edition Paulin, 1845] « la fusion des hommes honnêtes et » sages de tous les partis, est mon principe de gouvernement. » Le programme de Trajan fut identique. Ce qu'il y a de remarquable c'est que Trajan et Bonaparte, tous deux généraux, cherchèrent et trouvèrent cet apaisement des esprits dans la prédominance du pouvoir civil. M. Boissier [*Revue des Cours et conférences*, 17 mars 1898. *La Révolte des légions de Germanie*] a d'ailleurs fait observer que les Empereurs romains [mérite sur lequel il faut insister] ont toujours réussi à conserver à leur pouvoir un caractère exclusivement civil.

P. 638, *n.* 3, A. : Voir, dans Constant Martha, *Les Moralistes sous l'Empire romain*, p. 268, le développement de cette pensée : « le discours adulateur de » Pline n'est souvent qu'une forte satire, détournée ou violente, contre les » premiers empereurs. »

P. 646, *n.* 1, A. : Ausone dit à Gratien *(Gratia. act)* : « ... si Domitien jaloux de l'avancement d'autrui (invidia alteros provehendi) exerça *continuando* dix-sept consulats, une telle avidité le couvrit de ridicule, de sorte que cette page des *Fastorum* ou plutôt *fastidiorum* lui donna l'insolence, mais non pas le bonheur. »

P. 656, dernière ligne, A. (en note) : Nous recevons (mars 1902) un fascicule de la Société historique de Côme portant comme titre *Indici del Periodico della Società Storica Comense, Volumi I-XIII, 1878-1900.* Nous y relevons, p. 18, « Alfieri Vittorio, suo acre giudizio intorno al Panegirico di Plinio il giovane, » XIII, 183. »

P. 663, *l.* 19, A. : On trouve la description de ces trois manuscrits, p. 245, 246 de la Traduction du *Pan. de Trajan* par Burnouf (Delalain 1845).

P. 668, entre les lignes 10 et 11 (Locher et Navius), insérer : Rhenanus Beatus, *Panegyriri latini* 8°, Basileæ, 1520.

P. 668, *n.* 3, A. : *Panegyricus cum commenti.*, 1652 (Trajecti ad Rhen.), 1662 (Oxon).

P. 673, *l.* 1, 2, Ernesti 1770, A. : voir supra p. 505 les deux dernières lignes et Platner p. 10, n. 47.

P. 677, *l.* 23, 24, sa profession avec conscience, activité et succès, A. (en note) : I. Il avait été admis au tableau le 1er Décembre 1671. II. Nous lisons dans *l'Histoire du barreau de Paris*, de Gaudry (qui lui a consacré 15 lignes t. II, p. 43) « il plaida longtemps avec succès. »

P. 681, *l.* 8, en s'identifiant avec l'épistolier, A. (en note) : On a reproché à l'avocat l'abus de l'antithèse. De Sacy avait sans doute contracté ce défaut dans son commerce trop intime avec P. J.

P. 685 (686) *n.* 3, A. : Commentant avec la finesse de son talent coutumier ce mot de Mme de Catelan : *Je déteste les gens qui parlent de ce qu'ils savent,* Doudan (lettre à la princesse de Broglie, 18 juillet 1853) s'est trouvé nous expliquer le pourquoi du succès de l'amateur là où échouerait le professionnel — « les traits saillants des objets ne frappant que dans la nouveauté. »

P. 692, t. II, *n.* 1, A. : [Nous avons d'ailleurs fait opérer à l'encre sur les exemplaires mis en vente, la rectification possible].

II. — ERRATA

P. 19, *n.* 3, § 4. L'observation de Morillot a une portée plus restreinte, car l'auteur du *de Plinii minoris eloquentia* se borne à passer en revue les *testes et sponsores* de l'éloquence plinienne.

P. 33, *l.* 5, a. l. d. Fabius Sabinus, L. : Flavius Sabinus.

P. 41, *l.* 5, a. l. d. Accius Sura, L. : Acutius Nerva.

P. 52, *l.* 9, a. l. d. Suillius, L. : Suilius (Publius).

P. 65, *l.* 2, a. l. d. pour Baïes la Voluptueuse, L. : pour la banlieue de Baïes...

P. 67, *l.* 14, supprimer l'appel de note et le placer l. 15 après le mot Massa.

P. 76, *n.* 1, *l.* 4, a. l. d. Nummius, L. : Mummius.

P. 96, *n.* 6, *l.* 2, 3, supprimer : Voir de La Berge, p. 137.

P. 98, *l.* 19, 20, a. l. d. préfet de Rome sous Vespasien, L. : (préfet de Rome. V. Duruy, t. IV, p. 697), sous Vespasien.

P. 99, *n.* 4, *l.* 1, a. l. d. Londres, 1898, L. : Londres, 1899.

P. 119, *n.* 1, *l.* 4, a. l. d. Coccianus, L. : Cocceianus.

P. 145, *n.* 2, *l.* 1, a. l. d. du nom, L. : du surnom.

P. 157, *n.* 1 de p. 156, *l.* 9, a. l. d. Keil, L. : Mommsen (Index Keil).

P. 165, *n.* 4, supprimer l. IV, 2.

P. 204, *n.* 1, substituer au début de la note : « La lettre l. IX, 38 portant » *Rufus* tout court, Lemaire et Mommsen estiment qu'on ne saurait en faire » une attribution précise à l'un des multiples Rufus de la correspondance » plinienne. Catanæus opte pour Octavius Rufus ; on a proposé également Caninius Rufus. » — Et continuer la lecture : nous estimons que ce dernier.....

P. 208, *n.* 3, *l.* 11, a. l. d. L. III, 8, L. : L. III, 5.

P. 209, *n.* 3 de p. 208, *l.* 31, a. l. d. à la fin du n° 3, L. : à la fin du n° 4.

P. 222, *n.* 1, a. l. d. qui constate que Pline, L. : qui constate que Martial.

P. 229, *l.* 2, a. l. d. Polentinus, L. : Polentonus.

P. 241, *n.* 1, a. l. d. 499, L. : 501.

P. 241, *n.* 2, a. l. d. 499, L. : 501.

P. 245, *l.* 6, a. l. d. Appollonio, L. : Apollonio.

P. 250, *n.* 1, *l.* 1, a. l. d. L. I, 18, L. : L. I, 118.

P. 265, *n.* 2, a. l. d. 499, L. : 502.

P. 267, *n.* 2, *l.* 2, a. l. d. Philipps, L. : Phillips.

P. 272, *l.* 26, a. l. d. toute la, L. : tout le.

P. 274, *n.* 4, *l.* 3, a. l. d. l. IX, 92, l. XI, 81, l. XII, 75, L. : l. IX, 91, l. XI, 80, l. XII, 74.

P. 295, *l.* 12, a. l. d. Pline orateur (Froment), L. : Pline orateur (Froment, Morillot).

P. 295, *l.* 13, a. l. d. Pline éducateur (Morillot), L. : Pline éducateur (Lion).

P. 299, *l.* 21, a. l. d. Randall, L. : Rendall.

P. 302, *n.* 1, *l.* 3, a. l. d. Tullius, L. : Tullus.

P. 306, *l.* 17, a. l. d. Piovani, L. : Piovano.

P. 309, *n.* 1, *l.* 5, a. l. d. En étudiant maintenant le mot, L. : En étudiant le mot.

P. 319, *l.* 20, L. : il a échappé aux Césars ; la renommée avait précédé Isée.

P. 322, *l.* 4, a. l. d. *Adsurgerunt*, L. : *adsurrexerunt.*

P. 325, *l.* 28. Mettre une simple virgule entre *travail et de consolation.*

P. 335, *l.* 2, a. l. d. *precorum*, L. : *precum.*

P. 336, *l.* 17. Mettre une simple virgule entre *dolore et difficile.*

P. 336, *l.* 19. Rétablir : *Placuit* en caractères ordinaires.

P. 344, *n.* 1, *l.* 5, a. l. d. Schneiter, L. : Schneither.

P. 373, *n.* 1, *l* 9. Supprimer *par joindre* entre *disait-il et sa voix.*

P. 378, *l.* 27, a. l. d. Vectinius, L. : Vectenius.

P. 379, *n.* 4 de p. 378, *l.* 8, 9, a. l. d. Vectinius, L. : Vectenius.

P. 379, *l.* 7, a. l. d. aux ides de Mars 710 (14 Mars 44), L. : aux ides de Mars 709 (15 Mars 44).

P. 379, *l.* 13, a. l. d. 22 Avril 710, L. : 22 Avril 709.

P. 392, *n.* 1, *l.* 10, a. l. d. (p. 33, n. 8), L. : (p. 33, n. 9). [Nota. La lettre de Cicéron visée par Mommsen est : Ad. fam. XV, 16 et non XV, 1].

P. 411, *n.* 3, *l.* 2, a. l. d. Longollius, L. : Longolius.

P. 446, *l.* 21. Ponctuer ainsi : cette foule, lamentable jouet.

P. 462, *n.* 1, *l.* 9. [cettuy cy ne semble-t-il pas parler de la condition.

P. 465, *l.* 21, παράβολα.

P. 476, *l.* 33, 34, a. l. d. célébrant les mérites et les vertus de Cornutus, L. : célébrant les mérites et les vertus de Claudius Pollion à Cornutus.

P. 485, dernière ligne, a. l. d. Boissier, Pessonneaux, Robert, L. : Boissier, Pessonneaux, Lebaigue, Robert.

P. 486, *n.* 3, dernière ligne (p. 487), a. l. d. l. 16, 28, 33, L. : l. XVI, 28, 33.

P. 502, *l.* 16, ajouter un point après *Epistolæ* — avant *Libri IX.*

P. 503, *l.* 19, a. l. d. *Epistolæ cum notis*, L. : *Epistolæ et Panegyricus cum notis.*

P. 503, I. supprimer l'appel de note 9 et la note elle-même ; II. lire entre Gruter (fin de la page 503) et Buchnerus (— commencement de la page 504) : — 1640. *Epistolæ* et *Pan.* Lugd. Batav. Elseviriana I.

P. 504, *n.* 3, substituer cette note : Platner mentionne ici — entre Veenhusius et Thomasius — deux éditions (sans nom d'auteur) des *Epistolæ* et *Panegyricus*, 1677, 1686 (Oxonii).

P. 505, *l.* 9, I. a. l. d. Krausius, L. : *apud Krausium.* II. Après *Panegyricus*, L. : *cum notis germanis.*

P. 507, *l.* 14, L. : les éditions partielles ou scolaires.

P. 507, *l.* 14, I. fermez la parenthèse après Halæ, 1735 ; II. a. l. d. Viennæ 1763, L. : Viennæ 1763 (?), Camesina, et supprimez la parenthèse.

P. 507, *l.* 20, a. l. d. Döring, L. : *Libr. scholarum regia* (Regensburg Manz) *cum Senecæ ad Lucilium epistolis 47.*

P. 507, *n.* 5, *l.* 3, mettre un point au lieu de deux points après Panckoucke.

P. 515, *n.* 2, dernière ligne, a. l. d. Longherra, L. : Longhena.

P. 518, *n.* 2, *l.* 4, a. l. d. 1860, L. : 1861.

P. 518, *n.* 2, *l.* 10, a. l. d. *Saresberiensis*, L. : *Sarisberiensis.*

P. 585, *n.* 1, *l.* 4, a. l. d. Dieraner, L. : Dierauer.

P. 622, *n.* 2, *l.* 1, a. l. d. La Blatterie, L. : La Bletterie.

P. 661, *l.* 4 et *l.* 8, a. l. d. Francisco, L. : Francesco.

P. 661, *n.* 2, première ligne, a. l. d. Decembro, L. : Decembrio.

P. 668, *l.* 9, a. l. d. Philomosus, L. ; Philomusus.

P. 668, *l.* 23, a. l. d. Stocker, L. : Stockher

P. 669, *n.* 3, *l.* 1, supprimer la virgule entre Fabri et Sanoriani.

P. 670, *l.* 21, L. : *Panegyricus cum observationibus Schwarzii.*

P. 673, *l.* 4, a. l. d. Columbaci, L. : Culimbaci.

P. 674, *l.* 8, a. l. d. With, L. : with.

III. — LABECULÆ.

L. : P. 22, fin du 2ᵉ paragraphe : ses publications oratoires ; P. 30, *n.* 1, *l.* 2, l'auteur de ; P. 46, *l.* 22, féconde en séditions ; P. 61, *l.* 27, qui le connaissait : Bæbius Massa ; P. 73, *n.* 3, *l.* 3, on ne se représente pas ; P. 75, *n.* 4, *l.* 7, jurisconsulte ; P. 116, *l.* 11, l'ingéniosité ; P. 171, *l.* 4, le bon sens ; P. 182, *l.* 24, l'esprit du dilettante ; P. 188, *l.* 9, deux France ; P. 190, *l.* 2, l'atmosphère ; P. 206, (207) *n.* 3, *l.* 4, étant donnée la carrière ; P. 220, *n.* 4, *l.* 2, Caius ; P. 226 (227), *n.* 1, *l.* 16, bon sens ; P. 241, *n.* 1, mettre une simple virgule entre Tacite et Florus ; P. 244, *l.* 15 ; P. 245, *l.* 15, P. 257, *l.* 13, Caius ; P. 269, *l.* 11, mettre le point d'exclamation après Nerva ; P. 338, *l.* 17, modifiée ; P. 360, *l.* 18, scepticisme ; P. 363, *l.* 27, maître des Requêtes ; P. 381, *l.* 16, davantage ; P. 404, *n.* 7, *l.* 3, addicted to ; P. 431, *n.* 2, *l.* 3, Cowper que ; P. 433, *n.* 2, *l.* 16, Sénèque le tragique ; P. 459 (460), *n.* 2, *l.* 4, N'est-ce point ; P. 468 (469), *n.* 4, *l.* 22, sont disposées par ordre ; P. 491, *n.* 1, *l.* 1, 2, Dodwell : Masson ; P. 601, *n.* 5, *l.* 4, l'autorité ; P. 654, *n.* 1, *l.* 1, Panegirico ; P. 656, *l.* 24, de pareils propos ; P. 656, *n.* 1, *l.* 4, Ma nel ; P. 668, *n.* 1, *l.* 10, de quelle édition il.

***

I. — ADDENDA.

Tome IIIᵉ.

Intermezzo.

P. III, *n.* 2, *l.* 4, Vibius Sequester, A. : 1° *De Fluminibus, fontibus, lacubus, nemoribus, paludibus, montibus, gentibus quorum apud poetas mentio fit.* Traduction de Baudet, 1843, coll. Panck. ; 2° Extrayons de cet ouvrage deux passages qui nous intéressent : Clitumnus Umbriæ, *ubi Jupiter eodem nomine est* [voir t. III, p. 24, n. 2] — *Numicus in agro Laurenti* [Voir *Intermezzo*, pp. ccviii, ccx et suiv].

P. IV, *n.* 4, *l.* 3, parle, A. : de la.

P. XI, *l.* 8, Jove, A. : J.-B.

P. XI, *l.* 25, [voir *Errata*, p. XI], Belgiojoso, A. (en note) : Sur les propriétaires successifs de la villa Pliniana [Anguissola, Pallavicini, Borromeo, Visconti, Canarisi, Belgiojoso] voir Guides Ostinelli, p. 117 et Richard, p. 20.

P. XII, *n.* 2, *l.* 7, après Rezzonico, A. : J.-B. Jove.

P. XVIII, *n.* 3, *l.* 3, A. : (*Triomphe de la Mort*).

P. XIX, *n.* 3, *in fine*, A. : (Traduct. Prozor, Paris, Perrin, 1901, p. 41).

P. XXII, *n.* 3, A. : [*ne plus quam in mense* (deux fois par mois) *legitimus* (en session ordinaire), *senatus ageretur*, Kalendis et Idibus. Suétone, *Auguste*, 35].

P. 24, *n.* 1, lire : — Catanæus paraît faire remonter à la République [en rappelant un *commentarium* aujourd'hui perdu de Varron *de Senatu habendo*] le règlement qui permettait d'imposer ce serment à chacun des votants ; mais Casaubon [invoquant, Suétone, *Auguste*, 35], attribue la mesure à Auguste.

Dans tous les cas, si nous trouvons dans Tite-Live [l. XXVI, 33, 1, XXX, 40, l. XLII, 21], plusieurs votes sous la foi du serment, il s'agit toujours de circonstances spécialement graves [sort de Capoue, paix avec Carthage, injuste agression contre les Liguriens Statiellates] ; et que la loi remontât à la République ou à l'Empire, ces circonstances spéciales et graves comportaient seules une pareille mise en scène qui équivalait à notre vote à la tribune par appel nominal. Fabius Aper [il devait-être du Midi] fut donc aussi ridicule que Véiento (l. IX, 13) recourant à l'*auxilium tribunorum*. [Voir au surplus sur le texte *prolata* ou *perlata lege*, Heusinger, Gesner, J. Pierrot et cf. Juste-Lipse commentant Tacite, *Ann.*, l. IV, 21].

P. XXXVI, *l.* 4, fonctionnaires, A. (en note) : C'est le procédé séculaire (et peu compliqué) qu'ont adopté tous les despotes, depuis Tarquin l'Ancien [doublant Sénat et ordre Equestre], depuis César, depuis le triumvirat qui lui succéda [*senatores orcini*], depuis Auguste, etc., etc. C'est dire qu'il constitue le premier et le plus essentiel article du programme des collectivistes français. — Ce que devient un pays avec de pareilles conceptions, nous le savons par l'histoire de la décadence romaine. Quand tout le monde voulut être fonctionnaire, lorsque l'on compta un employé de l'Etat par cinq ou six habitants, l'empire s'écroula sous une chiquenaude.

P. XLVIII, *l.* 23, honteuse frayeur, A. (en note) : Où P. J. voit la peur, on trouverait plus justement tous les symptômes de la neurasthénie.

P. LII, *l.* 20, courtisanes, A. (en note) : Dans une lettre à Lucilius, Sénèque appelle Baïes *vitiorum diversorium*, et Isidore (l. XIV, dernier chapitre) substitue à l'étymologie ordinaire [Baïus, l'un des compagnons d'Ulysse] celle-ci caractéristique : *a bajulandis mercibus*.

P. LIV, *n.* 2, *l.* 5, Chapot, A. : *(La Flotte de Misène)*.

P. LVII, *n.* 2, A. : [Cf. Ausone, *Grat. act* : *Sylla Felix qui felicior ante quam vocaretur*).

P. LXV, *n.* 2, A. : [Sur les poètes invoqués par P. J. à la défense de sa grivoiserie bourgeoise, voir notre t. III, p. 392 et cette note de J. Pierrot [t. I, p. 455] : « On aurait pu répondre à Pline que les uns eussent beaucoup mieux » fait de ne pas composer de vers et que les autres, par le dérèglement de leurs » mœurs fortifiaient toutes les préventions qu'on pouvait avoir contre la poésie. » Deux exemples : les vers d'Hortensius passaient pour fort mauvais ; Memmius » s'était souillé d'adultère avec la femme de Lentulus et celle de Pompée. »

P. LXVII, *n.* 6, A. : « Ocriculum qui dut à sa position sur la voie Flaminia » une durable prospérité est appelée dans quelques inscriptions *splendidissima* » *civitas.* On y a trouvé l'admirable mosaïque aujourd'hui au Vatican..... » (V. Duruy, t. II, p. 554, n. 1).

P. LXXXI, *n.* 3, *l.* 4, Ethicus, A. : [*Cosmographia.* Traduct. Baudet, 1843, coll. Panck.].

P. LXXXV, fin de la *n.* 3, p. LXXXII, A. : 4° le *Jubilé littéraire de M. Léopold Delisle.* (Journal *L'Eclair,* 9 Mai 1902).

P. C, *l.* 35, dans quelle chambre logea le vainqueur de Rivoli [Voir *Errata*], A. (en note) : « L'an 1797, Napoléon Ier a habité la villa Pliniana. » (Richard).

P. C, dernière ligne, du pacha, A. (en note) : *Asie Mineure et Syrie — Souvenirs de Voyage.* Paris, Lévy, *1858.*

P. CI, *l.* 1, la princesse Belgiojoso, A. (en note) : La vie mouvementée (1808-1871) de cette princesse si aimable, si spirituelle et si patriote, est connue de tous — très particulièrement des Parisiens. Elle vient d'ailleurs de faire le sujet d'un livre intéressant publié à Milan (Mai 1902, frat. Treves) par M. Rafaello Barbiera ; le lecteur voudra bien s'y reporter. Nous nous bornons ici à rappeler les deux principaux ouvrages de Mme de B. 1846 : *La formation du dogme catholique* [Voir Goncourt, *Mme Gervaisais,* pp. 470-173, 176], 1858 : Souvenirs d'un voyage en Orient [Voir supra, P. C.].

P. CXLII, *l.* 3, les corbeilles de fleurs, A. (en note) : M. Duruy a donné (t. II, p. 554, 555) la vue d'ensemble de cette admirable mosaïque et les détails d'un des huit compartiments.

P. CLXXVI, *n.* 3. Supprimer le point final et A. : sous le nom allemand de l'auteur, mais sous son nom latinisé *Crusbacius.* (Preuss, p. 529 ; Platner, p. 12).

P. CLXXVII, *l.* 8, A. : [la villa Toscane].

P. CXCIII, avant dernière ligne, Waltz, A. : et Collignon.

P. CCVI, *l.* 14, A. : *vers* après l. V.

P. CCVIII, *l.* 2, Solin, A. (en note) : A titre de commentaires de notre note 3, p. 249, t. II, nous relevons ces lignes dans l'envoi à Adventus du *Polyhistor* : « On répand des exemplaires fautifs de mon ouvrage..... je crois donc devoir » vous envoyer *corpusculum sententia mea digestum.* »

P. CCVIII, *n.* 2, lire Panckoucke, 1835, 1836, 1837.

P. CCL, *l.* 9, A. (en note) : Encore l'obscure clarté de Corneille.

P. CCLXXXII, *n.* 2, *l.* 1, *hoc,* A. : *adhuc.*

P. CCLXXXVIII, *l.* 6, otto secoli (*sic*) A. (en note) : C'est évidemment 18 qu'il faut lire.

P. CCXCI, *n.* 1, A. : de notre tome Ier.

P. CCXCI, *n.* 2, *l.* 10, Genialis. Nous regrettons de n'avoir point cité dans la *Vie littéraire,* où sa place était tout indiquée, la curieuse lettre de P. J. à Genialis, l. VIII, 13. Le lecteur voudra bien s'y reporter.

P. CCXCIII, *n.* 1, A. : Voici la note que M. Louis Havet, membre de l'Institut, professeur au Collège de France, a bien voulu nous remettre :

Plin. epist., l. III, 6 : *fins de phrase.*

exiguum sapio. Irrég. en soi ; justifié par la phrase suivante, parce que celle-ci 1° s'appuie sur le contexte antérieur, 2° n'a qu'une étendue de 10 demi-pieds.

ego quoque intellego. Régulier.
laudes parum ostentat. Rég.
senem stantem. Rég. (sans nécessité dans une phrase de 7 demi-p.).
spirantis apparent. Rég.
exile collum. Rég.
uenter recessit. Rég.
aetas ut a tergo. Rég.
uetus et antiquum. Rég.

imperitorum. Pour ces longs mots, il n'est plus de règles.
sollicitauit ad emendum. Rég.
loco ponerem. Rég.
in Iouis templo. Rég.
dignum deo donum. Rég.
suscipe hanc curam. Rég.
putabis addendos. Rég.
adferam mecum. Rég.
excurrere isto. Rég.
esse polliceor. Rég.
ad paucos dies. Rég.
exire patiuntur. Rég.

Régularité sans exception.

P. CCXCVI, *n.* 7, A. : Note de M. Havet :

Plin. epist., l. IX, 39 : *fins de phrase.*

frequentissima. Long mot.
tota coit populus. Rég.
multa redduntur. Rég.
imbris aut solis. Rég.

porticus aedi. Rég.
has ad-hominum : régulier; — *deae has ad-hominum* : régulier si on con-
    sidère le groupe *ad-hominum* comme équivalent à un mot unitaire ◡◡◡◡.
uidebitur generis. Rég.
parietes excolantur. Rég.
ipsius deae signum. Rég.
uetustate truncatum est. Rég
esse repetendum. Rég.
rationem loci scribas. Rég.
circumdari templo. Rég. (sans nécessité, 10 demi-p. appuyés sur la suite).
uia cingitur. Rég.
    explicabuntur. Long mot.
arte superare. Rég.
uale final : n'entre jamais en ligne de compte.
Régularité parfaite, sauf un point de casuistique métrique qui n'a d'ailleurs
    rien d'inquiétant.

II. — ERRATA.

P. ɪv, *l.* 5, 6, L. : Etudies-tu ? ou pêches-tu ? ou chasses-tu ? ou fais-tu tout
cela ensemble ?

P. ɪx, *n.* 3, supprimer les deux lignes : mais toutefois....... opinion contraire.

P. ɪx, *n.* 5, *l.* 4, a. l. d. Jupiter, L. : Cérès, [Voir p. ᴄᴄxᴄɪv, n. 1].

P. xɪ, *l.* 24, 25, a. l. d. aux héritiers de la Marquise Belgiojoso, L. : à Madame
la Marquise Maria Trotti Belgiojoso qui l'a recueillie dans la succession de
sa mère Mᵐᵉ la Princesse Belgiojoso.

P. xɪv, *l.* 10, a. l. d. Bénédict Jove, L. : Jean-Baptiste Jove.

P. xxvɪ, *n.* 3, *l.* 1, a. l. d. Pompeius, L. : Pomponius.

P. xxxvɪ, *n.* 3, dernière ligne, a. l. d. Catulle, L. : Properce.

P. ʟxvɪ. Reporter après les mots golfe de Tarente, l'appel de note nᵒ 3.

P. ʟxxvɪ, *n.* 4, *l.* 1, a. l. d. Manucci, L. : Mannucci, [de même pages ᴄʟxɪ,
ᴄʟxɪɪ, ᴄᴄʟx, ᴄᴄʟxxvɪɪ, ᴄᴄʟxxxvɪɪɪ].

P. xᴄv, mal numérotée (ʟᴄv).

P. ᴄ, *l.* 35, a. l. d. Marengo, L. : Rivoli.

P. ᴄ. (avant dernière ligne) et P. ᴄɪ (première ligne), a. l. d. Belgiososo, L. :
Belgiojoso.

P. ᴄxɪv, *l.* 14, a. l. d. Cornelius, L. : Cornelianus.

P. ᴄᴄɪx, *l.* 5, a. l. d. Aignant, L. : Agnant.

P. ᴄᴄxxɪ, *n.* 2, *l.* 3, a. l. d. Fuscus, L. : Flaccus.

P. ᴄᴄʟvɪ, *l.* 24, a. l. d. Pompeius, L. : Pomponius.

P. ᴄᴄʟxxvɪ, *n.* 1, a. l. d. comme l'écrivain, L. : comme l'écrivait.

P. ᴄᴄʟxxxɪv, *n.* 2, *l.* 2, a. l. d. les deux, L. : les trois.

P. ᴄᴄxᴄɪv, *l.* 1, a. l. d. B. Jove, L. : J.-B. Jove.

P. ᴄᴄᴄɪɪ, *n.* 2, *l.* 4, a. l. d. qui, pendant, L. : que pendant.

III. — LABECULÆ.

L. : P. ɪx, *n.* 2, *l.* 2, zône ; P. xxɪɪ, *l.* 1, 2, essentiellement ; P. xxv, *n.* 3
dernière ligne, contiguës ; P. xxvɪɪ, *n.* 4, note 4, p. xxɪv ; P. xxxɪɪ, *n.* 1, *l.* 1,
p. xʟ, xʟɪ ; P. xxxɪɪ, *n.* 2, *l.* 1, p. xxxɪɪɪ ; P. ʟ, *l.* 23, vit encore ; P. ʟɪ, *n.* 3,
l. 2, superstitieux ; P. ʟɪɪɪ, *l.* 8, chalets ; P. ʟɪx, *l.* 14, Enéide ; P. ʟxɪɪ, avant

dernière ligne, embaumée; P. LXXII, *n*. 3, *l*. 5, mettre une virgule après Catanæus ; P. CXIII, *l*. 28, crête; P. CXXII, *l*. 14, aqueducs; P. CXXXII, *l*. 23, Sibylle; P. CLXXXV, *l*. 28, I O; P. CLXXXVI, *l*. 11, RO; P. CLXXXVIII, *l*. 22, LE, RO; P. CXCIX, *l*. 8, techniques; P. CCIII, *l*. 19, substituez un point d'exclamation à un point d'interrogation ; P. CCVI, *l*. 16, vers 39; P. CCXXV, fermez les guillemets après vendange; P. CCLIX, *n*. 2, *l*. 3, mettre une virgule après Franche-Comté ; P. CCLXXV, *l*. 11, supprimez les guillemets ; P. CCLXXXI, *l*. 1, davantaggio ; P. CCLXXXII, *n*. 2 dernière ligne, commentaria; P. CCLXXXIII, *n*. 1 avant dernière ligne, d'eau ; P. CCCI, dernière ligne, fermez les guillemets.

*
* *

I. — ADDENDA.

Tome IIIe.
*Les Correspondants
— Les
Héritiers.*

P. 5, *l*. 12, brusquement, A. : (en général).

P. 23, *n*. 4, A. : Platner mentionne p. 15, n. 204 : Segner. Joa. Andr. *de Fonte Pliniano.* Progr. II, 4° Göttingæ, 1737.

P. 26, *n*. 1, *Addenda* : *Plotinam sanctissimam feminam.* Catanæus, Gesner, Lemaire, Mommsen — qui bien entendu reculent la date d'émission de la lettre — voient ici l'Impératrice Plotine. Cette conjecture nous paraît invraisemblable, car Pline appelle aussi bien Corellius Rufus (l. III, 3) *sanctissimus* que Trajan (l. X, 1). Le terme n'a donc rien de probant ; dans le langage mondain il désignait seulement la plus haute « respectability » sociale (un peu au-dessous on était dit *sanctus*, l. II, 9, 11). Comment supposer que l'épistolier ait employé, sans aucune addition, ce vague cliché pour désigner l'Impératrice régnante ? Comment admettre que P. J. accepte en semblable circonstance le simple rôle de facteur et que Voconius se donne les allures de l'intimité avec sa correspondante ?

P. 52, *l*. 17, La Province, A. (en note) : Il va sans dire que nous prenons ici le mot dans le large sens français et non dans le sens spécial des Romains.

P. 54, fin de la *n*. 1, p. 53, *Addenda.* Passant en revue [t. I, p. CXXIX] tous les grands noms de la littérature romaine, depuis Ennius jusqu'aux deux Pline « de Como », M. Duruy constate que deux seulement, ceux de César et de Lucrèce, appartiennent vraiment à Rome

P. 62, *n*. 2, Trajan, A. : d'abord officieusement, puis officiellement Voir t. II, p. 600.

P. 68, *l*. 12, Asinius Rufus (sic) A. (en note) : C'est évidemment *Asinius Bassus* qu'il faut lire.

P. 101, *l*. 2, *jus verrinum*, A. (en note) : « détestable équivoque qui résulte » de ce que *jus Verrinum* peut signifier à la fois et *justice de Verrès*, et *jus de » pourceau.* C'est dans la *première Verrine* que se trouve cette plaisanterie de mauvais goût. » (Panckoucke. Note de sa Traduction du *Dial. des Orateurs*).

P. 144, *l*. 10-12, tout.... tous, A. (en note) : 1° Nous lisons au ch. 41, *Dial. des Orat.* «... A quoi servent tant de harangues au peuple, quand les délibérations » sur l'Etat ne sont pas livrées à l'ignorance de la multitude, mais à la sagesse » d'un seul ? » passage que le traducteur Panckoucke accompagne de ce commentaire : « *A la sagesse d'un seul.* C'est Vespasien, Conf. Pline, II, 7. » ; 2° Ce finaud d'Auguste avait bien paru songer à se constituer un *Conseil d'Etat* recruté dans le Sénat même (Suétone, *Auguste*, 35.; mais c'est le sort qui désignait les membres, et la fonction n'était que semestrielle ; on comprend qu'une pareille association de la Curie et du Prince ne pouvait durer. L'Empire resta donc confié à « la sagesse d'un seul », lequel s'en rapporta [voir t. I, p. 321] à son choix exclusif pour la composition du *Consilium.* Au surplus, ce Consilium, *purement consultatif*, n'était convoqué que pour des niaiseries [voir t. I, pp. 322-328]. L'omnipotence impériale ne se déchargeait en fait que sur des affranchis, ministres occultes dont l'arrogance seule (non le pouvoir) subissait des changements notables, se prélassant ou se terrant suivant « la méchanceté » ou « la bonté » des princes.

P. 175, *n.* 1, A. : [l'hellénisme intellectuel de P. J. se cantonne sur le terrain du passé démosthénien, car on se rappelle le jugement tout romain qu'il portait (1, V. 20) sur le talent oratoire de la Grèce contemporaine : *Est plerisque Græcorum... pro copia volubilitas*].

P. 179, *l.* 5, personnage très distingué, A. (en note) : *vir egregius*. Nous rappelons [voir t. I, p. 51] que l'expression vise, non une valeur intellectuelle ou morale, mais une situation sociale.

P. 183, *l.* 8, studiosisme, A. (en note) : Nous avons hésité entre le camée de notre page 185 et la pierre gravée que reproduit Duruy t. III, p. 41, dite par Mariette : *Calpurnie inquiète sur le sort de César*. [Prière au lecteur de se reporter à l'*Histoire des Romains*]. Avec quelque imagination, un plinien pourrait voir dans cette jeune femme rêvant devant une statuette, Calpurnia Plinii en extase devant le *Studiosisme*, dieu de son époux.

P. 184 (fin de note 1, p. 183), première ligne en France, A. (en note) : Écrit en 1895.

P. 187, *l.* 26, au premier Septembre, A. (en note) : « Les collègues se succé- » daient de mois en mois dans l'exercice de la charge. L'emploi dont Pline » parle ici était celui de gardien du trésor de Saturne. » (J. Pierrot). Cf. la note de Schæffer sous les mots *menstruum meum*.

P. 187, *l.* 26, dans le mois suivant, A. (en note) : 1° *Sequens, insequens mensis* : *Augusto proximus September*. (Catanæus ; 2° P. J. était non seulement trésorier de Saturne, mais encore Sénateur, il résulte du silence de sa requête qu'il ne faisait pas partie, au mois de Septembre, du service des « vacations », sénatoriales. [Auguste dispensa du service pendant les mois de Septembre et d'Octobre les sénateurs que le sort n'aurait pas désignés comme constituant le nombre nécessaire pour rendre des décrets : Suétone, *Auguste*, 35].

P. 218, *l.* 13, la plus solide des parures, A. (en note) : Dion Cassius (LVI) fait dire à Auguste : « Nous affranchissons les esclaves pour le seul motif » d'augmenter autant que possible le nombre des citoyens. »

P. 218, *l.* 28, de la guerre, A. (en note) : Dans l'un de ses Cours du Collège de France sur la *Révolte des Légions de Germanie* [17 Mars 1898, *Revue des Cours et Conférences*], M. Boissier fait en quelques lignes un historique très clair des deux époques : la première où le service militaire est obligatoire ; la seconde « où l'on se contente de volontaires *(voluntarii)*, où les troupes sont » composées surtout de soldats de métier. »

P. 221, *n.* 2, A. : [Sur les conséquences juridiques que divers auteurs ont cru pouvoir tirer de ce passage de Valère-Maxime : Voir Cartier, *Le Célibat à Rome*, pp. 44, 45].

P. 240, *n.* 3, *Addenda*. « Rusticus [*Pensées*, 1. Ier, VII] était un stoïcien » comme cet autre Rusticus qui fut mis à mort pour avoir loué Pétus Thraséas. » Capitolin fait un beau portrait de Junius Rusticus. C'était un homme d'État » et un homme de guerre, et le conseiller le plus sage et le plus dévoué de » Marc-Aurèle. » (A. Pierron, Trad. de Marc-Aurèle, p. 54, n. 21)

P. 258, *n.* 4, *Addenda*. Nous croirions volontiers (répétons-le) que par *rotunditas*, Sidoine désignait *la prose métrique* découverte dans l'épistolographie plinienne sous les termes : *epistolæ curiosius, accuratius scriptæ*.

P. 269, *n.* 2, *Addenda*. Le municipe en question qui n'a pas laissé de traces (ou dont les copistes avaient dénaturé le nom) se trouvait entre Avitac et Brioude. Voir Sidoine Apoll., *Carmina* XXIV. *Propempticon ad libellum*.

P. 284, dernière ligne... 82 lettres, A. : divisées en deux livres.

P. 289, *l.* 18, la classification, A. : (en neuf livres).

P. 315, *n.* 2, *l.* 6, contemporains, A. : [Lorsqu'on disait à Bonaparte : *Il ne dépend que de vous de protestantiser la France*, le premier consul répondait avec raison : « *Oui, je ferai tout ce que je voudrai, mais dans le sens des besoins vrais et sentis de la France.* » Thiers, Le *Consulat*, t. III, p. 216, Edit. Paulin].

P. 315, *n.* 3, A. : [*scripsit Ferreolus*] *libros aliquot epistolarum, quasi Sidonium secutus.*

P. 328, *l.* 1, 22 livres, A. : [10 livres en 1586, 1590, 1597, 1598, 1607, et 22 en 1619].

P. 328, *n.* 1, A. : et les 238 pages fort intéressantes que lui a consacrées M. Léon Feugère au début de son édition des *OEuvres choisies d'Etienne Pasquier.* Paris, Didot, 1849, 2 vol.

P. 331, *l.* 12, sa petite fille, A. (en note) : Pasquier intervient (1er Septembre 1613), auprès de son fils Nicolas afin que ce dernier tienne compte pour marier sa fille de la répulsion qu'elle éprouve à l'égard de la province.

P. 332, *l.* 8, notes juridiques, A. (en note) : M. Feugère [Voir *Addenda*, p. 328] ne distingue [t. I, pp. CIII, CIV] que quatre classes de lettres : *historique, politique, littéraire, familière ;* il faut évidemment ajouter la cinquième classe : *juridique*].

P. 338, fin de *n.* 4, p. 337, A. : Après avoir rappelé que Voiture « trouve » les expressions de Pline trop concertées, sa manière de penser point assez » naturelle », qu' « il se déchaîne contre lui, le mel fort au-dessous de Pline » le Naturaliste son oncle, et le traite (ou peu s'en faut) d'écolier », De Sacy [Préface] rappelle à l'ingrat français [Que d'ingrats Pline compte dans sa postérité !] ses obligations envers son prédécesseur et conclut en ces termes pleins de finesse : « Que l'on fasse attention sur son style vif et coupé, sur le » peu de paroles où il enchâsse ses idées, sur cet air riant et badin qu'il donne » à tout ce qu'il écrit, sur la délicatesse avec laquelle il pense, on sera tenté » de croire que Voiture avait oublié ce qu'il devait à Pline, ou qu'il voulait le » faire oublier aux autres. »

P. 342, *l.* 18, le caractère conventionnel des deux recueils, A. (en note) : Collé [Il avait, à défaut d'un grand esprit, un grand bon sens] Collé qui estime que « le genre épistolaire ne veut qu'un style naturel, simple, clair et précis », que « il faut écrire dans une lettre comme on parlerait », a justement noté chez Voiture ce caractère conventionnel : « Voiture était bel esprit de profession ; d'ailleurs, il écrivait à des grands, ses lettres n'étaient pas des lettres : c'étaient des compositions. » (*Correspondance Inédite*, publiée en 1864 par H. Bonhomme, pp. 55, 213).

P. 342, *l.* 18, Pline le Jeune et Voiture, A. (en note) : Tout en affirmant la parenté, De Sacy [Préface] note ces dissemblances entre les « deux cousins ». « Je l'avouerai pourtant, il se trouve de la différence entr'eux. L'enjouement » fait le fond des lettres de Voiture et l'ornement de celles de Pline. Le premier » est plus hardi ; le second plus retenu dans ses plaisanteries. Jamais Pline » n'eût hasardé la lettre du clou à une grande princesse, ni celle des chevaux » de poste à une dame qu'il eût respectée. Celui-là n'écrit que pour rire ; celui-ci » ne rit que pour égayer ce qu'il écrit. Tous deux réjouissent quand ils badinent ; » mais l'un ne prend point le sérieux que le lecteur n'y perde ; l'autre, qu'il » n'y gagne. Enfin l'imagination peut trouver plus son compte avec Voiture, » le cœur, avec Pline. » — Bien que discutable, le parallèle entre Cicéron et Pline [voir t. II, p. 366] nous paraît supérieur à celui-ci où tant de mots sont employés à dire si peu de chose.

P. 346, *l.* 7, Scudéry, A. (en note) : A la mort de son mari (1667), Mme de Scudéry avait reçu des compliments de condoléances « depuis le sceptre jusqu'à la houlette. » Un seul manqua, celui de Bussy-Rabutin ; aussi rompit-elle avec l'oublieux ami qui devait lui dire plus tard « il n'y a que vous qui sachiez aimer. » Mais piquée, comme toute sa famille, de la tarentule littéraire, elle prit trois ans après (30 mai 1670) le premier prétexte venu [Mesdames du XXX m'ont grondée de ce que je ne vous avais pas écrit depuis votre exil] pour entrer en correspondance avec Chaseu, et depuis, elle s'excusait quand elle laissait passer deux ordinaires sans envoi de sa prose. En conservant ses épîtres [voir dans l'édition 1727, Paris, Florentin Delaulne, 7 vol., à partir du 3ᵉ volume] l'exilé a sauvé de l'oubli ce bel esprit secondaire.

P. 346, *l.* 29, guères femme, A. (en note) : Nous faisons allusion à une lettre de 1675 où l'épistolière déclare qu'elle parle comme un honnête homme parce qu'elle va entrer dans un âge où elle ne sera plus guères femme.

P. 346, *l.* 32, la Princesse de Clèves, A. : Cette nouvelle (le premier roman d'analyse) est de 1678. La Rochefoucauld mourut deux ans après.

P. 346, *l.* 33, de galanterie, A. : de la Cour de Henri Second.

P. 350, *l.* 34, de bon français, A. (en note) : « .... De mon tems, d'homme d'honneur, le Latin eût déshonoré un Gentilhomme. Je connais les grandes qualitez de M. L. P. et suis son serviteur, mais je vous dirai que le dernier C. D. M. sçeut maintenir son crédit dans les Provinces et sa considération à la Cour, sans sçavoir lire. Peu de latin, vous dis-je, et de bon François. » [*Nouvelles Œuvres mêlées de Monsieur de Saint-Evremont*, Paris, Barbin, 1697. Première partie, pp. 176, 177).

P. 352, *n.* 3, A. : De ces lignes, on rapprochera avec intérêt l'une des boutades royales de l'amusante oraison funèbre de 1759 : « Cicéron le père de » l'éloquence et de la patrie, qui rendait fertiles les sujets les plus arides, qui » fit absoudre des coupables, qui changeait les hommes ordinaires en grands » hommes, qui supposait des vertus à ceux qui en manquaient » et plus » loin : « le véritable Pompée et celui dont il parlait n'étaient pas le même » homme. » [*Panégyrique du sieur Jacques Mathias Reinhart, maître-cordonnier, prononcé le 13ᵉ mois de l'an 2899, dans la Ville de l'Imagination, par Pierre Mortier, diacre de la Cathédrale*].

P. 362, *n.* 1, lire : Voir notamment : 1º Spartien..... ; 2º Fl. Vopiscus..... ; 3º les Anthologies grecques de Brünck et de Burmann.

P. 392, *l.* 16, 17, 18, ils n'appartenaient pas..... monopole sénatorial, A. (en note) : *Sanctitas morum non distat ordinibus*. Pensée *disponible* à insérer (rappelons-le) dans *Les Sévérités de Joubert*.

P. 398, *l.* 24 des mimes, A. (en note) : voir t. II, p. 74, la confirmation de ce que P. J. dit ici.

P. 419, *l.* 1, decennalia, A. (en note) : sur les decennalia, voir Duruy, t. VI, p. 433 et dans le Nouveau Larousse illustré (t. III) l'article avec reproduction d'une monnaie « annonçant les premières décennales d'Antonin le Pieux. »

P. 464, *l.* 17, fins de lettres, A. (en note) : « Ce matin vous avez reçu une » lettre ; elle finit par *votre très humble et très obéissant serviteur*. Vous avez » regardé ces mots sans les lire ; ils ne vous ont nullement donné l'idée que » la personne qui écrit vous offrît de battre votre habit ou de cirer vos bottes. » C'est pourtant ce qu'y verrait un Persan, un bramine, sachant peu la langue » et pas du tout les manières françaises. » (Stendhal, *Rome, Naples et Florence*, 3 Janvier 1817).

P. 464, *l.* 24, conventionnelle, A. (en note) : La meilleure réponse à faire à M. Tissot se trouve dans les cinquante lignes que Stendhal (œuvre et date citées) a consacrées à ce sujet. Les Italiens (dit notamment le psychologue) pourront-ils être accusés de bassesse parce qu'ils ne consultent pas en parlant chez eux, les conventions d'une langue étrangère ? [L'Arioste dégage d'ailleurs la responsabilité italienne pour faire retomber sur la domination espagnole :

> Dapoi che l'adulazione Spagnuola
> Aposto la Signoria in Burdello,

ces salamalecs qui suivant Rivarol, prédécesseur de M. Tissot, « ne donnent » pas assez bonne opinion de l'espèce humaine »].

P. 481, *l.* 27, Adresses, A. (en note) : « L'usage des Adresses est originaire

» d'Angleterre.... En France, de 1815 à 1848, la discussion de l'Adresse avait
» une grande importance.... Supprimée après la révolution de Février, l'Adresse
» fut rétablie en 1861. Le droit d'interpellation n'existant pas dans la consti-
» tution de 1852, la discussion de l'Adresse était la seule occasion offerte à
» l'opposition de se faire entendre. » (Larousse).

P. 486, n. 1, A. : A Montaigne qui accuse P. J. de vanité [voir notre t. II,
p. 364, 365], de Sacy [Préface] répond : 1° P. J. ne vante ni la noblesse de sa
race, ni l'équipage de ses aïeux, ni le nombre de ses domestiques ; 2° S'il parle
de lui dans ses lettres, il ne pouvait s'en dispenser, car c'est là proprement
l'office des lettres. Ailleurs, c'est orgueil de parler de soi : dans les lettres,
c'est nécessité.

P. 488, n. 1, *Addenda.* I. Tout ce qui entrait dans la *familia* appartenait, selon
le droit primitif, au *pater familias*. Voulant favoriser l'armée, Auguste reconnut
aux fils de famille une pleine et libre propriété sur les biens acquis à l'occasion
du service militaire. II. Pour comprendre tout l'honneur qui revient à Pline
d'une conception semblable, il faut lire ces lignes de M. Troplong, *Influence
du Christianisme sur le droit civil des Romains :* « A aucune époque, même
sous Justinien, il n'y eut de succession pour les esclaves. Vainement le christianisme triomphant avait-il introduit le droit naturel de tous côtés dans les
institutions ; ce droit trouvait des bornes infranchissables quand il s'agissait
d'arriver jusqu'aux esclaves..... Les esclaves ne succédaient donc pas ; ils
ne possédaient rien en propre ; tout ce qu'ils acquéraient appartenait à leurs
maîtres ; il n'avaient que l'administration de leur pécule. C'est seulement sous
l'époque féodale que leur condition se rapprocha de la liberté et qu'ils furent
mis en possession des principaux éléments de la vie civile. »

P. 488, n. 2, *Addenda.* Ne croyant pas à cette défense nationale, M. Boissier
écrit, au contraire, *Religion romaine :* « Pline le Jeune, qui n'était pas un
profond politique, se réjouissait avec effusion quand il voyait un maître
affranchir beaucoup d'esclaves ; *Il n'y a rien que je souhaite plus,* disait-il,
que de voir notre *patrie s'enrichir de citoyens.* Il avait tort de se réjouir. La
patrie n'avait guère à se louer des citoyens nouveaux que lui donnait l'escla-
vage ; et c'est à force de s'enrichir ainsi qu'après avoir patiemment supporté
les Césars, elle a fini par succomber devant les Barbares. »

P. 488, n. 3, *Addenda.* Bien entendu un Tallemant des Réaux sans dénigre-
ments ni médisances.

P. 488, n. 4, *Addenda.* Comparer notamment aux historiettes si claires et si
vives citées dans *les Trois Sénateurs,* les exposés si confus de ses procès. [Note
de 1896]. Et aujourd'hui (Juin 1902), voici ce que nous ajouterons : Avant le
cataclysme de la Martinique (qui rappelle à tant d'égards l'éruption de 79) nous
avions qualifié [voir t. III, p. 122] les deux lettres de P. J., l. VI, 16, 20, *de
tableaux remarquables.* Mais combien pâles, combien compassées, combien
essoufflées elles apparaissent quand on les compare aux récits si vibrants, si
poignants, si tragiques du Capitaine du *Roddam* et de M. Ellery Scott, l'un des
officiers du *Roraïma !*

P. 489, n. 1, *Addenda.* Depuis qu'Auguste avait créé les armées permanentes,
un certain nombre d'intellectuels, principalement les stoïciens, d'esprit si
faux et si néfaste, témoignaient autant d'aversion et de mépris pour les militaires eux-mêmes que pour l'esprit militaire. Après avoir ainsi détruit la
discipline, ils ouvrirent très gracieusement la porte aux invasions des Barbares.
Quant à Pline, si pour son compte personnel il aimait peu la caserne, il était
trop patriote pour en dégoûter les autres.

P. 489, n. 2, *Addenda.* « Dans le récit de Pline il n'y a ni émotion, ni note
» largement humaine. Les disparus n'existent pas pour lui ; sauf le préfet de
» la flotte. De même, les dépêches de la Martinique ne font guère allusion qu'à
» deux douzaines de personnes, gouverneur, fonctionnaires, gros propriétaires...
» Il semble qu'il n'y ait que ceux-là qui comptent.... Les gens qui nous télé-
» graphient ont pourtant l'excuse de leur affolement, tandis que Pline avait

» eu le temps de se calmer entre la mort de son oncle et le moment où il
» écrivit à Tacite si toutefois cet homme fort distingué, ce *gendelettre* avant
» la lettre, a jamais été capable d'émotion. » [*Le Temps*, 19 mai 1902. *Menus
propos*] — Relativement au manque d'émotion, la critique est incontestablement
fondée ; pour le surplus, elle oublie que P. J. se propose de raconter non
l'ensemble de la catastrophe, mais la mort de son oncle et ses dangers per-
sonnels.

P. 489. *n.* 3, *Addenda.* Nous nous permettrons donc de mêler une grave
critique à cet éloge de M Boissier *(Religion romaine)* : « Pline professe, comme
» les Pères de l'Eglise, que les jeux publics sont nuisibles aux mœurs. »

P. 498, avant dernière ligne, financier, A. (en note) : Nous rappelons que ces
talents sont attestés d'abord par les fonctions mêmes de P. J.[tribun-trésorier,
trésorier militaire, trésorier de Saturne, inspecteur des finances bithyniennes]
et ensuite par ce fait que VirginiusRufus désignait P. J. dans les termes les plus
flatteurs pour son suppléant éventuel à la Commission des Cinq (l. II, 1).

P. 490, *l.* 4, convulsions de Saint-Médard, A. (en note) : « *superstitionem
pravam, immodicam... [contagio] videtur sisti et corrigi posse... turba homi-
num emendari [posse], si sit pænitentiæ locus.* » — l. X, 97, K. 96. » - Ainsi
écrivait aux fidèles, ainsi parlait au préfet de police (1732), l'Archevêque de
Paris sur les *secouristes*, le *sucre d'orge* et le *biscuit.*

P. 490, *n.* 1, *Addenda.* I. « L'Antiquité tout entière ne nous a pas transmis
» la mémoire d'une âme aussi bien faite que celle de Pline. » (M. Monti). II. « A
» vrai dire, Pline n'eut qu'un défaut : la vanité. » (Lebaigue).

P. 490, *n.* 2, *Addenda.* Alors qu'il subit au contraire tout naturellement
l'influence d'Artémidore le bienveillant et d'Euphrate le philanthrope.

P. 490, *n.* 3, *Addenda.* I. l. IX, 19. II. Le pupille a prétendu cependant devoir
à son tuteur le mauvais exemple de la poésie grivoise (l. V, 3).

P. 493, *l.* 26, 27, Côme, site enchanteur, A. (en note) : M. J. Martha [*Revue
des Cours,* 1898, p. 436] note que P. J. a conservé très vivace le souvenir du
paysage au milieu duquel il a vécu ; que les paysages qu'il aime à décrire
sont précisément ceux qui rappellent les environs de Côme (*sic* le lac Vadimon
et le Clitumnus).

P. 493, *l.* 30, mon père, A. (en note) : Avec M. Mommsen, M. J. Martha
[*Revue des Cours,* 1898, p. 435, 599] admet 1° le divorce (après querelles de
ménage, entre Cæcilius et Plinia ; 2° l'adoption *testamentaire* par Pline le Naturaliste. C'est au divorce qu'il attribue cette particularité que P. J. ne vit pas
avec sa famille paternelle (dont il ne cite aucun membre ; mais habite toujours avec son oncle, soit à Rome ou dans les environs, soit à Misène. —
Pourquoi, au lieu de ces querelles et de ce divorce invraisemblables, ne pas
accueillir ces explications très simples : d'une part, l'adoption datait de 73 ;
d'autre part, par son *Cursus honorum,* Pline l'Ancien s'était élevé socialement
fort au-dessus des Cæcilii ?

P. 494, *l.* 3, à ma mère, A. (en note) : Sans motifs suffisants, M. J. Martha,
[*Revue des Cours,* 1898, p. 599] attribue à Plinia « de grandes propriétés » à
Côme, omettant d'ailleurs de faire état de la lettre l. VII, 11 où P. J. parle
également de la succession paternelle.

P. 494, *l.* 4, jusqu'à la rhétorique, A. : M. J. Martha [*Revue des Cours,* 1898,
pp. 596-600] indique les raisons morales (fort exactes) ainsi que les raisons
matérielles qui l'autorisent à penser, comme nous, que Pline fit à Côme,
dans sa famille, avec un précepteur particulier, ses premières études littéraires.
Plus loin (p. 602) il démontre par des arguments auxquels il n'y a rien à
ajouter, que pour la rhétorique P. J. eut certainement une éducation publique.

P. 494, *l.* 7, en évitant le luxe, A. (en note) : Après avoir signalé que le
menu l. I, 15 est un menu ironique, M. J. Martha [*Revue des Cours,* 1898, p. 437]

constate que Pline avait une maison honorablement montée, mais pas davantage ; que quand on compare la façon dont il vivait avec celle de ses contemporains, il est certain qu'il y a une très grande différence ; que malgré leur luxe de pièces, leur confortable extraordinaire, ses villas n'ont en définitive rien de raffiné.

P. 494, *n. 2, A.* : M. J. Martha (*Revue des Cours*, 1898, p. 438, 441, 442) note les deux influences morale et littéraire de l'oncle sur le neveu : 1° celle des bons exemples donnés à un enfant [Cantonnée sur ce terrain restreint, l'observation est fort juste] ; 2° celle d'un homme qui ne peut pas vivre une seconde sans faire de la littérature.

P. 494, *l. 18.* Nicétès Sacerdos, A (en note) : « Tous les jeunes gens qui » voulaient être orateurs suivaient à la fois l'enseignement d'un professeur » de latin et l'enseignement en grec d'un professeur de grec. Pline a suivi le » cours de grec de Nicétès Sacerdos, sorte de déclamateur, dont il est question » dans le *Dialogue des Orateurs*, et l'enseignement latin donné par Quintilien. » (J. Martha, *Revue des Cours*, 1898, p. 602, 603).

P. 499, *n. 1, Addenda.* Ainsi le petit municipe comasque eut à la même époque, avec les libéralités de Pline, celles de Fabatus (un portique et restauration des portes), de Pompeius Saturninus (70.000 francs), de Caninius Rufus (fondation d'un banquet).

P. 501, *l. 9, 10*, les ingéniosités, les grâces et les maximes d'un conférencier romain, A. (en note) : Comment la littérature privée aurait-elle pu échapper à cette influence, alors que la littérature officielle, de Nerva à Léon X, en porte presque sans interruption les empreintes si visibles ? Rapprocher les premières et dernières lignes très caractéristiques de l'édit de ratification de Nerva (P. J., l. X, 66, K. 58), de la correspondance de Constance, Gratien, Théodoric, Léon X (t. III, pp. 311, 312, 313, 314, 325, n. 3, 425, 426, 444). (Le grand mérite de la Chancellerie de Trajan fut de ne jamais viser à faire du Vauvenargues ou du Joubert).

P. 513, A. : année 1823 ; Lemaire (*volumen posterius*).

P. 514, A. : année 1828 ; J. Pierrot (2° volume).

P. 514, A. : année 1829 ; J. Pierrot (3° volume).

P. 515, anno 1873, Bender, A. (en note) : I. Si avec une bienveillance qui constitue pour l'amateur un devoir tout particulier, nous avons analysé tant de brochures moyennes ou médiocres, ce serait tomber dans l'injustice que de ne point mettre en vedette l'opuscule de M. Bender. L'éminent professeur de Tubingue est le premier (on pourrait dire le seul) qui, rejetant à l'arrière plan son œuvre si restreinte et si connue, ait — avec une hauteur de vues remarquable — passé Pline lui-même au crible intellectuel, moral, philosophique, social. Nous ne saurions trop insister pour que le lecteur prenne connaissance intégrale de son *programm* auquel on ne saurait adresser qu'un reproche : des excès de rigueur qui parfois dépassent la mesure et froissent l'équité. II. Groupons et développons ici quelques-uns de nos extraits : Note 4, p. 146, n° III : « Pline avait [en faisant des lectures] d'excellentes intentions ; il ne voulait pas seulement améliorer l'œuvre littéraire par le recours à la critique des auditeurs, mais encore et surtout provoquer un intérêt plus vif pour les idées supérieures [l'intellectualité]. Malheureusement, il ne voyait pas l'inutilité de semblables moyens à l'heure où la force créatrice était paralysée, où une littérature plus ou moins factice et toute de parade remplaçait l'œuvre que l'auteur écrit exclusivement suivant son goût personnel, sans s'inquiéter de plaire au public. Aussi quand il s'imagine relever par ses lectures l'esprit général, il nous apparaît comme un enfant et comme le représentant de son époque. » Note 1, p. 162, note 3, p. 179 : « La véritable physionomie de P. J. c'est à l'étude de ses occupations littéraires qu'il la faut demander.... L'activité de P. J. est frétillante ; comme tous les hommes vains, il ne songe qu'au mesquin ; il est pédant et sans caractère. » — P. 181, *l. 5*, plus spécialement,

A. (en note) : M. Bender signale encore la *naïveté* : — « s'imaginer qu'au moyen
de la littérature on pourra élever l'intelligence humaine jusqu'aux conceptions
supérieures. » — P. 181, *l.* 20, la vanité, A. (en note) : « L'esprit littéraire est
très aisément vain..... Cicéron et Pline ont une égale dose de vanité. » —
P. 181, *n.* 4, A. : « le sens politique manque encore beaucoup plus à Pline
qu'à Cicéron ; d'ailleurs, tout le temps plinien fut peu politique. » — P. 182,
l. 6, philosophie A. (en note) : « le cosmopolitisme ne se rencontre que
chez Cicéron et chez Pline ; les traces d'humanitarisme que l'on aperçoit chez
Sénèque proviennent de la philosophie à laquelle P. J. ne s'adonna jamais. »
— P. 182, *l.* 7, affectueux, A. (en note) : « Le cosmopolitisme se traduit chez
Pline par des sentiments beaucoup plus humains envers ses esclaves. » —
P. 182, *n.* 2, A. : « c'est-à-dire l'écrivain doit se proposer un but plus haut que
le relèvement intellectuel de son propre pays et s'adresser surtout à l'hu-
manité entière. »

P. 515, *l.* 8, Fabre, A. (en note) : Nous avons cru devoir renvoyer à ce
simple post-scriptum quelques remarques sur l'Etude de M. Fabre aussi super-
ficielle que brève (19 pages) ; 1° P. J. est qualifié *d'ami* de Trajan (p. 63), de
protecteur des chrétiens « rôle dangereux alors » (p. 63), de philosophe
(p. 67). Sa modestie ne peut être mise en doute (p. 74, 79). La description de sa
villa toscane montre le luxe des maisons de campagne, la prodigalité fas-
tueuse qui s'étalaient comme un mépris de l'humanité (p. 80). La lettre où P. J.
décrit à Gallus le lac Vadimon est un modèle du genre descriptif, etc. ; 2° Les
lettres l. II, 12 (Arriano), l. I, 4 (Pompeiæ Celerinæ), l. I, 16 (Erucio), sont
attribuées (p. 68, 69, 73) à Adrien, Pompeius, Euricus. Spurinna, (l. III, 1) est
appelé Spurinus (p. 72). Calvina l. II, 4) devient (p. 75) Calvinus et Saturninus
(l. V, 7), Saturnius. Genitor qui reçoit la lettre (l. III, 11) où le bienfait est
raconté, se trouve confondu (p. 75) avec Artémidore qui reçoit le bienfait ; 3° Le
procès Arionilla (l. I, 5) est plaidé sous Nerva ou Trajan parce que la lettre
mentionne à son début la mort de Domitien : d'où la conclusion [au sujet de
l'incident Modestus] : « cette crainte de la part d'un citoyen déjà honoré à plus
» d'un titre nous donne la mesure de la liberté de parole à Rome, même sous
» les Empereurs dont l'histoire proclame l'éloge, tels que Nerva et Trajan »,
(pp. 63, 64).

P. 516, dernière ligne A. (en note) : Ce désir (déjà bien ancien) devrait
devenir, semble-t-il, une réalité après le discours du Mans (juin 1904) où le
Chef de l'Etat formule notre programme à nous tous républicains : *apaisement
— union · tolérance.*

II. — ERRATA.

P. 15, *l.* 10, a. l. d. 1858, L. : 1853.

P. 20, *n.* 2, L. : Voir sur ces deux villas : *Intermezzo*, pp. VII-XI, LXXXVII-XO.

P. 20, *n.* 3, *l.* 2, a. l. d. l. II, 5, L. : l. I, 5.

P. 28, *n.* 1, *l.* 7, a. l. d. l. VI, 11, L. : l. VII, 11.

P. 33, *l.* 11, 14, a. l. d. Virginus, L. : Virginius.

P. 35, *l.* 1, a. l. d. j'ai, L. : j'aurais.

P. 51, *l.* 4, a. l. d. peu après, L. : plus tard.

P. 58, *l.* 8, a. l. d. sur, L. : sous.

P. 109, *n.* 1, a. l. d. l. III, V, L. : III, 5.

P. 139, *l.* 24, a. l. d. blanc cailloux, L. : blanc des cailloux.

P. 175 [de l'autre.....: helléniques], *l.* 12-15. Ce jugement nous semble
aujourd'hui injuste ; en contestant le patriotisme des deux écrivains, nous
nous étions laissé impressionner à l'excès par quelques apparences.

P. 181, *n.* 3, *l.* 4, 5, a. l. d. Corellius, L. : Cornelius.

P. 187, *l.* 16, a. l. d. par héritages, L. : par plusieurs héritages.

P. 201, *l.* 5, a. l. d. la liberté, L. : l'agitation.

P. 248, *l.* 15 et *n.* 1, *l.* 1, a. l. d. Eromius, L. : Euromius.

P. 248, *l.* 28, a. l. d. l'a rendu, L. : l'ont rendu.

P. 248, *n.* 3, L. : cette traduction de : *honori patris.*

P. 262, *n.*, *l.* 5, a. l. d. nous ajoutons, L. : nous rappelons.

P. 267, *l.* 15, a. l. d. Junius, L. : Julius.

P. 267, *n.* 2, *l.* 2, a. l. d. Faniæ, L. : Fanniæ.

P. 281, *n.* 2, *l.* 4. a. l. d. VII, 11, L. : VIII, 11.

P. 281, *n.* 4, *l.* 3, L. : VIII, 5.

P. 286, en marge, a. l. d. Fautus, L. : Faustus.

P. 288, *n.* 1, a. l. d. Paulinius, L. : Paulinus.

P. 298, *n.* 3, *l.* 2, L. : qu'il n'appelait en parlant à.

P. 301, *l.* 7, a. l. d. et Faustus, L. : et de Faustus.

P. 302, *l.* 34, a. l. d. *absequia,* L. : *obsequia.*

P. 307, *l.* 13, L. : *Variarum libri duodecim.*

P. 308, *n.* 3, *l.* 4, L. : *les Variarum libri duodecim de Cassiodorus Senator.*

P. 328, *l.* 8, a. l. d. Beauce, L. : Beauvais.

P. 333, *n.* 2, *l.* 1, a. l. d. 16 Juillet, L. : 14 Juillet.

P. 338, *n.* 1, *l.* 2, L. : dont plus de la moitié est adressée.

P. 377, *l.* 8, L. : Meissonier.

P. 395, *l.* 19, 20, L. : Mamilien [Voir *Index*].

P. 395, *l.* 20, mettre volontariat entre guillemets.

P. 402, *l.* 14, a. l. d. et son, L. : et de son.

P. 428, *l.* 14, a. l. d. Minerva, L. : Minervina.

P. 460, *l.* 10, a. l. d. litière de, L. : litière à.

P. 460, *l.* 30, rétablir le mot : Intentions, en caractères ordinaires.

P. 460, *n.* 2, L. : Voir t. II, pp. 635-637.

P. 463, *n.* 3, *l.* 6, L. : Valère Maxime, l. IX, 1, § 5.

P. 471, *n.* 1, a. l. d. 283, L. : 383.

P. 476, *l.* 2, a. l d. longueurs, L. : longueries.

III. — LABECULÆ.

L. : P. 1, *l.* 16, cadençant ; P. 20, *l.* 3, accroît ; P. 27, *l.* 2, quoi qu'il en
soit ; P. 44, *l.* 8, s'y attache ; P. 46, *l.* 5, femme ; P. 46, *l.* 7, pendant ; P. 63,
l. 26, 27, Votre Bonté ; P. 64, *l.* 7, étant onnées ; P. 64, *l.* 14, recevoir ; P. 70,
l. 26, l'autre ; P. 80, *l.* 9, La Boétie ; P. 90, *n.* 2, *l.* 2, parallèle ; P. 93, *l.* 8, dans
l'esprit ; P. 93, *l.* 12, Borghesi ; P. 99, *l.* 14, plaidoirie ; P. 99, *n.* 1, *l.* 7, Bureau
de la Malle ; P. 114, *l.* 7, s'en plaignît ; P. 114, *n.* 2, *l.* 2, réfléchi ; P. 116, *n.* 1,
l. 13, imminentique ; P. 117, *l.* 20, favorisé par ; P. 123, *n.* 1, *l.* 9, qu'on
retrouve ; P. 126, *l.* 15, carrière ; P. 130, *n.* 2, *l.* 8, identité ; P. 132, *n.* 1, *l.* 1,
rappelle ; P. 143, *l.* 13, duquel ; P. 175, *l.* 20, parallèles ; P. 183, *l.* 28, des
années ; P. 184, *n.* 1, *l.* 4, Beulé ; P. 187, *l.* 8, parce que ; P. 189, *l.* 29, du nom
de ; P. 224, *l.* 27, impériales ; P. 247, *l.* 4, où se trouvent ; P. 249, *l.* 17, quoi
qu'il en soit ; P. 251, *l.* 4, de déclarations ; P. 281, *n.* 6, *l.* 1, 2, Châteaubriand ;
P. 282, *l.* 3, 4, Toulouse ; P. 285, *l.* 2, sidonienne ; P. 287, *l.* 17, je ne pouvais ;
P. 313, *l.* 13, plaidoirie ; P. 313, *n.* 2, *l.* 5, Artémidore ; P. 314, *l.* 15, ne
demandez pas la ; P. 337, *l.* 19, Colotès ; P. 342, *l.* 3, aujourd'hui comme ;
P. 348, *l.* 9, Sassbach ; P. 350, *l.* 33, et de bon français ; P. 353, *l.* 21, et 354,

l. 10, Potsdam ; P. 356, *n.* 2, *l.* 2, 3, d'une famille ; P. 358, *l.* 22 ; que vous soyez ; P. 364, *l.* 13, qui n'a présents ; P. 375, avant dernière ligne mettre une simple virgule entre *grains et de toute* ; P. 386, *l.* 27, une plaidoirie ; P. 396, *n.* 1, *l.* 6, centon nuptial ; P. 402. *l.* 17, plaidoiries ; P. 402, *n.* 1, *l.* 8, et P. 406, *l.* 7, lasciveté ; P. 420, *l.* 19, Sarrasius ; P. 422, *l.* 4, ayez ; P. 425, *l.* 4, mêmes ; P. 431, *l.* 26, espèrerait ; P. 463, *n.* 1, *l.* 1, gouvernement ; P. 463, *n.* 3, *l.* 5, Metellus Pius ; P. 467, *l.* 14, 16, mettre un point d'interrogation après impériale et Âmes ; P. 482, *l.* 4, pavots ; P. 482 (fin de la note 2, p. 481), *l.* 5, George ; *Frequenter*, débauche de ponctuation.

[illegible]

1° INDEX (ANALYTIQUE)

Tomes I, II et Tome III : *Correspondants, Héritiers.*

2° INDEX (SOMMAIRE)

Intermezzo : *Pélerinages pliniens.*

INDICES NOMINUM

N. B. — 1. Nous dresserons deux *Index* : le premier analytique pour les tomes I, II et le tome III (*Correspondants* et *Héritiers*), le second pour l'*Intermezzo*, index plus succinct. la nature des matières traitées se pressentant aisément en raison du caractère spécial de cette partie de nos études. — Un astérisque, en regard d'un nom du premier Index, invitera d'ailleurs à vouloir bien se reporter à l'Index de l'Intermezzo. II. Nous indiquerons simplement les pages sans distinguer entre le corps du texte et les notes, le format restreint de notre ouvrage ne paraissant point exiger la complication d'un renvoi aux bas de feuillets.

PREMIER INDEX

A

Abascantius. I. Chef de bureau chanté par Stace, 202, 203.

Abascantius, ou Abascantus. L. Satrius. I. Affranchi pour lequel P. J. demande à Trajan le « Jus Quiritium », 510.

Ablancourt (Perrot d'). II. Ses traductions de Tacite, Xénophon, Lucien, Thucydide, etc. qualifiées de « Belles Infidèles », 678.

Accarias « Précis de Droit Romain. » I. La remise des fermages en droit romain, 79; situation sociale des affranchis, 477; le « Jus Quiritium », 515; les droits paternels, 519; la « querela inofficiosi testamenti » devant le tribunal centumviral, 555; le fardeau de la preuve dans la « querela », 564; les causes légitimes d'exhérédation, 565. II. « Table des Textes littéraires ». Examen de ses renvois à P. J., 344-350; historique des candidatures officielles inventées par César, 549. III. « Jus Quiritium, Jus aureorum annulorum, Restitutio natalium », 216; « Capitis deminutio maxima », 453.

Accia Variola. Voyez « Variola Accia. »

Accius Lucius. III. Un des plus anciens poètes tragiques de Rome, aurait également, suivant P. J., fait des vers graveleux, 392.

Achaïque (l'). Voyez « Mummius »

Achaintre. I. La gestion du domaine impérial, 152.

Acidalius Valens. III. Lecture d'un texte douteux de Pacatus, 451.

* **Acilianus Minucius (Brixianus).** I. Ami de P. J., 120; sa généalogie, ses qualités, 130; son mariage, 130, 519, 520.

Acilianus (alias Atilianus). I. Institue P. J. son héritier pour partie, évaluation de l'émolument de P. J., 68; P. J. exécute ses codicilles irréguliers, 102.

Acilien. Voyez « Acilianus. »

Acilius Glabrion. I. Consul ordinaire (en 91), 496.

* **Acilius, P.** I. Ami de P. J., 120; sa généalogie, ses qualités, 129.

Adam, Alexandre. I. L'auteur tire grand profit de ses « Antiquités romaines », 8 ; l'âge de la prise de la toge virile, 33 ; explication du proverbe : « petere tanquam Cæsaris candidatus », 259 ; l'âge de la questure impériale, 260, 397 ; les origines de la préture, 279 ; la hiérarchie sacerdotale, 336 ; le serment militaire, 386 ; l'épreuve de la torture, 397. II. Commentaire (incompris) de la lettre I. IX, 13 de P. J., 35 ; comment on votait au Sénat, 40. III. Les « Recuperatores », 144 ; les salutations épistolaires, 288 ; « Justitium », 453.

Addison, Joseph, écrivain anglais (1672-1719). II. Cité par Holbrooke, 339.

Adéodat. III. Saint prêtre, correspondant d'Ennodius, 300.

Adérer. II. La vérité « d'ensemble » dans Tacite, 52.

*** Adrien (Hadrianus),** empereur. I. Crée l'Athénée, 40 ; pourquoi il porte sa barbe longue, 42 ; venge les injures de sa femme Sabina avec laquelle il ne peut vivre, 126 ; les « libertini » jusqu'à son règne, 161 ; annonce à Trajan la mort de Nerva, 307 ; échange avec le Sénat la Pamphylie contre la Bithynie, 353 ; tranche en faveur des Intellectuels une question controversée, 386 ; sa lettre sur les chrétiens au proconsul d'Asie, 407 ; ses défauts dénoncés à Trajan par Servianus, 451 ; Servianus emploie à son égard un procédé indélicat, 452 ; P. J. ne soupçonne point sa future fortune et ne fréquente pas son cercle, 452, 453 ; son caractère peint par Spartien, son règne fantasque, 497. II. Persécute Nigrinus, Quadratus, Septicius, Suétone, 44, 76, 211, 239 ; succède à Sura dans la rédaction des discours de Trajan, 357 ; divinise Trajan père et fils, 589, 605 ; Dion Cassius le fait intervenir dans une légende, 621 ; cité, 238, 274. III. Les jurisconsultes sous son règne, 29 ; l'amitié qu'il témoigne à Voconius Romanus, 65 ; accorde ses faveurs à Nératius Priscus et à Fronton, 132, 135, 231 ; Suétone fut l'un de ses secrétaires, 146 ; son portrait par Spartien, 361, 362 ; fait construire l'Athénée, 381 ; compose l'épitaphe de Voconius Romanus, 402 ; cité par Pacatus, 451.

Æmilius. II. L'avocat à la statue équestre [déjà vu dans Martial, I. IX, 59] raillé par Juvénal, 94.

Æsopus. Voyez « Esope ».

Aetius, le vainqueur des « Champs catalauniques ». III. Cité par Sidoine Apollinaire qui l'appelle « Ligeris liberatorem », 279.

Afer, Domitius. I. Professeur d'éloquence de Quintilien, 39 ; orateur célèbre (mort en 59), 558. II. Le double jugement de Tacite sur lui, 30, 409 ; « on a » peu de détails sur ses nombreux plaidoyers ; on ne connaît même le nom » que de quelques-uns », 50 ; comparé à Lachaud et à Julius Africanus, 51, 72 ; la haine qu'il inspire aux républicains militants, 52 ; son éloquence grave et lente, son exclamation : « L'art oratoire est mort ! » rappelées par P. J. citant une conversation de Quintilien son maître (l. II, 14), 409 ; son testament et ses héritiers [Voir dans Grellet-Dumazeau, « Le Barreau romain », p. 353, une réfutation « en droit » de faits que P. J. n'aurait pas avancés s'ils eussent été susceptibles d'un démenti], 409.

Afrania. III. Texte douteux du « Digeste », 183.

Afranius, L. II. Lieutenant de Pompée, consul en 60 avec Metellus Celer [avait acheté sa charge ; Cicéron le qualifie de nullité], 375.

*** Afranius Dexter,** Consul en mai 105 [Voir Mommsen, « Index » et « Etudes sur P. J. », p. 14, 15, 18]. I. Le Sénat informe au sujet de sa mort, 555. II. Consul désigné (premiers mois de 105), conclut à l'acquittement de Tuscilius Nominatus, 43 ; incidents du verdict sénatorial sur l'information ouverte au sujet de son assassinat, 100-102 ; orateur, 107.

Africain (l'). Voyez « Scipion. »

Africanus, Julius (premier du nom). II. Favori de Séjan qui l'entraîne dans sa chute, 71.

Africanus, Julius (deuxième du nom, fils du précédent). I. Grand avocat

P. J. c/ Classicus et consorts, 90, 91 ; ses origines probables, 90 ; associé à P. J.
dans la défense de Bassus, 92 ; destinataire (?) de l. VI, 10, P. J. 497. III. P. J.
lui (?) raconte une de ses visites à Alsium, 220.

Albinus. III. Consulaire, l'un des correspondants d'Ennodius, 299, 303.

Alceste. II. Le Misanthrope de Molière, 195.

Alciat, André. I. Jurisconsulte, philosophe, critique, originaire des environs de
Milan, découvre à Fecchio une inscription de P. J.; 137 ; prend copie de
l'inscription ambrosienne, [« Historia Patriæ », l. II, p. 43 ; « Patriæ ins-
criptiones », p. 18 ; « Mediolanenses Antiquitates », p. 20] ; son texte est
rectifié par Mommsen. I. 141, 142, 143. II. 693.

Alcinoüs. II. Roi des Phéaciens, père de Nausicaa, possédait des jardins dont
Homère (Odyssée) a chanté les beautés ; cité par Martial, 263.

* **Alde Manuce**, l'Ancien (1449-1515), imprimeur illustre. I. Son édition de
P. J., 434-436, 439 ; ses lectures de passages douteux des « Epist. » de P. J.,
406, 410, 515, 521. II. Ses lectures de passages douteux de P. J., 34, 72, 75,
192, 193, 194, 198, 308, 318, 357, 385, 394, 400, 402, 408, 411, 472, 523, 543,
550, 570, 572, 573 ; rattache arbitrairement, sous le n° l. X, au recueil épistolaire P. J. la correspondance Pline-Trajan, 280 ; la confusion qu'il commet
p. 281 de son texte, 304 ; ses diverses éditions, 503, 509, 511 ; ses sources,
509 ; cité 303, 501. III. Le beau-frère de Corellius Rufus, 205 ; est l'un des
correspondants d'Ange Politien, 320.

* **Aldini, Vittorio.** I. Son opinion sur l'époque du transfèrement à Milan de
l'inscription ambrosienne de P. J., 141. III. Renvoi à son ouvrage : « Les
Marbres de Côme », ou « Iconographie comasque », 182 ; son opinion sur un
fragment de statue antique trouvé à Côme dans le voisinage de San-Fedele,
505 ; rappel de ses travaux sur P. J., 514.

Alembert (d'). III. Voyez d' « Alembert. »

Alexandre le Grand. II. Cité par de la Berge au sujet de Trajan qui : « comme
lui n'avait pas voulu désigner son successeur », 604 ; son rôle dans « les
Césars » de Julien [voir « La Bletterie », p. 207, 208, 218-228, 232, 241-243,
246, 255], 625. III. Cité par Symmaque et Saint-Evremond, 247, 350.

Alexandre Sévère, empereur. I. A pour secrétaire Ulpien, 384 ; règlemente
les corrections paternelles, 518. II. Recours à « sa Vie » par Lampride, 582,
622. III. Ce prince, « aurait été dans la vie privée le premier des hommes ;
» fut, au souverain pouvoir, bien plus que Marc Aurèle, insuffisant »
(Duruy), 160.

Alexandre d'Aphrodisie. III. Philosophe péripatéticien, traduit par Jérôme
Donat, 320.

Alexandre VIII, pape. II. Propriétaire du codex P. J. dit « codex ottobo
nianus », 662,

* **Alfieri (Le Cte Vittorio).** II. Son républicanisme, sa gallophilie, son réactionna-
risme, sa gallophobie, ses critiques et sa refonte du Panégyrique de Trajan,
650, 651, 652-657, 676. III. P. J. victime de ses rêveries républicaines,
456, 465.

Allard, Paul. I. Les Chrétiens en Asie Mineure, 406 ; P. J. tient à paraître un
chaud partisan de César, 408 ; Incidents de l'enquête de P. J. sur les chrétiens,
411, 412 ; nous possédons le texte intégral de la réponse de Trajan à P. J. sur
les chrétiens, 413 ; approuve les critiques de Tertullien, mais explique la
dépêche impériale, 415 ; réfute une erreur de Duruy et d'Aubé, 418 [Voir
aussi « Addenda », sous pp. 410, 419].

Allen, Henry (Alanus). II. Publie à Dublin en 1863 (Hodges Smith and Co)
sous son nom latinisé « Henricus Alanus », un certain nombre « d'Observationes » concernant divers passages de Cicéron, César, Fronton, Aulu-Gelle
« et P. J. », 306. III. Rappel de ses travaux sur P. J., 514, 515

Aper. III. L'un des correspondants de Salvien, 251.

Apicius, Gabius. II. Gastronome contemporain d'Auguste et de Tibère, qui dépensa à la confection de ses « petits plats » une vingtaine de millions et se donna la mort pour échapper « à la misère » (il ne lui restait que deux millions), cité par Martial, 255.

* **Apollinaire, Domitius.** I. Son « Cursus honorum », 494 ; P. J. lui recommande Sextus Erucius, 499. II. Avocat 107 ; ses attentions pour la santé délicate de P. J., 31 ; son avis dans l'affaire Certus, 37 ; Martial voit en lui « docte, perspicace, érudit, franc, bienveillant » le plus qualifié des Aristarques, 269. III. Détourne P. J. d'aller en Toscane, craignant pour son ami le mauvais air, 277.

Apollinaire, Sidoine, « homme aimable de mœurs pures, ce qui était rare alors, » et surtout sans jalousie littéraire, ce qui l'est toujours. » (Nageotte). I. N'attribue à P. J. que neuf livres de « Lettres » : parti qu'ont tiré de cette indication les adversaires de l'authenticité de la Correspondance Pline-Trajan, 438. II. Son jugement sur l' « Oratio pro Accia Variola », 9 ; délateurs dont il flétrit les « clandestina », 62 ; canonisé 124 ; copie, à l'usage de Potentinus, le vocabulaire plinien, 202, 203 ; écrit à Firminus : Le motif, selon toi, qui doit me porter à augmenter d'un livre neuvième mes huit précédents volumes, c'est que C. Secundus, dont tu dis que je suis les traces dans mon ouvrage, assigne les mêmes limites à son recueil épistolaire », 280 ; écrit en prose métrique, 334 ; rappel de son portrait de Théod. Rich., 438. III. « Gelida Clitumni », 20 ; rapp. de son jug. sur l' « Oratio pro Accia Variola », 33 ; héritier de P. J. 305, 309, 343 ; les lettres de J. Titianus, 231 ; l'école frontonienne florissait encore de son temps, 233 ; biographie et épistolographie, 211, 241, 252, 256 (1)-284, 285, 286, 288, 289, 315 ; cité par Politien, Pasquier, Voiture, 321, 328, 341 ; se trouve réfuter une théorie de P. J. (le grivois), 406, 409 ; ses panégyriques en vers (Avito Augusto, Majoriano Augusto, Anthemio Augusto), 472.

Apollinaire. III. Fils de Sidoine, parent, ami, corresp. d'Avitus, 256, 257, 289.

Apollinaire. III. Sénateur et châtelain de Voroange (Beringueri (?) campagne d'Alais), l'un des correspondants de Sidoine Apollinaire, 279.

Apollinaire. III. Evêque de Valence, frère et correspondant (Voir Danglard, p. 54, 67) d'Avitus, 294.

Apollinaris. Voyez les divers « Apollinaires. »

* **Apollon.** II. Le Dieu des Lettres, cité par Boileau et Nisard, 128, 224.

Apollonius. II. Rhéteur raillé par Martial, 245.

Apollonius Molon. I. Professeur de Cicéron, 544.

Appius Norbanus. II. Gouverneur de Pannonie, le vainqueur des légions de Vindonissa, probablement le même que celui dont il est question, P. J., l. X, 66, K. 58, sous le nom de L. Appius Maximus [Voir Mommsen, Etude p. 93 et « Index » au nom de L. Norbanus Appius Maximus], 584.

Apronianus. III. L'un des correspondants d'Ennodius, 299.

Apulée. II. Crée « decorissimus », 307 ; le sens qu'il donne à « indefectus », 371. III. Les mœurs grecques jugées par les obscénités des « Métamorphoses », 172 ; Sidoine Apollinaire parle de : « ponderis Apuleiani fulmen », 263 ; annoté par Béroalde, 320.

Arator. III. Poète latin chrétien (met en vers les « Actes des Apôtres »), secrétaire et intendant des finances d'Athalaric, roi des Goths ; l'un des correspondants d'Ennodius, 299.

---

(1) P. 257, l. 8, le patriciat. Ajouter cette note omise dans les « Addenda » : « Lorsque Constantin acheva la hiérarchie des rangs, le patriciat est devenu une dignité que l'on confère à peu près comme les grands croix de nos ordres modernes. » (Grande Encyclopédie, au mot Empire, p. 973, colonne 2).

Aristote. I. Son opinion sur les jeux et spectacles populaires, 278. II. Cité par Robert, 275. III. Redoutait pour la Grèce l'accroissement des naissances, 168 ; traduit par Hermolao Barbaro, 320 ; sa « pénétration » vantée par Rollin, 500.

Armenius. III. L'un des correspondants d'Ennodius, 298.

Armon (Paul d'). (C. de Dreux). II. Son opinion (en 1877) sur Atticus, 367.

Arnaud-Baculard (Fr. Thomas-Marie de Baculard, connu sous le nom d'). III. Littérateur français (1718-1805), opposé à Voltaire par Frédéric le Grand, 334.

Arnd, Joan. II. Commentaire de c. 83, « Pan. », 541.

Arnobe. II. Auteur des « Diputationum adversus gentes libri VII », paraît avoir créé « ingloriosus » (sans orgueil), 308.

Arntzenius. I. L'auteur tire grand profit de ses Commentaires du « Pan. », 8 ; son hypothèse sur un passage du « Pan. » 455. II. Son « Panégyrique » commenté, 670, 672 ; textes douteux de P. J. 523, 539, 543, 550, 570, 571, 573 ; recours ou renvois à ses commentaires, 519, 522, 525, 547, 548, 572, 648, 668, 687.

Arria, major. I. Sa généalogie, ses héroïsmes, 460-463. II. La lettre de P. J. sur ses héroïsmes, 283. III. Ses héroïsmes rappelés par Duruy, 3.

Arria, minor. I. Sa généalogie, son exil, sa mort, 199, 287, 460, 464. II. Son intervention dans la vengeance d'Helvidius, 33, 34, 35.

Arrianus Maturius (« altinas). I. Ami de P. J., 120 ; faux modeste, 131 ; félicite P. J. de son augurat, 334 ; protège Egnatius Marcellinus, 501. II. Morillot vise les deux lettres (l. 1, 2, l. VIII, 21) où P. J. lui envoie un grave discours [« tentavi imitari Demosthenen, semper tuum, Calvum, nuper meum »] et une poésie érotique, 10 ; lettre que P. J. lui écrit sur Régulus, 81 ; P. J. le recommande à Maxime, 283, 474 ; son prétendu amour du repos, 320, 321 ; Panvinio vise les deux lettres (l. II, 11. 12) où P. J. lui raconte l'affaire Priscus, 613. III. P. J. lui conte le procès Priscus, 96 ; son honorabilité, sa fortune, son caractère, ses finasseries, ce que P. J. demande pour lui à Maxime, 127, 128, 149.

Arrien. Voyez « Arrianus Maturius » (ou Maturus).

Arrien (Arrianus, Flavius), historien et philosophe grec. I. Fait un portrait élogieux du philosophe Euphrate, 247.

Arrius Antoninus. Voyez « Antoninus Arrius. »

Arrius. II. Ami commun de César et de Lucceius négocie ce « tripotage » dont parle Suétone (J. « César », 19), 374.

Arruntius, Lucius. II. Avocat-sénateur jugé par Auguste digne de l'Empire, se suicide sous Tibère en prophétisant, cité par Suilius, Cossutianus, et ceteri, 27.

Artémidore, philosophe. I. Chassé de Rome par Domiten ; P. J. paie une dette urgente qu'il a contractée, 57, 112, 117, 246 ; sa liaison avec P. J., son portrait, son mariage, son beau-père, 241, 244, 245, 246, 247, 249 [Voir « Addenda » à la page 244]. II. Ses relations avec P. J., 111, 288, 474 ; son « beau » mariage, 112 ; ami de Genitor, 113 ; sans portée d'esprit, 116. III. Son influence sur P. J., 490.

Artémidore. III. Préfet de la Ville auquel Cassiodore écrit sous le nom de Théodoric, 313.

Arulenus. Voyez « Rusticus Arulenus ».

Arvandus. III. Préfet des Gaules, ex-ami de Sidoine Apollinaire, accusé de préculat et de lèse-majesté par les députés des Gaules ; Tonantius Ferreolus obtient sa condamnation capitale, 267.

Arviragus. II. « .... aut de temone britanno — excidet Arviragus » (Juv., Sat. IV, v. 126, 127), 66.

Asbach. I. Sa chronologie des procès de P. J., 577, 578. II. Ses études sur la chronologie des lettres P. J., 473, 477-479, 483, 484, 486, 491, 691. III. Rappel de ses travaux sur P. J., 515.

Ashburnham (Le Cte), [4e du nom]. II. Possesseur du Codex. Epist. Riccardianus, 499, 500 ; propriétaire du Codex. Pan. Laurentianus, 662.

Asher, libraire à Berlin. I. Procure à l'auteur un grand nombre d'ouvrages étrangers sur P. J, 16. II. Renseignements sur les numéros 182, 190 de la « Biblio. P. J. » Platner (p. 5), 508. III. Quelques recherches infructueuses, 515.

Asiaticus, Valerius. II. Gaulois originaire de Vienne, consul réitéré, délégué des ébullitionnistes républicains après la mort de Caligula, 32.

Asiaticus. II. Affranchi-ministre de Vitellius, victime de la double réaction des « flavianarum partium » et des « optimatum » [Tacite le porte-paroles des « Optimi » né lui reproche d'une façon précise (« Hist. » II, 57, 95 ; IV, 11) que sa naissance « foedum mancipium » et son « ministère »]. Sidoine Apollinaire le classe (ou paraît le classer) sans motif parmi les délateurs professionnels, 62.

Astrée (L'). III. Roman pastoral (4 v. in-8° et un suppl^t) d'Honoré d'Urfé, 239.

Assudius Curianus. Exhérédé par sa mère Pomponia Gratilla ; fait à P. J. l'un des héritiers de Gratilla, des propositions qu'il repousse ; P. J. le traduit devant un tribunal de famille dont Corellius Rufus est l'un des membres ; P. J. lui abandonne le quart de sa part hériditaire et reçoit à son décès un petit legs de gratitude. I. 68, 113, 114-116, 117, 474. II. 99, 288, 301, 302. III. 199.

Asclétarion. I. Astrologue, mis à mort par Domitien, 200.

Astruc J., médecin et métaphysicien originaire des environs d'Alais. II. L'auteur consulte à la bibliothèque mun. de Besançon un de ses mémoires sur les fontaines intermittentes, 396.

Atestinus. II. Avocat occupé qui ne gagnait pas pourtant de quoi payer son loyer (Martial), 256.

Athalaric, roi des Ostrogoths, petit-fils de Théodoric. II. Cassiodore lui fait écrire au Sénat : « Ecce Trajani vestri clarum sæculis reparamus exemplum. » Jurat vobis, per quem juratis ; nec potest ab illo quisquam falli, quo invo- » cato non licet impune mentiri », 539. III. Nomme Cassiodore préfet du prétoire et commandant d'armée, 306 ; les éloges qu'il décerne à Cassiodore sous la plume de ce dernier, 308 ; une de ses lettres rapprochée d'une lettre de Théodoric, 314.

Athénodore. II. « Philosophus Athenis moratus, fortasse Tarsensis is qui » floruit sub Augusto », (Mommsen, Index). (Cf. Lemaire, t. I, p. 435), mêlé à une histoire de fantôme que raconte P. J., 237, 398-400.

Atrectus. II. Libraire-éditeur, 250 ; édite Martial, 250.

Atrée. II. Tue deux enfants de Thyeste et les lui fait-manger, est tué par Egisthe, autre fils de Thyeste, 380.

Attalus, l'ardélion mi-partie avocat, mi-partie muletier [Martial, Pellisson]. I. 605. II. 69, 247.

Attianus. I. Chevalier, tuteur d'Adrien, d'abord comblé de faveurs par ce prince, puis disgracié, 453, 497.

Atticinus, Montanus. I. Dénoncé par Lustricius Bruttianus, le dénonce à son tour, est relégué dans une île ; P. J. raconte le procès à Tiro, 133, 327.

Atticus. T. Pomponius. I. Tient à rester dans l'ordre équestre, 53 ; cherche des Hermathènes pour Cicéron, 105 ; « conglutine » les amitiés, 498 ; sympathique au vieux Sylla, 558. II. Esquisse biographique, 139, 367, 368 ; avait réuni chez lui un grand nombre de copistes habiles et vendait très cher au public les livres qu'il copiait [Voir Boissier, « Cicéron et ses amis », p. 134, 135],

250 ; a peut-être édité la correspondance de Cicéron, 366 ; extraits de sa conversation épistolaire avec Cicéron qui « est devenue un monologue », 368-380 ; jugement sur ces lettres de Cicéron, 381 ; Panizzi qualifié d'A. de Mérimée, 413 ; cité 331, 490. III. Cicéron lui accorde toute son amitié et toute sa confiance, 230, 356 ; donne à Cicéron de sages conseils pour le mariage de sa fille, 181 ; se laisse mourir de faim, 200.

Atticus, Hérode, célèbre rhéteur grec (104-180, J.-C.) III. Comment il qualifie sa femme, 3, 495.

Attila. III. Roi des Huns, vaincu par Aetius a dans les « Champs catalauniques », 279.

Attilia ou Atilia (La Gens). II. Illustre famille qui a donné son nom à deux lois : a. U. c., 543, 443, « de deditiis, de tutoribus » et d'où sont sortis : le consul Atilius tué par les Gaulois à la bataille du cap Telamone (224 av. J.-C.), C. Atilius Regulus Serranus le vainqueur de Lipari (257 av. J.-C.), M. Atilius Regulus, le prisonnier sur parole (250 av. J.-C.), des Carthaginois qui le firent périr dans d'atroces supplices ; le délateur Regulus lui appartenait-il ?, 53.

Attilius. Voyez « Attilius Crescens. »

* **Attilius Crescens**. I. Ses relations avec P. J., sa situation sociale, 120, 129. II. Réflexion et maxime, 15, 220, 431, 432 ; P. J. raconte à Priscus les relations qui l'unissent à A. C., 285 ; P. J. soutient ses intérêts « denunciationibus et quasi minis », 493. III. Difficultés qu'il éprouve pour le recouvrement d'une créance, intervention de P. J., 132, 133, 134, 135 ; ses bons mots égaient P. J., 486.

Attius ou Accius, Aquila. I. Centurion coh. VI equestris (?) (Mommsen) ; P. J. transmet sa pétition à Trajan, 426.

Attrius ou Attius Clemens. Voyez « Clemens, Attrius ou Accius. »

Attusia Lucana Sabina. III. Epouse d'Ausone, ses origines, sa mort, ses enfants, 404.

Aubé. I. P. J. tout indiqué pour la légation de Bithynie, 354 ; mission de P. J., 355 ; qualifie P. J. de jurisconsulte, 431 ; doute de l'authenticité des lettres sur les chrétiens, 439, 441 ; revient sur ses premières impressions, 442. III. Ce que P. J. devait penser et comment il devait parler des chrétiens, 487 ; caractère, croyances de P. J., sa sympathie mitigée pour les chrétiens, 487.

Audry. III. Citation de sa traduction de Pacatus, 451 ; renvoi à la préface de cet ouvrage, 484.

Augurinus, Sentius ou Serius. Voyez « Sentius Augurinus. »

* **Auguste**, empereur (et Octave triumvir). I. Songe à appuyer le nouveau régime sur l'ordre équestre et à marier sa fille à un chevalier, y renonce, 53 ; cherche à créer une seule et même noblesse de fonctionnaires, 55 ; avait pillé les temples pour soutenir sa lutte avec Antoine, 56 ; divise l'Italie en onze régions, 63 ; sa révolution avait scindé le patriciat en deux parties inégales, 161 ; sa prédiction à Galba, 162 ; abus de centralisation, 180 ; protège rigoureusement la religion, 196 ; aggrave les vices du tempérament national, 231 ; on lui dédie un temple au Palatin, 233 ; constitue l'armée permanente, 240 ; revient pour les questeurs au chiffre de Sylla, 254 ; sa valeur 259 ; réduit de moitié la durée de l'inscription militaire, 260 ; son école du parlementarisme, 261 ; fixe le cens sénatorial à 237.000 francs, 263 ; se nomme tribun à vie et maintient le tribunat dans le « Cursus honorum », 273 ; ses tribuns ne servaient probablement à rien, 274 ; ses subterfuges abusent le peuple, 276 ; sa vanité, 276 ; joue sa comédie gouvernementale avec une double troupe, les acteurs et les figurants, 286 ; substitue entre les échelons du « Cursus », un intervalle d'une année à celui de deux ans, 289 ; ses légionnaires et ses prétoriens, 296 ; il fonde la trésorerie militaire, 297 ; il

fixe les soldes et retraites des soldats, 298; rétribue les fonctions actives, 310; prend à vie la puissance consulaire et maintient le consulat, 312; le « jus trium liberorum », 319; fonde le Conseil d'Etat, 321; imagine de nouvelles fonctions, 329; se substitue aux « Comitia Tributa Sacerdotum », 337; sa répartition et sa classification des provinces, 162, 343-346; un de ses édits cité par P. J., 397 et Trajan, 398. II. Cité par Suillius, Cossutianus et ceteri, 27; son pouvoir censorien, 35; fondation sous son règne de deux écoles de jurisconsultes, 75; la loi Cincia, 98; divinisé, 121; lettré, 128; déguise son pouvoir absolu sous les formes de la République — titres et emplois réels de ses fonctionnaires — la candidature officielle — inconvénients de cette hypocrisie — pouvait-il faire autrement? — sa révolution ne soulève que des mécontentements très restreints, 129, 185, 226, 227, 268, 549, 637, 650; inspire Horace, 130, 140; fait donner le nom d'Augustus au mois Sextilis, 639; le siècle d'A., 273, 329, 340, 355; le succès de ses prévenances habiles pour Cicéron, 363, 379, 380; Atticus ravi du nouveau régime, 379; reconnaît la validité des fidéicommis et par cela même celle des codicilles, 386; trouve six foies de victimes, 388; élève d'Athénodore, 399; l'influence de Livie — le choix de Tibère — l'inconduite de Julie, 523, 638, 644; dispenses du droit du vingtième, 597; comparé à Trajan, 605, 635; son « génie », son « bonheur », 616, 657; cité 27, 46, 73, 74, 149, 145, 239, 240, 356, 622, 649. III. Concède aux Hispellates la source du Clitumne, 23; les jurisconsultes, les lectures de discours sous son règne, 28, 41; crée le « jus trium liberorum », 58; les tribuns militaires assimilés, 61; le cens sénatorial, 63; comprend l'Achaïe dans les provinces sénatoriales, 155; un buste d'Octavie, sa sœur, 184; les prélèvements du fisc aux termes de la loi Julia, 208; se moque des archaïsants, 233, 234; les « grammaticæ tribus et pulpita », 239; exile Ovide, 344; Voltaire appelle Potsdam le palais d'Auguste, 354; servi et desservi par Asinius Pollion, 380; sa présence aux lectures publiques où il lit lui-même, 380, 383; invoqué par P. J. à la défense de ses poésies grivoises, 392; cité par Bayle, 404; les decennalia, 418; fonde les Ecoles d'Autun, 423; cité par Pacatus, 451; son masque, 463; le culte impérial, 467; le « peculium castrense », 488; les armées permanentes, 489; ce que sont devenus le Sénat et le peuple, 500.

Auguste le fort, électeur de Saxe. I. Transforme Dresde, 98.

Augustin (S). I. Son jugement sur le règne de Vespasien, 177. II. La douceur des larmes, 433. III. Allusion à ses 270 lettres, 230; Doudan appelle ses « Confessions » le plus charmant des livres, 376.

Aulu-Gelle. I. Le sophiste Favorinus, 30; Sextus Erucius Clarus, homme et littérateur antique, 120, 126; le parvenu Ventidius Bassus, 174; les ailes de l'armée, 239; la formule de convocation du Sénat, 262; la fortune, garantie pour l'Etat, gage et fondement du patriotisme, 263; la fille d'Appius Cæcus, 277. II. Renvoie aux calendes grecques le jugement d'un procès qui l'embarrasse [son conseiller Favorinus et lui-même ignoraient l'A B C D du droit : « semper necessitas probandi incumbit illi qui agit »], 97; cite (l. III, 9) le deuxième livre des « Quæstiones confusæ » de Julius Modestus, 99; ne voit dans le sénatus-consulte rendu sous Domitien contre les philosophes que la séculaire persécution romaine de l'intellectualité hellénique, 145; « viva vox », 165; ses « provisions » de travail (18 premières lignes de son « Epilogue »), 215; comparé à P. J. comme source de renseignements sur le monde antique (Weise), 294; l'auteur garde en portefeuille un ouvrage commencé sur A. G., 294. III. Plinius Secundus... « libros reliquit, quos Studiosorum inscripsit... », 110; la physionomie de Fronton, dans les « Nuits attiques », 231; les écrivains qu'il célèbre et ceux qu'il oublie (Lucain, Quintilien, Tacite, P. J., Juvénal, etc.), 239; annoté par Béroalde, 320.

Aulus (le fils d'). II. « Auli, autem filius, o dii Immortales ! quam ignavus », ac sine animo miles ! » (Cicéron), voyez « L. Afranius. », 376.

Aurelia. II. « Ornata femina » lègue à Régulus sa toilette « des dimanches », 387, 388.

Aurelianus. III. L'un des correspondants d'Ennodius, 300.

Aurélien, empereur (Lucius Domitius Aurelianus). III. Renvoi au § 2 (Adde 10) de sa « Vie » par Vopiscus, 513.

Aurelius Victor. I. Ses jugements sur Galba et Vespasien, 164, 177 ; son explication du meurtre de Cæcina par Titus, 182 ; l'Empereur Titus-Vespasianus, 183 ; copie Suétone, 190 ; l'accueil fait à l'assassinat de Domitien, 202 ; discours d'Antoninus à Nerva, lors de son avènement, 222 ; abdication de Nerva, 223, 225 ; les Empereurs provinciaux, 227 ; l'Intellectualité des Césars, 228 ; les repas trop prolongés de Trajan, 229 ; Constantin surnomme Trajan : « La Pariétaire », 357. II. Veiento, Messalinus, Nerva, Arrius Antoninus, 55, 57, 63, 64, 66, 103, 191 ; on lui a attribué le « De Viris illustribus Urbis Romæ », 279 ; la poste impériale sous Trajan, 356 ; ce que Trajan dit à Saburanus, préfet du prétoire, en lui remettant le « pugionem », attribut distinctif de ses hautes fonctions, 621. III. Renvoi au « De Cæsaribus » IV, « Claudius », 31.

Aurispa, Jean. II. A l'honneur de la découverte, mais non celui de la publication du « Panégyrique de Trajan », 660, 661, 662, 664.

Ausone (Ausonius, Julius), médecin de Bazas, III, 403.

Ausone, le professeur, fils du précédent. I. Son jugement sur le règne de Titus, 189, 190. II. Ecrit ses lettres en prose métrique, 334 ; cité par divers commentateurs du « Panégyrique de Trajan », 525 ; son « Panégyrique » ajouté aux XII. « Panegyrici veteres », 669. III. L'un des correspondants de Symmaque, 241, 243, 244, 245, 246, 247, 248, 249, 250 ; Titianus, orator, 258 ; commence une lettre en vers par le nom de son correspondant [Paulino Ausonius] en donnant, pour justification de cette anomalie, les exigences du mètre, 288 ; intitule idylle son centon nuptial, 396 ; ses origines, son Cursus honorum, la correction de son existence, ses obscénités poétiques, 403-406 ; cité par Pasquier, 407 ; cite Nazarius, 428 ; les actions de grâces à Gratien, jugements sur cette œuvre et sur l'orateur, 415, 443-448, 463, 468, 469, 471, 472, 473, 474.

Ausonius, Julius, Ausonius, Decimus Magnus. Voyez « Ausone père, Ausone fils. »

Auspiciola. III. Fille de Salvien et de Palladia, 251, 252.

Avantius. I. Ses lectures de passages douteux des « Epist. » Xe, 1, P. J., 358, 401, 406, 515 — Son édition (1502) de la correspondance Pline-Trajan, I. 433, 434, 436, 438 et II. 503, 511 ; cité II. 303, 304.

Avidius Quietus. Voyez « Quietus Avidius. »

Avienus. III. Fils aîné de Faustus, l'un des correspondants d'Ennodius, 299.

Avitus. III. Parent, condisciple, ami intime de Sidoine Apollinaire (l. III, 1 ; « Propempticon ad libellum », XXIV, v. 74), 267.

Avitus, Flavius. III. Empereur romain, beau-père de Sidoine Apollinaire, 256, 257, 289.

Avitus, Julius. I. Ami de P. J., 120 ; ses qualités, sa mort, les regrets de P. J., 127. II. Ami de Pompeius Saturninus, 156 ; mort jeune dans le plus bel épanouissement du plus beau naturel, 196, 284 ; frère de Julius Naso et non de Junius Avitus (suivant Mommsen), 197. III. Toutes ses études, toutes ses lectures, tous ses écrits « cum ipso sine fructu posteritatis abierunt », 85, 86.

Avitus, Junius. I. Ami de P. J., 120 ; ses qualités, sa mort, les regrets de P. J., 127 ; questeur de plusieurs consuls, 258. II. Ne serait pas le frère de Julius Avitus (suivant Mommsen), 196, 197 ; son oraison funèbre par P. J., 197-199, 287 ; P. J. lui (?) [la lettre porte seulement « Avitus »] adresse, l. II. 6, 389-391.

Avitus, Octavius. II. Légatus proconsulis, l'assassin du dauphin d'Hippone [Gesner tend à en faire, non l'auteur principal du crime (Flavianus), mais le complice par aide et assistance], 406.

AvitusS, Sextus. Alcimus. Ecdicius (S. Avit) neveu, ou petit-fils (?) de l'empereur Avitus). III. Héritier de P. J., 256, 343 (84 lettres) ; évêque, 252 ; ses relations (Voir Danglard, 54, 55, 57, 68) avec Sidoine Apollinaire et son fils, 256, 267 ; le jugement qu'Ennodius porte sur lui, 289 ; son épistolographie, 289-297 ; rival de Cassiodore, 315.

Avitus, Stertinius. II. Avait placé dans sa bibliothèque la statue ou le portrait de Martial (« Epigr. » l. IX, 1) ; [le poète lui a adressé les deux vers de l. I, 17 que tout écrivain pourrait prendre pour épigraphe], 251.

B

Babeau, Albert-Arsène. II. Taine invoque fréquemment ses ouvrages sur l'ancien régime et sur l'Histoire de Troyes pendant la Révolution, 242.

Bachaumont (L. Petit de). II. Auteur des « Mémoires secrets pour servir à l'Histoire de la République des Lettres », 677.

Badius (Josse et Conrad). III. Impriment (Paris, 1526) le recueil épistolaire d'Ange Politien, 321.

Bæbius Macer. Voyez « Macer Bæbius. »

Bæbius Massa. Voyez « Massa Bæbius. »

* **Bædeker.** I. L'atrium de Vesta, 466. III. Auteur de nombreux « Manuels du Voyageur », 461.

Bæhrens. II. Rappel de son édition du « Panégyrique de Trajan » dans les « Panegyrici veteres », hommages aux mérites de cette œuvre, 618, 658, 672, 688, 691 ; recours ou renvois à sa préface, 660, 662, 663, 664, 667 ; textes douteux de P. J., 521, 523, 539, 543, 550, 570, 571, 572, 573. III. Les V, VI, VII, VIII, IX « Panegyrici veteres », 414 ; son texte de Pacatus, 415, 452.

Bailly. I. Fixe la date du décès de Frontin, 338.

Balbillus. II. Préfet d'Egypte qui raconte avoir vu à la bouche héracléotique du Nil un combat en règle de dauphins et de crocodiles, est qualifié par Sénèque de « in omni litterarum genere rarissimus », 203.

Balbus, Cæcilius. II. Le fameux Cæcilius Balbus de Johannes Sarisberiensis » provient, suivant Reifferscheid, « d'une suscription mal comprise d'un manuscrit du « Panégyrique de Trajan » [contra Mommsen, « Etude P. J. », p. 51], 518.

Ballot-Beaupré (M. C. J. A.). II. « L'Ecole et le Palais », 95.

Baluze, Etienne. III. Une de ses notes sous Salvien (Patrologie Migne), 255.

Balzac (J. L. Guez de). I. Lettre à M. de Bellioye, 16. II. L'éloquence quintessenciée, 20 ; le renouveau, 168, 171 ; l'an climactérique, 386 ; cité par Melmoth et Sainte-Beuve, 410, 469. III. Héritier de P. J. 343 ; biographie et épistolographie, 332-337 ; prédécesseur de Bussy-Rabutin, 345 ; cité par Frédéric le Grand, 355 ; P. J. « a l'ampleur de Balzac », 489.

Balzac (Honoré de). II. Les petits cadeaux du cousin Pons, 249 ; le coupe-gorge politique, 573. III. Comparé par Doudan à Sophocle et à Boileau, 375, 376.

Bandini. Jos. II. « Lettere di Plinio tradotte », 1630, in-8°, Parma, 515.

Barante (Prosper Brugière, baron de). III. Son jugement sur Balzac (l'épistolier), 334.

Barbara. III. Correspondante d'Ennodius, 300.

Barbaro, Hermolao, (1454-1493). III. Ses travaux sur Aristote, 320 ; l'un des correspondants d'Ange Politien, 320, 323.

Barbier Ant. Alex, « Regiarum bibliothecarum ex-Administer ». II. Recours à « Index Editionum C. Plinii auctior Fabriciano et in quinque ætates digés-

---

(1) Sous cette formule nous mentionnerons ici et là une quarantaine d'opuscules ou d'articles aux titres intéressants [Voir « Platner » pour les détails] que nous avons soit vainement tenté de nous procurer, soit trop hativement parcourus dans quelque bibliothèque lointaine, au cours de voyages forcément abrégés. Nous espérons provoquer ainsi chez notre lecteur (en lui souhaitant d'être plus heureux) le désir de recherches personnelles et de lectures avec extraits.

---

(1) Note omise aux *Addenda*. — La gravure que nous avons donnée t. II,
p. 527 a été empruntée par Arntzénius [avec quelques légers changements] au
Pan. de Baudius, 1675. Ces emprunts de gravures [sans indications d'origines]
sont d'ailleurs fréquents. Citons entre autres le frontispice de Masson (t. III.
p. 291) maintes fois copié en reculant, en avançant ou en retournant Pline,
son siège et sa table.

(2) « Translation of title. In : « Egyetemes Philologiæ Koezlony », n° 5,
vol. 9. » (Platner).

la liberté, 146, 647 ; P. J. raisonne comme un enfant, 147 ; les paperassiers de P. J., 150, 180 ; l'activité frétillante de P. J., 162, 179 ; P. J. ne s'adonna jamais à la philosophie, 175 ; dédaigne P. J. [Progr. 1873], 180 [Comparer ce portrait (dans « Littérature romaine », 1876, traduction Vassereau, p. 128) : Ses lettres nous montrent Pline sous les traits d'un esprit sans originalité, il est vrai, et en même temps vain et pédant (?) mais aussi bienveillant, humain jusqu'à la faiblesse (?), avide de s'instruire, s'intéressant à tout, aspirant sincèrement au bien et au beau] ; cite Teuffel, 181 ; P. J. dilettante, vaniteux, dépourvu de sens politique, cosmopolite, 181, 182, 183, 187 ; la monotomie de la forme, l'intérêt du fond dans les « Lettres » de P. J., 274 ; Cicéron ne fut pas un homme d'État, 362 ; P. J. bienfaiteur de la jeunesse, 470 ; P. J. mesquin, pédant, vieillot, 470 ; P. J. écrit ses lettres avec l'intention de les publier, 472 ; l'exagération des louanges dans le « Panégyrique », 629. III. Les relations de P. J. et de Tacite, 76, 77 ; rappel de ses travaux sur P. J., 515. [Voir « Addenda » p. 515].

Bénédictins de Saint-Maur (Les). III. Date de la mort de Sidoine Apollinaire, 257.

Benserade (Isaac de). III. Poète et bel-esprit, l'un des correspondants de Bussy-Rabutin, 346.

Bérénice. I. Son passé ; concubine de Titus, 183 ; celle de l'histoire, celle de Racine, 183, 185.

* **Berge (De la).** I. L'auteur tire grand profit de son « Essai sur le règne de Trajan », 9 ; fixe à 99 la première caisse alimentaire, 104 ; la doctrine de Trajan sur les enfants abandonnés, 391 ; la lettre de Trajan sur les chrétiens, 413, 440 ; les exécutions de Chrétiens sous Domitien, 442 ; la législation criminelle de Trajan, 594. II. Trajan fixe des limites aux honoraires des avocats pour diminuer autant que possible le nombre des procès, 98 ; les sujets littéraires dominent dans les Lettres de P. J., 174 ; P. J. fait copier ses lettres et les soumet à tous ses amis avant de les publier, 280 ; date de la légation de P. J., 303 ; le style de P. J., 341 ; incline à attribuer à Adrien « qui » succéda à Sura comme secrétaire intime de Trajan » ces lettres adressées à P. J. dont Vigneul de Marville a loué « l'imperatoria brevitas », 357 ; son opinion sur la chronologie de Mommsen, 482, 486 ; la famille de Trajan, 543 ; on ignore si Trajan tenait sa légation germaine de Domitien ou de Nerva, 551 ; le « Panégyrique » de P. J., 556, 582, 628, 629, 692 ; le « cursus honorum » de Trajan, 584 ; le culte de la gens Ulpia pour Hercule, 585 ; l'adrogation de Trajan, 588 ; les congiaires de T., 590 ; la libre circulation des grains, la suppression de la censure et le « jus trium liberorum », T. Optimus incorporation de la Dacie à l'Empire, 593, 596, 600, 604 ; importance des frais funéraires chez les Romains, 597, 598 ; renvois à son mémoire, 512, 587, 589, 595, 603 ; importance de ce mémoire, ses conclusions relatives au « panégyrique » de P. J., 692. III. L'obligeance de P. J., 126 ; la mission de Maxime (Messius Maximus), 149, 176.

Berger, Jo. Guil. II. Commente (36 p.) un passage de la lettre 1. II, 11 de P. J., 84.

Bernard. Voyez « Prichard et Bernard ».

Bernegger, Mathias. II. Deux commentaires du « Pangéyrique », 523, 547 ; ses notes dans le « Pan. » de Stocker, 668.

Bernis (Abbé, puis cardinal de). III. Ses premières intrigues rappelées par Courier, 369.

Béroalde, Philippe, dit l'Ancien. I. Ses lectures de passages douteux de la correspondance de P. J., 396, 406, 515, 524. — Son édition des Lettres Pline-Trajan, I. 433, 436 et II. 502, 503, 509, 511. II. Textes douteux de P. J., 570, 571. III. Donne des éditions annotées d'Apulée, Aulu-Gelle, Suétone, Catulle, Properce ; publié (Bologne, 1499) une fiction philosophique (trois mauvais sujets débattant lequel sera privé de la succession paternelle) : « Declamatio

Boari, Octavio. « De C. Plinii Cæcilii Secundi Novocomensis testamentaria
inscriptione Mediolanensibus adserta et illustrata. Dissertatio » [« Auctore
Cn. Octavio Boari foroalienensi], 1773, Mantuæ. Alberto Pazzoni (1).

---

(1) Nous avions longuement et vainement cherché cet opuscule avant la
publication de notre premier volume [voir pp. 141-144]. Depuis, un heureux
hasard a mieux servi M. le Dr Fossati qui, avec sa courtoisie coutumière, mit
aussitôt l'intéressante découverte à notre disposition. [Elle fait aujourd'hui
partie du fonds plinien de la biblioteca comunale di Como]. — Quoique
bien tardivement, donnons ici un aperçu sommaire de ces 108 pages (petit in-4°
ou grand in-8°) divisées en trente-trois paragraphes :

A. « Pliniani testamentarii lapidis deplorabile fatum. » — Au milieu du
xe siècle de notre ère, le roi Lothaire fut frappé à Turin d'une maladie qui
l'emporta en quelques jours. Le noble défunt fut transporté aussitôt à Milan
pour être enseveli, conformément à ses dispositions, dans l'église S. Ambroise. Surpris par la soudaineté de l'évènement, les Milanais cherchaient dans
toute la ville « aliquod nobile marmor » pour élever au prince « grande se-
pulcrum », lorsque leurs yeux tombèrent sur « marmorea illa tabula in qua
C. Plinii Cæcilii testamentaria inscriptio exarata erat. » Ignorants comme tous
leurs contemporains, ils ne soupçonnèrent pas « quid ea mensa contineret et
sibi quantum ex illa splendoris et gloriæ accederet » ; ils coupèrent le marbre en
quatre morceaux qui servirent à édifier le monument royal : « in templi Am-
brosiani ædicula S. Georgio dicata. » Mais ô douleur ! ils placèrent à l'intérieur
l'inscription, à l'extérieur le côté non écrit : « Miserum atque magnopere de-
plorandum veterum monumentorum fatum ! » — « Bono litterariæ Reipublicæ
fato », Lothaire fut extrait de sa demeure suprême qui demeura vide et ouverte (fin xve siècle). De multiples érudits virent alors des caractères gravés,
pénétrèrent dans le tombeau et prirent copie de l'inscription. Cependant la
pierre « nobis ab invido surrepta fato » n'est pas parvenue jusqu'à nous ; « te-
nebris rursum damnata.... omnibus adhuc latet. » Le sanctuaire S. Georges
ayant été agrandi et réuni au xvie siècle à la basilique S. Ambroise, les Milanais
supposèrent que le marbre plinien s'était trouvé égaré au cours des travaux
et demeurait enfoui sous des terrassements. Conséquemment l'archevêque
Frédéric Borromée « illud [monumentum] inveniendi vehementer sollicitus »
fit opérer en 1612 des fouilles profondes et minutieuses qui malheureusement
n'aboutirent pas — et ne pouvaient d'ailleurs aboutir, car la pierre avait été
transférée « ad agri Mediolanensis oppidum quod vocant « Tradate. » C'est là
qu'elle est encore, soit recouverte de terre, soit employée à quelque autre
usage. [Suivent les justifications ou prétendues justifications du transfère-
ment] « Quis porro, quave de caussa illam deportarit, mihi, præsertim Foroa-
lienensi divinandum non est. »

B. Depuis la page 52 jusqu'à la page 87, l'auteur cherche à démontrer que le
« testamentarium monumentum » concerne non les Comasques, mais les Milanais. Son argumentation apparaît des plus simples : — jamais la pierre n'a
quitté Milan ou sa banlieue, donc les bénéficiaires du testament étaient les
Milanais ; raisonnement qu'on pourrait tenir pour irréfutable si la première
proposition était établie — ce qui n'est pas. Si cette partie de l'opuscule ren-
ferme, avec quelques aperçus spirituels ou ingénieux (pp. 69, 80, 81), un
historique utile des controverses, on y constate d'abord beaucoup de subtilités,
de longueurs, de redites, ensuite un singulier dédain pour d'éminents adversaires dont les opinions sont incessamment qualifiées de « incredibilis con-
jectura, paradoxa, hallucinationes. »

C. La dissertation se termine par un tableau intitulé « Tabula Plinianæ
testamentariæ Inscriptionis exempla varia repræsentans », savoir : I. « Ex
Tristani Calchi. Historiâ Patriæ. Lib. 1, p. 109. II. Ex Andreæ Alciati. Historiâ
Patriæ. Lib. 2, p. 43. III. Ex Joannis Tacuini Tridinensis pusillâ « Inscriptionum variis in locis repertarum » collectione, p. LXXVII. IV. Ex Petri Apiani
et Barptholomei Amantii « Sacrosanctæ Vetustatis Inscriptionum » collectione,

Boccace. III. Quelques contes (les plus licencieux) de son « Decaméron » imités par La Fontaine, 407.

Bocking. « Ed. Quæstiones juris publici romani. Ad Plinii X, 4-5 comment. » 1836. Bonnæ. — Pour mémoire.

Bodley. I. Bienfaiteur de la bibliothèque d'Oxford, 436.

Boèce. III. Auteur du « de Consolatione philosophica », l'un des correspondants d'Ennodius, 299 ; mis à mort par Théodoric, 310.

Boehmer. « Just. Herm. Diss. XII, juris ecclesiastici antiqui ad Plinium Secundum et Tertullianum », 1711. Lipsæ. — Pour mémoire.

* **Boileau.** II. Travaille pour la gloire, 128 ; historiographe de France, 268 ; que les vers ne soient pas votre éternel emploi, 462 ; le reproche qu'il adresse à La Bruyère, 556 ; vingt fois sur le métier, remettez votre ouvrage, 620 III. Raillé par Bussy-Rabutin, 345 ; comparé par Doudan à Sophocle, à Racine, à Balzac (le romancier), 376 ; ses définitions de l'épigramme, de l'élégie, de l'idylle, 396 ; cité par Chamfort, 408 ; un de ses vers-proverbes, 499.

Bois-Doré (Marquis Sylvain de). III. Dans le roman de George Sand, « les Beaux Messieurs de Bois-Doré », 280.

Bois-Robert (Franç. Le Métel, abbé de). III. L'un des fondateurs de l'Académie française, correspondant de Balzac (1640 : 25 août, 15 septembre, 15 octobre, 1er novembre ; 1641 : 7 avril ; 1644, deux (Edit. Paris, Courbe, 1658) le 26 décembre 1644 ; 1645, 10 août], 333.

* **Boissier.** I. L'auteur tire grand profit de plusieurs de ses ouvrages, 9 ; P. J. vante les talents de Calpurnia, 49 ; Le Rôle politique des Chevaliers à la fin de la République, 52 ; Les legs de reconnaissance et de vanité, 67 ; Le prix d'un esclave, 97 ; L'Influence des administrants sur les administrés, 101 ; L'Affection de Cicéron pour Tiron, 110, 111 ; P. J. ne sait pas cacher ses bienfaits, 119 ; Les Constructions de Domitien, 194 ; Juvénal appartient au parti des mécontents, 217 ; Tacite, sous Domitien, 266 ; les dégoûts de Tacite, 267 ; l'immoralité de la race grecque, 352 ; la correspondance Pline-Trajan sur les Chrétiens, 407, 411, 417, 440, 445 ; P. J. type de l'administrateur scrupuleux, et probe, 429 ; Biographies-pamphlets, 473 ; L'Education des jeunes romaines au temps de P. J., 486 ; les copistes d'Atticus, 488 ; La bonté de P. J., sa véracité, 527 ; Cicéron compte dans sa clientèle des provinces entières, presque des nations, 557. II. Les délateurs inventés par l'hypocrisie de Tibère, 26 ; les délateurs (p. 160-217 de l' « Opp. sous les Césars »), 27 ; Terreur romaine, Terreur Française, 49 ; quand se fâchait la populace romaine, 60 ; châtiment des délateurs « minorés », 67 ; l'éloquence des délateurs, 70 ; deux mauvaises actions, deux mauvais exemples (Julius, Africanus, Sénèque), 115, 116 ; comment les vieux romains jugeaient les fonctions publiques, 133, 134 ; dans les temps les plus sombres du règne de Néron, le poète Curiatius Maternus osa lire une tragédie pleine d'allusions désagréables à l'empereur, 144 ; l'opposition « morale » des philosophes, 145 ; on n'est pas seul à disposer de soi dans la vie, 179, 180 ; la science de l'amateur, 189 ; « contubernales... prætoria cohors », 198 ; les méfiances de Tacite pour la philosophie, 225, 226 ; « historia — opus oratorium », 237 ; les

---

p. LV. V. Ex Jani Gruteri totius « Orbis Romani Inscriptionum » collectione, p. MXXVIII, num. 5. VI. Ex Ludovici Antonii Muratori « Inscriptionum Thesauro », p. DCCXXXII. VII. Ex Francisci Antonii Zachariæ. S. J. « Excursibus litterariis per Italiam », p. 98. VIII. Ex Andreæ Alciati « Patriæ Inscriptionum libro », p. 18 — Cod. MS. Bibliothecæ Ambrosianæ signat. D. 425 — nunc primum editum. IX. Ex Andreæ Alciati « Mediolanensibus Antiquitatibus », p. 20 — Cod. MS. Bibliothecæ Vaticanæ signat. 5236 — nunc primum editum. X. Ex Boarii conatibus....... — Ce tableau constitue la préface tout indiquée et fort intéressante des travaux de M. Mommsen sur la lecture de la « très célèbre pierre. »

---

(1) Le nom du très distingué professeur a été partout mal orthographié. Nous nous excusons d'avoir laissé passer ces erreurs d'impression qui, à la lecture des épreuves, nous auraient aisément frappé si nous ne nous étions déjà dessaisi au profit de la bibliothèque de Côme de : « La Prose métrique dans Cicéron. »

Borsieri, Gerolamo. III. Attribue à J. César un fragment de statue antique, revendiqué plus tard pour P. J., 505.

Bosanquet, Rév. F. C. T. [Voyez Melmoth]. III. Rappel de ses travaux sur P. J., 515.

Bossuet. II. Son éloquence dans l'expression des « vérités moyennes », 328 ; sa phrase, modèle d'harmonie, 342 ; cité par M. J. Martha, 618 ; le portrait de Louis XIV dans l'oraison funèbre de Marie-Thérèse d'Autriche, 632 ; ses emprunts « au Panégyrique de Trajan », 633 ; en lutte avec Fénelon, depuis « la fatale hérésie » de l'archevêque de Cambrai, 651. III. Comparé à Balzac par Mennechet, 333 ; sa langue remonte à Balzac, 334 ; allusion au début de l'exorde de l'oraison funèbre de la Reine d'Angleterre, 482.

Bouchart, Jacques. II. Sa traduction du « Panégyrique de Trajan », 512, 674, 675.

Bouché-Leclercq. III. (« Histoire de la divination dans l'Antiquité », Paris 1882, 4 v. in-8°) le Clitumnus, 20.

Bouchet. III. Rappel de ses travaux sur P. J., 514.

Bouguereau, Adolphe William. I. Sa peinture d'agréable coloris, de tonalité flatteuse, 123.

Bouillier, Francisque. Membre de l'Académie des sciences morales et politiques. II. Recours à un de ses articles du « Correspondant », 433.

Bouillon (Marie-Anne Mancini, duchesse de). III. La première protectrice de La Fontaine, l'une des correspondantes de Saint-Evremond, 350, 351.

Boulainvilliers (Henri Cte de), historien français (1658-1722). III. Cité par Peyrat, 266.

Boulanger (G^al). I. Jugé par la Haute-Cour, 155.

Bourdaloue. II. Cité par Mme de Sévigné, 361.

* **Bourget, Paul.** II. Difficulté de définir le dilettantisme, 182 ; l'heure coupable et délicieuse du dilettantisme, 182 ; « le cosmopolitisme de Beyle », 186 ; [« Psych. contemp. », p. 59, 294-308].

Bourrienne (Fauvelet de). I. Son improbité financière, [Voir passim. « Bourrienne et ses erreurs volontaires et involontaires », par le Cte d'Aure (Paris, 2 v. 1829, 1830) (réunion d'articles et de lettres aux journaux émanés de divers personnages en réponse aux « Mémoires » de Bourrienne) et dans « Napoléon et ses détracteurs » (par le prince Napoléon) l'article « Bourrienne, notamment, p. 119], 150. II. Secrétaire intime de Bonaparte, disgracié, envoyé comme ministre à Hambourg, 64.

* **Boxhorn.** I. Pompeia Celerina, mère de Calpurnia, 44 ; la gloire de P. J., légat de Bithynie, 355 ; la conversion de P. J., 448 ; lecture de passages douteux de la correspondance de P. J., 506, 515, 517, 524. II. Ses éditions de P. J., 504, 509, 668 ; textes douteux de P. J., 34, 75, 105, 107, 192, 198, 205, 385, 391, 400, 408, 411, 454, 456, 539, 543, 570, 572, 573.

* **Brambilla.** III. Rappel de ses travaux sur P. J., 514.

Brescia (l'Editeur de). II. « Panegyricus Cæsari Imperatori Nervæ Trajano Augusto dictus », 1805. « Bresciæ, N. Bettoni », textes douteux de P. J., 570, 571, 572, 573.

Brigdewater (Les), descendants de Thomas Egerton, Cte de B. I. Cités par Friedlænder, comme opulents châtelains, 98.

Brinch. P. II. « Forsters Dyders Speyl i Trajano eller Plinii Panegyr. 8°, 1704, Copenhague, 515.

Britannicus. I. Assassiné par Néron, 147 ; partage ses études et ses jeux avec Titus, 181.

Britannicus, tragédie de Racine. II. Burrhus (acte I, sc. II, v. 207, 208) traduit un passage du « Panégyrique de Trajan », 531.

C

---

(1) Voir dans Boari [se reporter à ce nom] la page 65. L'auteur qui donne l'inscription de L. Cæcilius L. F. Cilo, ajoute : « Hunc Cæcilium Cilonem…. Plinii junioris patrem fuisse…. suspicatur Jovius : quod probabile forlasse videri poterit. »

le règne de Néron dut à peu près passer pour lui inaperçu, 152 ; ami de Virginius Rufus, 25, 169.

Cæcilius Secundus (Martial VII, 94). II. N'est pas P. J. [Voir Mommsen, « Étude », notes, p. 51, 52], 257.

Cæcilius Strabo (ou Strabon). Voyez « Strabo, Cæcilius. »

Cælianus, Sempronius. Voyez « Sempronius Cælianus. »

Cælius Rufus. II. Accusé de violences à un sénateur, d'insultes à une femme, d'irrespects envers son père, de complicité avec Catilina, d'empoisonnements, d'assassinats, etc. etc. etc., invoqué par P. J. au titre de « testem et quasi » sponsorem eloquentiæ suæ » (Morillot), 19 ; Ernesti renvoie à un paragraphe (dangers et surveillance de la jeunesse) du plaidoyer que Cicéron prononça en sa faveur, 73. III. Cité comme orateur par P. J., 97 (Voir Boissier, « Cicéron et ses amis », p. 186 et suiv.).

Cæpio Hispo, M. Appuleius. Voyez « Cépion Hispo. »

Cæsennius Silvanus. Voyez « Silvanus Cæsennius. »

Cæsius Phosphorus. P. I. Affranchi ; P. J. demande pour lui à Trajan le « jus Quiritium », 510.

Cailleau D. A. B., Missionum gallicarum presbyter. II. Editeur [una cum Guillon in facultate theologiæ parisiensi eloquentiæ sacræ professor »] de « Collectio sacra S. S. Ecclesiæ Patrum », 10.

Caius. II. « Avarus amicus » donne un conseil au lieu d'argent à Martial qui répond : « Quod peto da, Cai : non peto consilium », 244, 245.

Caius. II. Avocat occupé qui ne gagnait pas pourtant de quoi payer son loyer, 256.

Calestrius Tiro. Voyez « Tiro Calestrius. »

Caligula, empereur. I. Détesté par Tibère, sa prise de toge virile, 42 ; donne à Galba l'armée de Haute Germanie, 162 ; son assassinat, 163 ; sa passion pour les courses de char, 166 ; favorise les débuts de Vespasien, 174 ; sait gré à Vespasien de ses allures de parvenu, 178 ; applique aux « honesti » des peines jusqu'alors réservées aux « humiles », 383. II. Les outrages prodigués à sa mémoire par la réaction sénatoriale, 26, 32 ; ses délateurs, 52 ; souhaite que le peuple romain n'ait qu'une tête pour la faire tomber, 54 ; sépare en Afrique la juridiction militaire de la juridiction civile, 59 ; traité de « brouillon » par Tacite, 59 ; jette un pont de bateaux de Baies (ou Bauli) à Pouzzoles, 235 ; ses funérailles irrégulières et leur suite, 400 ; s'attribue (« Suétone », 32) « divinam majestatem », 634 ; en commémoration de son père appelle (« Suétone », 15) « Germanicus », le mois de Septembre, 639 ; ses forfaits (Alfieri), 655 ; cité 53, 75, 216, 228. III. Fou sanguinaire, 31.

Callidromus. I. Arrêté à Nicomédie, tranféré à Rome avec les pièces à conviction, 426.

Callimachus, Experiens, (Phil. Buonaccorsi dit). III. Historien toscan, l'un des fondateurs de l'Académie des « Antiquitatis perscrutores et amatores », auteur de : « Historia de rege Uladislao » (1509), « Attila, seu de gestis Attilæ » (1539), conspire ou paraît conspirer contre le pape Paul II ; l'un des correspondants d'Ange Politien, 320, 323.

Callimaque, poète grec. II. En lisant Antonin, P. J. croit le posséder, 192. III. Antonin, selon P. J., l'aurait copié à s'y méprendre, 85, 88, 250.

Callot, Jacques, peintre, dessinateur et graveur caricaturiste. II. Cité 98.

Calpurnia Plinii. I. Seconde femme de P. J. 44, 45, 47, 48, 496, 603. II. Les lettres de P. J. à sa femme, 288, 480 ; la physionomie de Calpurnia, d'après ces lettres, 299 ; sa maladie, sa convalescence, 481 ; Dupré voit en elle la fille de Pompeia Celerina, la seconde femme de P. J. 487 ; citée 427, 545, 673. III. Son éloge par Duruy, 3 ; occupe avec sa famille une place exceptionnelle dans la Correspondance de P. J., 4 ; son nom cité au sujet de

Corellius, 150 ; voir, à la Table analytique des Matières : « Calpurnia et sa famille » ; son éloge par Sidoine Apollinaire, 266 ; chante les poésies de P. J., 399 ; P. J. peut paraître songer à elle en écrivant à Pompeius Saturninus, 403 ; P. J. en parle comme d'une toute jeune femme, 486 ; ce que P. J. devait penser d'elle, 494.

* **Calpurnia Hispulla**, fille de Fabatus, veuve de Corellius Rufus, tante de Calpurnia, 1. 44. II. P. J. lui a écrit deux lettres, 288. III. Participe à l'éducation de Calpurnia, 181 ; a fait le mariage de P. J. qui l'en remercie, 183 ; habite avec Fabatus, 184 ; lettre que lui écrit P. J. après l'accident survenu à Calpurnia, 192-194 ; la tendresse qu'elle témoigne à Corellius Rufus, 199 ; les derniers mots que lui adresse son mari, 200 ; amie de la mère de P. J., prend part à l'éducation de ce dernier, 221 ; son nom souvent cité par P. J. dans sa Correspondance, 221 ; Calpurnia Plinii quitte la Bithynie pour revoir Calpurnia Hispulla après la mort de Fabatus, 223.

* **Calpurnius Fabatus**. I. Chevalier, aïeul de Calpurnia, 44, 48 ; perpétue le souvenir de son fils (père de Calpurnia), 69 ; demande un service à Tiro ami de P. J., 132 ; recommande à P. J. le dossier de Vectius Priscus, 603. II. Les lettres que lui adresse P. J., 288 ; cité, 284, 673. III. Voir à la table alphabétique des Matières : « Calpurnia et sa famille » ; ses libéralités patriotiques, 499.

Calpurnius Macer. Voyez « Macer, Calpurnius. »

* **Calvin**. II. Ame haute et étroite, 138 ; jacobin, 643. III. Fait brûler Gentili et Servet, 462.

Calvina. I. Cousine de Calpurnia, 49 ; dotée par P. J., 109 ; P. J. paie les dettes de son père, 109, 119. II. Les bienfaits de P. J. à son endroit, 288, 493.

Calvinus. I. Père de Calvina, cousin ruiné de Calpurnia, 49.

Calvus, Cornelius Licinius, Orateur et poète. I. Imité comme poète par Saturninus, 124 ; imité comme orateur par P. J., 564 ; Calvus et Cicéron, 564, 565. II. P. J. imite son éloquence, 19, 203 ; « testis et sponsor » de P. J. orateur (Morillot), 19 ; âgé de 22 ans, accuse (« Dial. des Orat. », 24, 34) Vatinius, 51 ; poète, copie Catulle, est copié par P. J. et Saturninus, 203, 204 ; poète laborieux, Cicéron, poète facile, 204 ; Sentius Augurinus lui préfère P. J., 205, 206 ; cité 275, 282, 381. III. P. J. lui compare les poètes-amateurs de son entourage, 86 ; P. J. imite son éloquence, 99 ; Aper « Dialogue des Orateurs » trouve qu'il a fini son temps, 100 ; renié par Sentius Augurinus, 403.

Calvus, Servilius. I. Proconsul de Bithynie « minus trienno ante Plinium », 385.

Camerinus, Sulpicius. II. Victime de Régulus, 54, 59. III. Proconsul d'Asie, d'abord dénoncé pour concussion par des Délateurs « privati et pauci » et acquitté, puis dénoncé à nouveau par Régulus qui obtint de Néron sa condamnation à mort ; Metius Carus rappelle cet assassinat à Régulus au cours d'une discussion, 39.

* **Camille (M. Furius Camillus)**, dictateur 396, 367 av. J.-C., surnommé le « second Fondateur de Rome ». II. Plutarque célèbre « Vies des Romains illustres » sa loyauté, sa modestie, son courage, ses exploits, 129. III. Cité par Mamertin l'Ancien, 418.

Camillus. III. Précédent propriétaire de la villa campanienne de Fabatus : « villa Camilliana », 212.

Camillus Ovinius, « Senator antiquæ familiæ delicatissimus. » II. Veut se révolter contre Alexandre Sévère qui l'en punit très spirituellement, 621, 622.

Candidus, Julius, Consul ordinaire en 105. I. P. J. cite un mot de lui, 496. II. Son bon mot, 11 ; recherches d'identité (Mommsen), 11.

Candidus, Petrus. Voyez « Decembrio ».

MORT DE PLINE L'ANCIEN

* **Canina L.** II. Célèbre architecte et antiquaire piémontais, directeur sous Pie IX des fouilles de la voie appienne, 693. III. Rappel de ses travaux sur P. J., 514.

Caninius Rufus. Voyez « Rufus Caninius »

* **Cantoni de Muggio (Simon)**, architecte. III. Bâtit à Côme en 1812 le « Palais des Etudes », 215.

Capito, Ateius, jurisconsulte, prédécesseur de C. Cassius Longinus, contemporain et rival de Labéon [en politique accepte l'Empire et ses faveurs; mais en droit n'admet que les principes républicains, c'est-à-dire consacre la fiction d'Auguste sur la continuation de la République. Voir Demangeat, « Introd. au droit romain », p. 94], II. 75, 99, 350. III. 28.

Capito, Claudius. I. Adversaire de Fronto Catius dans un débat sénatorial (Aff. Varenus), 595. II. Avocat sénatorial, 84, 107 ; P. J. lui reproche d'avoir manqué de respect au Sénat, 92, 301.

Capito, Cossutianus, gendre de Tigellin, ennemi de Thraséas. I. Son opinion sur le libéralisme des stoïciens, 481. II. Flétri (« Ann. » XIV, 48 ; XVI, 21, 22, 28, 33) par Tacite comme délateur, 52.

Capito, Fonteius. II. « Ad unguem — factus homo, Antoni, non ut magis alter, amicus » (sans autres renseignements), rejoint Horace à Anxur (Voyage à Brindes), 114.

Capito, Titinius. I. « Dulcissimum ingenium in summa severitate », 155 ; « procurator ab epistolis » de Domitien, Nerva, Trajan, 349 ; son inscription funèbre, 349 ; son intellectualité, sa situation morale, son rôle politique, ses relations avec P. J., 349, 350, 451 456-458. II. Auteur du « De exitu virorum illustrium », 208 ; rappel de son conseil à P. J., 208, 216, 463, 476, 631 ; cité par Nissen, 208 ; renseignements intéressants que Macé fournit sur lui, 209 ; cité par Hild, 272 ; P. J. assiste à sa lecture, 292. III. Rappel du conseil qu'il donne à P. J. d'écrire l'hi-toire, 265.

Capitolin (Histoire Auguste). I. Renvoi pour l'âge de la toge virile à sa Vie de « Marc Antonin », 33 ; blâme l'historien des alcôves, 229 ; fixe l'époque du sévirat de Marc-Aurèle, 252 ; signale une dispense du « primus gradus honorum », une questure anticipée « gratia ætatis facta », une édilité de 10 jours, 259, 260, 271. II. Antonin supprime les « quadruplatores », 27 ; cité par Catanæus, 41 ; un texte douteux, 76 ; sot mariage que M. Aurèle fait faire à sa fille, 112 ; Arrius Antoninus, 91. III. Une réforme d'Antonin, 157 ; Junius Rusticus, 240 ; les deux Titianus, 238 ; Marc-Aurèle aux écoles publiques des rhéteurs, 494

Capiton. Voyez « Capito. »

Capra, Bartolomeo. II. Archévêque de Milan, membre d'un consortium d'intellectuels, rapporte d'Allemagne une foule de manuscrits variés, 660 ; son décès, 661 ; son successeur, 661, 662.

Carausius, Marcus Aurelius Valerius, Général révolté contre Maximien, se fait proclamer empereur par les légions de la Grande Bretagne, est assassiné par un de ses officiers. III. Cité par Mamertin l'Ancien, 415, 417, 419.

Carbo, Ludovicus. II. Edition princeps des « lettres de P. J. », 502, 509.

Carbon, Papirius. Caius. II. Piètre homme d'Etat, mais « summus orator » (Cicéron, « Brutus », 27) accusé de sédition par L. Crassus « Dial. des Or., 34 » s'empoisonna avant jugement avec des cantharides, 51.

Carey. II. « Plinii Epistolæ et Panegyricus. Ex. edit. P. Longolii et G. H. Schæferi. rec. et accuravit C. I. (Regents'Edition »), 506. III. Rappel de ses travaux sur P. J., 513.

Carové (la famille), premiers propriétaires de la villa sise à Lenno qui appartient aujourd'hui à Mᵐᵉ de Buttafava-Delmati. III. 504, 505.

Carfania. III. Lu dans un texte douteux du Digeste, 183.

Carlyle, Thomas. I. Citation du « Sartor Resartus », 134. III. Allusion à son ouvrage « les Héros et le Culte des Héros » (1840), 315.

Carnéade, fondateur de la 3ᵐᵉ « Académie », adversaire acharné de Chrysippe, loué (avec quelque ridicule) par Valère-Maxime. II. 134, 135.

Carnot, Adolphe. II. Un programme politique, 506.

Carrel, Armand. III. Son jugement sur « le Pamphlet des Pamphlets » de P. L. Courier, 368.

Carrier, J. B. III. L'inventeur des « mariages républicains », 462.

Carus, Metius. I. Délateur sous Domitien, 199 ; poursuit Sénécion, 286, 288, 475. II. Ses délations, 52, 53, 108 ; cité par Tacite, Martial, Juvénal, P. J., Pichon, 58, 59, 62, 63 ; non inquiété par la réaction, 67 ; dénonce P. J. à Domitien, 401 ; nature de cette accusation (Catanæus), 401. III. Son altercation avec Régulus, 39 ; auteur de la mort de Sénécion, 39.

Casablanca (François-Xavier, Cᵗᵉ de), sénateur en Juillet 1852. II. Cité par Mérimée, 414.

Casaubon, Isaac. I. Commentateur de P. J., 12 ; sa lecture d'un texte de Suétone, 234 ; sa conjecture sur un texte de P. J., 492. II. Un texte et un commentaire de son Suétone annoté, 229, 406 ; un commentaire de P. J., 444 ; ses notes dans les éditions Henri Estienne et Minos, 503.

Caserio, Santo. I. Anarchiste jugé par les Assises du Rhône, 555.

Casperius. I. L'un des conjurés de l'assassinat de Domitien, 201 ; rançonné par les prétoriens, 223.

Cassan, Armand. III. Traducteur de la Correspondance de Fronton et de Marc-Aurèle, 232 ; emprunts à cette traduction, 234, 237, 238, 239.

* **Cassiodore.** I. Appelle P. J. Plinius Secundus, 29 ; sa « Chronique » fixe hypothétiquement la mort de P. J., 341 ; les règles initiales du « Suasorium genus », 545. II. Le serment d'Athalaric, 539 ; cité 249, 359, 484. III. Héritier de P. J., 256, 343 ; les relations communes de C. et d'Ennodius, 256 ; n'a point encore été traduit en français, 269 ; adresse à Elpide une épître flatteuse, 289, 290 ; Eustorgius l'un des bénéficiaires des lettres Théodoric-C., 294 ; comparaison d'une partie de sa correspondance avec celle d'Avitus, 296, Trasimond correspondant et de C. et d'Ennodius, 299 ; biographie et épistolographie, 305-316 ; cité par Pasquier, 328 ; Eumène soupçonné de l'avoir imité, 426 ; répétitions fatigantes de son style, 500.

Cassius, C. Longinus, premier du nom (l'assassin). I. L'un des meurtriers de César, dit : « Le Dernier des Romains » ; gouverneur exactionnaire de Syrie, 242 ; le culte que témoigne à sa mémoire Titinius Capito, 457 ; démodé, 478. II. Son portrait cause la mort (ou l'exil) du jurisconsulte Cassius, 144 ; Othon frémit au rappel de sa mort, 235 ; Cremutius Cordus l'appelle « le dernier des Romains », 144.

Cassius (Cassinus), C. Longinus, deuxième du nom, (le jurisconsulte). II. Compare P. J. à Quadratus, 75, 99, 165, 338, 350 ; dans « Index Mommsen », aux noms « C. Cassius » et « Titius Aristo », 103 ; Suétone le fait mettre à mort par Néron [qui suivant Tacite l'exila seulement en Sardaigne], 144. III. Consul sous Tibère, gouverneur d'Asie sous Caligula et de Syrie sous Claude, exilé par Néron (?), rappelé par Vespasien (?), sa femme Lepida accusée d'adultère, 182.

Cassius, Titus. II. Leçon de Catanæus, Alde, etc., etc., 392.

Cassius, Severus. II. Avocat et pamphlétaire mort en 34 de notre ère [Voir Cucheval, « Eloq. ap. Cic. », t. I, p. 197-216] le modèle de Régulus, 79 ; serait, suivant Gierig et Ernesti, le même que Cassius, Titus « vide supra » 392.

Casta. I. Femme de Classicus, impliquée dans l'aff. Classicus, 579 ; plaidoirie de P. J., 584 ; acquittement, réflexions de P. J., 585.

« poésie fugitive », 460 ; cité 339. III. Egalé par Pompeius Saturninus, (selon
P. J.), 86 ; dépassé par Stella (selon Martial), 126 ; fréquemment cité par P. J.
au sujet de ses poètes-amateurs, 250 ; Sidoine Apollinaire qualifié de « Catulle
arverne », 284 ; sa biographie, son talent, ses obscénités, 392, 393, 396, 397,
399, 400, 401 ; renié par Sentius Augurinus, 403 ; Martial et .C., 501.

Catullus Messalinus. Voyez « Messalinus Catullus ».

Cauvet, Emile. II. Emprunt à son étude sur P. J. (36 p., in 8°, Toulouse, 1857),
298. III. Renvoi à cette « Etude », 82 ; rappel de ses travaux sur P. J., 514.

Cauvigny-Colomby. II. Membre de l'Académie française (1635, XIe fauteuil)
prédécesseur médiat de la Mesnardière, 517.

Cécilianus. II. L'avocat aux sept clepsydres (Martial), 247.

Cedrenus, George. II. Son interprétation d'un passage du « Panégyrique de
Trajan », 522.

Ceillier (Dom Remi). III. Les ouvrages perdus de Salvien, 252 ; son jugement
sur Ennodius, 297 ; le classement des lettres d'Ennodius, 298 ; son analyse
des principales lettres de Cassiodore, 308.

Celer. I. Chevalier romain, amant de la Vestale Cornélie, 213.

Celer, Caecilius, sénateur. III. Son caractère, sa situation sociale, ses relations
avec P. J., son intervention pour reconcilier P. J. et Régulus, 39, 41, 42,
52, 387.

Celer, Egnatius Publius. II. Le Tartufe du stoïcisme, démasqué par son
coreligionnaire Musonius Rufus, condamné par le Sénat (Tacite, « Hist. » IV,
40) pour venger les mânes de Soranus, 32, 33.

Celer, Nonius. I. « Honestissimus vir », futur gendre de Quintilien, 113.

Célius. Voyez « Cælius ».

Cellarius (Christophe Keller, dit en latin « Christophorus »). I. Commentateur
de P. J., 12 ; fait de Pompeia Celerina la mère de Calpurnia, 44. II. Textes
douteux de P. J., 570, 571, 572, 573 ; commentaires de P. J., 105, 614 ; recours
à la notice de son « Silius Italicus » (1695), 220 ; ses éditions des « Lettres »
de P. J., 504 ; son édition des « Panegyrici veteres », 670. III. Commentaires
de P. J., 193, 210 ; un point de la biographie de P. J., 223.

Celse, dit l'Hippocrate latin. III. Né à Verone, 53.

Celsus, Julius, I. Conseiller d'Etat sous Adrien, 322.

Celsus, Juventius. I. Son altercation ridicule avec Népos, 593, 594, 595.
II. Son intervention dans l'affaire Varenus, — jugement de P. J. sur cette
intervention, — aperçu biographique, 44, 45, 98, 99, 108 ; cité 103, 285, 301,
317, 321. III. Jurisconsulte professionnel, 28 ; P. J. le juge un comédien mal
élevé, 30.

Celsus, L. Publius ou **Publilius.** I. Consul réitéré, (en 113) 341, 496.

Cénis. I. Concubine de Vespasien, 176.

Censorinus. I. Coupe de la première barbe, 42.

Cépion Hispo. I. Son avis dans l'affaire Bassus, 591. II. Ses noms au complet, 42 ;
Renseignements sur son « cursus », 42 ; son avis dans l'affaire Bassus, 42, 43 ;
orateur, 107.

Cerealis. I. Les Cerealis ou Cerialis de la Correspondance de P. J. : Cerealis
Tutius ou Titius (Tucius ou Tuccius, ou Ductius), l. II, 11 ; Cerealis, l. II, 19 ;
Cerealis Velius (l. IV, 21), 494.

Cerealis (ou Cerialis) (Tutius ou Titius, Tucius ou Tuccius ou Ductius), consulaire. II. Orateur, 108 ; son vote dans l'affaire Priscus et jugement de P. J. sur
ce vote, 38, 39, 40.

Cerealis, Velius. I. P. J. lui annonce le décès des deux sœurs Helvidia, 471 ;
consul ordinaire (en 106), 494. III. Engage (?) P. J. à lire « orationem amicis
pluribus », 387.

mot « camaraderie », 308. III. Définition de la fausse modestie, 128 ; un extrait de son « Eloge de la Fontaine », 408.

Chapelain, auteur de la Pucelle (24 chants) l'un des premiers membres de l'Académie française. II. Extrait d'une lettre que lui écrit Balzac [... Il y a autant de différence de rossignol à rossignol que de poète à poète. Il y en a de la première et de la dernière classe. Nous avons quantité de Maillets et de ***, mais nous avons aussi quelques Chapelains et quelques Malherbes...], 168, 169. III. Sa correspondance avec Balzac, 336-337.

* **Chapot.** I. Modifie sensiblement le « Cursus honorum » attribué à Pline l'Ancien, 39, 66, 244.

* **Charlemagne.** II. Son intellectualité, 128 ; cité, 241. III. Fontanes compare Napoléon à C., 476, 479.

Charles IX, roi de France. III. Sujet d'une lettre de Pasquier, 332.

Charles X, roi de France. II. Cité, 216.

Charles le Téméraire, Duc de Bourgogne. I. Ses quatre cents caisses à la bataille de Granson (Friedlænder), 97.

Charlonle (de). III. Bel esprit, correspondant de Pasquier, 331.

Charpentier, J. P. I. Son étude sur P. J. en tête de la traduction Cabaret-Dupaty, 9, 10 ; son jugement sur la Correspondance Pline-Trajan, 429. II. Emprunt à son « Etude sur Tacite », 187 ; grandeur du second siècle de la Littérature romaine, 273 ; intérêt de la correspondance de P. J., regrets de son désordre chronologique, 489. III. Les relations de P. J. et de Tacite, 75, 76 ; la renommée littéraire de quelques contemporains de P. J., 86 ; la langue de Sidoine Apollinaire, 280.

* **Châteaubriand.** I. « Etudes historiques » — son injustice envers une mesure de Domitien, 198 ; son commentaire d'un passage de la lettre de P. J. sur les chrétiens, 410 ; l'intérêt exceptionnel des deux lettres Pline-Trajan pour l'histoire des premiers Chrétiens, 412 ; les chrétiens souffrent sous Trajan, non précisément comme chrétiens, mais comme affiliés à des sociétés secrètes, 417 ; quatre-vingts années de bonheur depuis Vespasien, interrompues seulement par le règne de Domitien, 481. II. Les deux génies de la société romaine, 127 ; Lamartine l'aperçoit avec son chat dans l'ombre d'une allée de la « Vallée aux loups » et rentre à Paris avec un éblouissement de gloire littéraire dans les yeux, 165 ; ses relations avec Fontanes, 268 ; sa phrase modèle d'harmonie, 342 ; son jugement sur Joubert, 429. III. 1° Une lettre de Joubert, épigr. des « Correspondants » ; 2° « Voyage en Italie » : impressions d'arrivée (Rome), 168 ; 3° « Etudes historiques » : ses emprunts à Sidoine Apollinaire, 281 ; 4° « Mémoire de ma vie », jugés par Doudan, 375.

Châtillon. Voyez « Coligny ».

Châtillon (duchesse de). III. « L'Histoire amoureuse des Gaules » (Bussy-Rabutin) achève de lui faire perdre ce qu'elle gardait de réputation, 344.

Chéréas, Cassius. II. Tribun d'une cohorte prétorienne, meurtrier de Caligula, proclamé par décret sénatorial, « Restaurateur de la liberté », mis à mort par Claude, 32.

Chilpéric, roi de Lyon, fils aîné de Gondioc, 2e roi des Bourguignons. III. 293 ; Détrôné et mis à mort par son frère Gondebaud, vengé par son gendre Clovis, 294.

Choiseul (Mme de) et son temps. II. Ouvrage publié en 1874 par le Pr Grasset, divisé en trois périodes : « Versailles — Chanteloup — Paris » [Voir l'Etude de E. Lisbonne sur Grasset, 1886 Montpellier, p. 22, 24], 579.

Christine, reine de Suède. II. Propriétaire du « Codex reginensis », 663.

Chrysippe, philosophe stoïcien, né en Cilicie. I. Loué par Valère Maxime, 40. II. Travaille jusqu'à l'extrême vieillesse, 134 ; ses démêlés avec Carnéade [qui disait : « s'il n'y avait pas eu de Chrysippe, il n'y aurait pas eu de Carnéade »], 135.

Atticus, 367-382, 490 ; l'Abbé d'Olivet donne un choix de ses pensées, 431 ;
une des sources de sa fortune, 532 ; comparé (comme orateur) à P. J.
(J. Martha), 581 ; rédige l'oraison funèbre du jeune Serranus, 607 ; « le Pro
Marcello » et sa comparaison avec le « Pan. de Trajan », 608-610, 628, 629,
630 ; ne s'est pas illustré sous les armes comme sous la toge, 641 ; ses traductions « libres » de Démosthène et d'Eschine, 676 ; cité 19, 22, 49, 73, 94,
95, 134, 138, 149, 189, 198, 256, 265, 275, 383 468, 539, 595, 686. III. Comparé
par Duruy à P. J. 1, 160, 161, 162, 164, 169, 175 ; ignore le remords des
fantaisies coûteuses, 19 ; ses sentiments à l'égard des jurisconsultes, 28 ; la
refonte des plaidoiries, 41 ; la principale cause de ses misères, 45 ; sa lettre
à Lucceius, 72, 73, 77 ; son amitié pour Brutus, 80 ; sa définition de l'amitié,
81, 102 ; sa plus longue harangue passe pour la plus belle, 97 ; modèle de
P. J., 99, 130, 149, 183, 390, 392, 394, 488, 493, 497, 498 ; Aper raille l'éloquence
de C., et des Esseintes renchérit, 100, 101 ; crée le mot « gentilhomme »,
126 ; le vote secret et le vote public, 140 ; les « recuperatores », 143 ; une
infériorité sur P. J. 181 ; ses lettres à Atticus, 230, 356 ; l'admiration qu'inspirent ses lettres à Fronton, 233 ; Macrobe lui compare P. J., 239 ; Sidoine
Apollinaire proclame ses lettres inégalables, rappelle la haine que lui avait
vouée Antoine, compare son ménage avec celui de P. J., 258, 261, 266 ;
l'épistolographie de Faustus est du mauvais C., 286 ; Avitus qualifié par ses
contemporains de « second C. », 290 ; cité par Ange Politien dans sa Préface,
321 ; ses lettres n'ont aucun rapport avec celles de Politien, 322 ; très
fréquemment invoqué par Erasme dans « De ratione conscribendi epistolas »,
324 ; son éloge des belles lettres réédité par Léon X, 325 ; cité par Pasquier
dans sa préface, 328, 329 ; comparé à Mᵐᵉ de Sévigné, 342, 352, 363 ; comparé
à Voltaire, 353 ; comparé à Joubert, 367 ; compris par Doudan dans sa bibliothèque des « Burgraves de la littérature latine », 377 ; comparé par Asinius
Gallus à son père, 388 ; cité dans une poésie de P. J., 389 ; versificateur et
non poète, 390 ; les panégyristes du IVᵉ siècle se rattachent à lui pour le
style, 415 ; le Sénat, conseil de l'Univers, 449 ; copié par Eumène, 471 ;
courtisan de César, efféminant et aplatissant la langue, 480 ; la philosophie,
source de l'éloquence, 492 ; nous ne connaissons que par lui l'œuvre judiciaire
et parlementaire des Romains, 499.

Cicéron, Quintus Tullius, frère de l'orateur, beau-frère d'Atticus. II. A voulu
se donner les allures d'un protecteur vis-à-vis de son beau-frère Attticus
qui s'en est plaint à M. Tullius, 368, 369, 370 ; rappel de la lettre que lui
écrivit M. Tullius « sur les qualités d'un bon gouverneur », 381, 426. III. Son
passé, son caractère, les conseils que lui donne son frère et le cas qu'il en
fait, 160-166.

Cilo, Cæcilius. Voyez « Cæcilius Cilo ».

Cinéas, II. Sa réponse à Pyrrhus (Boileau, Epitre I, « Les Avantages de la
Paix »), 171. III. Symmaque en fait le professeur (impayé) « liberalium disci-
plinarum » du roi Pyrrhus, 247.

Cinna. II. L'avocat aux quatre clepsydres (Martial) 247.

Ciperus, avocat, ancien boulanger (Martial), I. 606. II. 69, 119, 247.

Clarius, client de P. J. I. 601, 602. III. 10, 25.

Clarckson, Thomas (M. A.). I. Renvoi à son « Essai sur la doctrine et la
pratique des premiers Chrétiens en ce qui concerne la guerre » [1824, Paris,
Smith] [p. 10 : « pendant les deux premiers siècles qui suivirent l'introduction du christianisme, tous ceux qui embrassaient la foi chrétienne
refusaient d'entrer dans la profession des armes ou la quittaient lorsqu'ils y
étaient, sitôt après leur conversion. » P. 11, 12 : « les cérémonies idolâtres
mêlées au service exigé alors des soldats étaient l'une des causes. Mais il existait un autre motif : la croyance qu'un chrétien ne pouvait combattre
sans crime, etc. »], 413.

Clarus Eructus. Voyez « Eructius Clarus. »

Classicus, Cæcilius, « Natione Afer », proconsul concussionnaire de Bétique. I. Procès à sa mémoire et à ses complices, 579 et suiv., 601. II. Débats, incidents, plaidoiries, solution de son procès, félicitations sénatoriales qu'il valut à P. J., sa date, 41, 42, 43, 90, 301, 317, 474, 476, 477, 478, 483. III. Le récit de son procès par P. J. recommencé par Sidoine Apollinaire dans l'affaire Arvandus, 267.

* **Claude,** quatrième empereur romain. I. Impose l'obligation des jeux aux « quæstores urbani », 148 ; sépare son trésor personnel de la Caisse d'Etat, 149 ; met l'affranchi Pallas à la tête de l'Intendance privée, 150 ; les carrières sous son règne de Pline le Naturaliste, Galba, Othon, Vespasien, 27, 163, 166, 174 ; suit les conceptions gouvernementales de César, 180 ; rend aux « quæstores urbani » la garde du Trésor, 237 ; accorde à l'armée le « Jus trium liberorum », 310 ; un de ses affranchis porte le titre de « scriuarius ab epistulis », 348 ; le legs de Polyénus, 399 ; le pronunciamento de Scribonianus et ses conséquences, 461 ; usage fait par Tacite d'un de ses discours sténographiés, 536. II. Réglementation des honoraires d'avocat, 27, 28, 29, 92, 98, 348 ; ses décisions s'inspirent plus des avocats que des jurisconsultes, 30 ; avait transféré aux consuls la nomination des tuteurs, 351 ; ses congiaires, 590 ; adopte Néron, sur les intrigues de sa femme Agrippine, mère de l'adopté, 638 ; l'insolence de ses prétoriens (Alfieri), 655 ; cité, 32, 52, 72, 75, 140, 206, 217, 243. III. Ses qualités et ses travers, l'opinion romaine à son endroit, 31 ; restitue l'Achaïe au Sénat, 155 ; exige des fonctionnaires la connaissance de la langue latine, crée le surnumérariat, 156, 157 ; cité élogieusement par P. J., 383 ; ardent conférencier (dans sa jeunesse), 383.

Claude II, dit le second Trajan, empereur romain (268). III. Ses débuts en Achaïe sous Messala (Tr. Pollion, XVI), 149.

Claudia. III. Sa pierre tombale (Orelli, « Inscrip. lat. », 4848), 137.

Claudien, poète latin (IVᵉ siècle). II. Son vers plus monotone que celui de Virgile, 333. III. Egalé par ses contemporains à Homère et à Virgile, ses « Panegyrici » et ses « Laudes », 472.

Claudius, P. I. Fait jeter à la mer les poulets sacrés qui ne veulent pas manger : « Quia esse nolunt, bibant », 322.

Clavier, Etienne, savant helléniste, Mᵐᵉ Clavier, Mˡˡᵉ Clavier : beau-père, belle-mère, femme de P.-L. Courier et ses correspondants. III. 368, 369.

Cléanthe, philosophe stoïcien, successeur de Zénon. II. Professe encore à 99 ans (Valère-Maxime), 135.

Clémenceau, Georges. III. Sa théorie du « Bloc », 482.

Clemens, Arretinus. I. Général des prétoriens mis à mort par Domitien, 200.

* **Clemens, Atrius** ou **Attrius** ou **Attius.** I. Ami de P. J., 120 ; ses vertus et sa littérature, 125, 128. II. L'un des protecteurs de Martial, 269.

Clemens, Cœlius, cousin de Pompeia Celerina, protégé de P. J. I. 49. III. 222.

Clemens, Flavius. I. Frère de Flavius Sabinus (deuxième du nom), mis à mort par Domitien, 200.

Clinchamp (de). II. L'une des victimes de Fouquier-Tinville, 49.

Clive (Lady), épouse de Robert Lord Clive, gouverneur du Bengale. I. L'un de de ses écrins (Friedlænder), 98.

Clodianus. I. L'un des assassins de Domitien, 201.

Clodius, P., politicien qui dénatura son nom noble (Claudius) et se fit plébéien. II. Scandale causé par son impiété et son libertinage — ennemi de Cicéron — premier mari de Fulvie, 373, 374, 375, 376, 379.

Clovis. III. Cité par les Bénédictins de Saint-Maur (à propos de la mort de Sidoine Apollinaire), 257 ; vainqueur de Gondebaud, les conditions de paix qu'il impose au vaincu, 294 ; baptisé par S. Remy, 297.

Coardi de Quart (O^{te}). II. Les deux Panégyriques du « Pan. », 627 ; sa dédicace au Prince de Piémont, 633, 634 ; sa traduction du « Pan. », 675 ; son avertissement, son programme, ses théories, 675, 676 ; ce qu'il doit à Sacy, 676 ; ses remarques et citations, 676 ; ce qu'il pense de P. J. et de Tacite, 676, 677.

Cobbett, William. I. Les enfants écrasés par leurs nourrices, droit au lait maternel, 30. III. Ses « Conseils aux jeunes gens », jugés par Doudan, 376.

Cobet (Carel-Gabriel), philologue hollandais, membre associé (1871) de notre Académie des Inscriptions. II. Cité par de Vries, 499.

Coccelanus Dion. Voyez « Dion Cocceianus. »

Coccia. Voyez « Cottia. »

Codrus, poète contemporain de Juvénal, « qui ne possède que six pots et une » cruche dans son armoire, et dont les rats mangent la bibliothèque. » (Pichon). II. 272.

Colbert. III. Son oraison funèbre par Bussy-Rabutin, 349.

Colerus, Christophorus. III. L'épistolographie de P. J., Symmaque et Cassiodore, 309.

* **Coleschi.** III. Rappel de ses travaux sur P. J., 515.

Coligny (Gaspard de Châtillon, sire de). III. Sa mort (24 août 1572) fait l'objet d'une lettre de Pasquier, 332.

Collé, Charles. II. C'est quand on aime qu'il est permis d'égoïser, 439. III. Ses vertus bourgeoises et ses grivoiseries, 409.

Collega, Pompeius On. II. Orateur 108 ; son avis dans l'affaire Priscus et ses regrets de l'avoir émis, 38, 39, 40, 301.

Collega, Pomponius Sextus, consul réitéré. II. Vu par J. Pierrot dans « Pan. », 60 [Cf. Gesner, Ernesti, Schæffer], 649.

* **Collignon.** I. Les Dix lettres de Pline à Tacite, 3, 4 ; l'auteur tire grand profit de son Choix de P. J., 10 ; P. J. eût été un parfait secrétaire perpétuel d'une de nos Académies, 343 ; l'Éducation des jeunes Romaines au temps de P. J., 486 ; scholastici — les hommes d'étude, 492 ; bienveilllance de P. J. pour les jeunes avocats, sa justice impartiale pour les orateurs contemporains. 606. II. Cité 55 ; quelques recours et renvois aux notes ou titres de son recueil, 148, 157, 168, 212, 225 (Silius Italicus), 264-265 (Martial), 266 (amour de la gloire chez P. J.), 386, 387, 388 (Régulus), 389, 390, 396, 397 (la crédulité de P. J.), 398, 399, 401, 404, 406, 464 ; lettres de P. J. et lettres de Cicéron, 300, 425, 426, 428 ; croit à la chronologie de Mommsen, 482, 486 ; son « Choix de Lettres » 1885 (et 1890), Garnier, 508 ; réfute une critique de Fénelon contre le « Panégyrique », 651. III. P. J. portraitiste, 485 ; influence de Pline le Naturaliste sur son neveu, 494 ; la place littéraire de P. J., 502 ; rappel de ses travaux sur P. J., 515.

Collombet, F. Z. Voyez « Grégoire et Collombet ».

Collot d'Herbois. III. Membre du Comité de Salut public, 462 ; ses assassinats à Lyon, et comment il les jugeait, 482.

Colonus, (sans renseignements). II. Lettre de condoléances que lui adresse P. J., 402, 403.

Colotès, philosophe grec du IIIe s. av. J.-C., l'un des disciples les plus enthousiastes d'Épicure. III. Cité par Balzac (l'épistolier), 337.

* **Columelle.** I. Les trois modes d'exploitation du sol particulier, 77, 78, 80, 82, 87, 90 ; le niveau d'eau, 369. II. « Compactus », 73 ; « uberare », 572. III. Né à Gadès, 53.

Commode, empereur I. Crée 25 consuls dans une année, 272 ; épouse la fille de Brutius Præsens, 488. II. Cité, 191, 226, 427. III. Sa concubine Marcia, 184.

Condé (duc d'Enghien, depuis prince de Condé) dit le Grand Condé. II. « Biblio-

Corpet, E. F., l'un des traducteurs de Silius Italicus, coll. Panck. (l. I-VIII), auteur de la notice sur Silius et son poème (Septembre 1836). II. Nécessité de la fortune ou de ses apparences pour être avocat, 221 ; attribue (p. xiij) à Silius l'acquisition la villa de Virgile, près de Naples, 222 ; Silius jugé (p. i, vij, viij, xij) comme citoyen, 224 ; réfute (p. xv) à l'aide de P. J. une raillerie décochée par Nisard à Silius, 225.

Corradi, A. II. Recours ou renvois à ses deux études : 1° « In C. Plinium… Observationes ad orationem verborumque constructionem et usum pertinentes » [avec une notice bibliographique (p. 43-57) destinée à compléter Engelmann et Preuss] Bergamo, Cattaneo, 1889 ; 2° « In C. Plinium… observationes ad elocutionem verborumque constructionem et usum. In : Rivista di Folologia, v. 12 », 307, 508, 653, 672, 673, 693. III. Rappel de ses travaux sur P. J., 515, 516.

Cortez, Fernand, conquérant du Mexique. I. Le collier de sa fiancée (Friedlænder), 98.

* **Cortius et Longolius.** I. Commentateurs de P. J., 12 ; lecture d'un texte douteux de P. J., 504. II. Leurs éditions de P. J., 505 ; textes douteux de P. J., 34, 75, 385, 391, 392, 400, 408, 411, 454, 456 ; commentaires de P. J., 105, 192 ; utilisation du codex Riccardianus, 499, 501. III. Les « Recuperatores », 143 ; le beau-frère de Corellius Rufus, 205.

Corvin, Mathias, roi de Hongrie. II. Propriétaire (?) du Codex Salisburgensis, 664.

Corydon. II. Formosum pastor Corydon ardebat Alexin — delicias domini (Virg. Ecl., 2), 406.

Cossus, appartenant probablement à la famille du dictateur (Daruy, t. I, 248, 261) qui avait donné, sous Néron, la Vestale Cornelia (Tacite, Ann. XV, 22). II. Quid das ut Cossum aliquando salutes ? (Juv., Sat. III), 65.

Cossutianus Capito. Voyez « Capito Cossutianus ».

Costar (l'abbé). III. L'un des familiers de l'hôtel de Rambouillet, l'un des correspondants de Voiture ; en outre de Lettres prétentieuses, a laissé deux volumes intitulés : « Entretiens de Voiture et de Costar », 337, 338.

Cottia ou Coccia. II. Femme de Spurinna, mère de Cottius, excuses que lui présente P. J. pour une incorrection, 474. III. L'une des sept correspondantes de P. J. (Calpurnia, Pompeia Celerina, Calpurnia Hispulla, Corellia Hispulla, Corellia, Calvina, Cottia), 46, 48, 49.

Cottius Vestricius, fils de Spurinna et de Cottia. II. Son oraison funèbre par P. J., 216, 279, 283, 291, 474, 480, 606 ; on lui élève une statue pour consoler la douleur de son père, 28 : III. Les regrets laissés par sa mort prématurée, les condoléances de P. J., 47, 48, 49.

Coupé (l'abbé J. M. L.). II. Son « simple bouquet » du « Panégyrique de Trajan », 517, 518. III. Mamertin l'Ancien, orateur « batave », 416, 435 ; citation de Sigonius, 418 ; son résumé des deux discours de Mamertin l'Ancien, 422 ; analyse du Panégyrique de Pacatus, jugement sur cette œuvre, 455, ses recherches sur les Panégyriques, 474.

Courier (P. L.). II. Ses « Lettres » comparées à celles de P. J. (Sainte-Beuve), 469 ; les mesquineries du Panégyrique rappellent à J. Martha l'exclamation de Savary dans le Pamphlet des Pamphlets, 630 ; helléniste amateur, 683. III. Sa devise rappelée par M. Lebaigue, 335 ; reprend les traditions du journalisme voltairien dans les cent lettres (1804-1812) qu'il a classées chronologiquement, et polies ou refaites, 355 ; biographie et épistolographie, 368-371.

Cousin, Victor. II. Ses vérités moyennes et son éloquence (Taine), 328 ; qualifie Mérimée de gentilhomme, 364. III. Ses monologues dans les allées du Luxembourg, 230, 372 ; Doudan juge son volume : « Du Vrai, du Beau, du Bien » et ses relations avec Sainte-Beuve, 375, 376.

* **Cowan, James.** I. Recours à ses commentaires de P. J., 517, 518, 519, 523.

43; « Dial. des Orat. », 8, 13), 52; protecteur des lettres (Friedlænder) ce que semblent confirmer les compliments que lui fait Juvénal (Sat. IV, v. 81 et suiv.), 243.

D

Dacier, André, secrétaire perpétuel de l'Académie française (1713-1742), partisan fanatique des Anciens. II. Fénelon lui adresse (1714) sa « lettre sur les occupations de l'Académie française », 211.

D'Aguesseau (Henri-François) (1). II. La Justice gémit du mépris que les juges ont conçu pour leur profession ... s'ils ne dédaignent pas encore de remplir les devoirs de la magistrature, ils les placent à regret dans le court intervalle qui sépare leurs plaisirs (Mercuriale prononcé à la St-Martin, 1698) ; on voit un jeune magistrat monter négligemment sur le tribunal. Il y traîne avec tant de dégoût les marques extérieures de sa dignité, qu'on dirait que, comme un captif, il gémit du lien auquel il se voit attaché... il trouble l'attention des autres juges et déconcerte souvent la timide éloquence des jeunes orateurs : ou, s'il fait quelque effort pour les écouter, bientôt l'ennui succède à la dissipation ; et le chagrin qui est peint sur son visage fait trembler la partie et glace son défenseur... (Mercuriale prononcée à la St-Martin, 1700), 96 ; appelle Domat : « le jurisconsulte des magistrats », 103 ; son intellectualité (Janin), 128.

D'Alembert, secrétaire perpétuel de l'Académie française, 1772-1784. II. Quelques citations de son éloge de Sacy, 556, 651, 657, 658, 678, 681, 682. III. Correspondant de Frédéric le Grand qui lui offre la présidence de l'Académie de Berlin, 354 ; sa boutade contre les bienfaiteurs, 496.

Dalloz (Victor-Alexis-Désiré) et **Dalloz (Armand)**. II. Publient en collaboration le : « Répertoire de législation, de doctrine et de jurisprudence » « qui » est pour le droit moderne ce que furent, pour le droit ancien, le recueil » de Guyot, et pour le droit intermédiaire, le recueil de Merlin » (Larousse), 50.

Damascène, Jean (S.). II. Le S. Thomas de l'Orient, croit à la rédemption de Trajan, 625.

Damiani de Morbegno. III. Son article (Bulletin, Société hist. Côme) sur Thomas Rodari, 505.

Damoclès. III. Voltaire fait allusion au festin que lui donna Denys le tyran, 354.

Dangeau (Phil. de Courcillon, Mis de), ses Mémoires (Journal de la Cour de Louis XIV) rappelés. I. Au sujet de P. J., 481. II. Au sujet des « Césars », de Suétone, 236. III. Au sujet de Catt, 355.

Danglard (J) « scholæ vulgo dictæ « des Carmes » olim alumnus ». III. La langue de Sidoine Apollinaire, 280 ; la parenté et la correspondance de Sidoine et d'Avitus, 289 ; loca similia S. Aviti (Initium Mundi, Originale peccatum, Sententia Dei) et Miltonis (Le Paradis perdu), 290 ; « in litteris tum profanis, tum sacris valde eruditum fuisse Avitum constat », 290 ; « Avitus minime ambitiosus in loquendo », 295.

* **Dante (Le).** II. Place Trajan dans son paradis, 625.

Danton. I. Donne des repas à 400 francs par tête (Friedlænder), 97. II. Allusion à sa harangue (2 septembre 1792) dans l'Assemblée législative : « Pour les [les ennemis] vaincre, Messieurs, il nous faut de l'audace, encore de l'audace, toujours de l'audace, et la France est sauvée ! », 50.

* **Daremberg et Saglio.** I. « L'ærarium militare, 298 ; Capito préfet des Vigiles, 457 ; Capito fonctionnaire précieux sous tous les régimes, 457 ; l'intellectualité des secrétaires impériaux, 458 ; la chancellerie impériale, 477 ; les « commentarii principis », 516 ; le tribunal des Centumvirs, 554, 555. II. Classification du barreau romain, 23 ; Aruspices, 386.

---

(1) Nous réparons ici un oubli commis dans la lettre A.

DER TODT DES ÄLTERN PLINIUS. VI.Buch.XVI.Brieff

7

4; l'auteur tire grand profit de ses « Lettres choisies » de P. J., 10; fixe à 70 la mort de L. Cæcilius, père de P. J., 24; attribue à P. J. une villa à Tusculum, 58; le Sénat sous Domitien, 160; explication du mot « matrona », 466; Egnatius Marcellinus, 485, 502; un commentaire, 486. II. P. J. exclusivement homme de lettres, 17, 168, 174; « l'humanitas » de P. J., 187; recours ou renvois à ses commentaires, 266, 267-269 (Martial), 270, 385, 386, 392-395, 396 (La fontaine merveilleuse), 398, 399, 401, 405, 406; rappel de ses « Lettres choisies » et de quelques titres, 389, 404, 507; lettres écrites par P. J. sous Domitien, 471; jugement sur « le Panégyrique de Trajan », 578, 579, 627; cité, 55. III. Les pièces « fugitives » de P. J., 390; le point de vue convenable pour apprécier « le Panégyrique de Trajan », 462; rappel de ses travaux sur P. J., 514.

Demolombe, J. C. F. II. Auteur du « Cours de Code Napoléon » (1845-1882), 50.

* **Démosthène.** I. Son influence oratoire, 534; son honorabilité douteuse, 541; les « Olynthiennes », 549; les imitations de P. J., I. 564 et II. 19, 282, 345, 581 II. Triomphe de son bégaiement, 134; testis et sponsor de P. J. orateur (Morillot), 19; cité, 163, 165 (par P. J.), 166 (par P. J.), 261, 327 (par P. J.), 388 (par Collignon), 676 (par de Quart); comment Cicéron le qualifiait, 192, 193. III. Comparé par Duruy à P. J., 1; cité par P. J., 32, 97, 179; cité par Quintilien, 103, 492; sa biographie par Plutarque, 171; cité par Marc-Aurèle, Ausone, Sidoine Apollinaire, 238, 250, 261.

Dennison, Walter. II. Suétone contrôlé par l'étude des inscriptions, 239.

Denys d'Halicarnasse, historien grec « Antiquités romaines ». III. Séduit, après un long séjour a Rome, par les institutions latines, 175.

Deodatus. III. Bussy-Rabutin désigne ainsi Louis XIV, qu'Anne d'Autriche, mère après 23 ans de mariage, avait appelé « Dieudonné », 341.

Descartes, René. III. Rédige en français « le Discours de la Méthode » (avec « la Dioptrique, les Météores et la Géométrie »), 329; « le Malherbe de la prose », 334.

Desjardins, Ernest. I. L'auteur tire grand profit de sa « Géographie historique et administrative de la Gaule romaine », 10; La Carrière Sénatoriale et la Carrière Equestre, 231; Le Préfet du prétoire, 232; Les « Decemviri stlitibus judicandis », 234; les Légions permanentes d'Auguste, 238, 240; Les « quæstores urbani », 254; L' « adlectio inter quæstorios » etc., 263; Le Tribunat depuis Auguste, 270, 274; Les fonctions des prætorii, 293, 294; Le Préfet de la Ville, 318; Les quatre curatelles, 329; Les « Curatores viarum », 330; Le Traité de Frontin sur les Aqueducs, 332; La Répartition et la Classification des provinces, 343-345; L'Authenticité de la Correspondance Pline-Trajan sur les Chrétiens, 439, 441; Discours de l'Empereur Claude mis en « beau style » par Tacite, 536. III. « Cursus publicus, præfectus vehiculorum, diplomarii, tabellarii — diplomata — evectio, mutationes, mansiones », 224; la discrétion avec laquelle P. J. (gouverneur du Pont et de la Bithynie), fait usage des « diplomata », 224; rappel de ses travaux sur P. J., 515.

Desjardins, Paul, fils du précédent. III. Une conférence contradictoire à la salle des Mille-Colonnes, 482.

Deuterius, grammairien. III. Correspondant d'Ennodius, 299.

Dexter. II. Envoie à Martial (l. VII, 27) qui se confond en admiration, et en très humbles remerciements : « tuscæ glandis aper populator », 253.

Dickens, Charles. II. Citation de « la Fortune de l'Ecolier », (Contes pour le jour des Rois), 111; comparé à P. J., 341, 342, 579; D. écrivain (Taine), 342; citations des « Apparitions de Noël », (Contes de Noël), 398, 399, 401. III. Comparé à P. J., 489.

Diderot. II. Travailleur infatigable, 135; écrire est pour lui un besoin, sa fonction naturelle.... il est une mine ou plutôt cinquante mines ou carrières... Qu'a-t-il fait d'un bout à l'autre de sa carrière, sinon d'ébaucher ? (Reinach),

214, 215 ; comparé à Pline l'Ancien, 215 ; comparé à P. J., 445 ; sa lettre à Falconet, 445, 446. III. Comment il écrit : « au jour le jour, de ce qui l'occupe sur le quart d'heure », 351, 363.

Didyme, grammairien d'Alexandrie, contemporain d'Auguste surnommé « Entrailles de fer » à cause de son application infatigable au travail (3500 ouvrages, tous perdus). II. Réfuté par Suétone, 230.

Dierauer, J. II. Cité par de la Berge (p. 14), 585 ; renvoi à « Ueber den Panegyricus des jüng. Plinius. » In : « Budinger's Untersuchungen zur röm. Kaisergeschichte » (I. (1868) p. 187-217), 585. III. Rappel de ses travaux sur P. J., 514.

* **Dioclétien**, empereur. II. Fonde l'empire « net et franc », 227 ; son rescrit sur la cessation de l'obligation des « munera personalia », 450. III. Ausone père se fixe, sous son règne, à Bordeaux, 403 ; Voir « Mamertin l'Ancien », 415-422 ; « Eumène », 427 ; « Nazarius », 428 ; la Cour orientale et la divine hiérarchie, 463, 467 ; le recours aux « Panegyrici veteres » pour écrire son histoire, 470 ; arrête la chute de l'Empire, 471 ; son souvenir évoqué au sujet de Napoléon, 481.

Diomède. I. Echange ses armes avec Glaucus (Iliade), 483.

Dion Cassius. I. Interprète les derniers mots de Titus, 185 ; l'armée romaine, 240 ; le préfet de la Ville, 318 ; les « subcuratores » de la « Cura Viarum », 330 ; Servianus, 452. II. Adrien fait mettre à mort le petit-fils de Servianus, 78 ; la loi Cincia, 98 ; discours sur le mode d'administration à suivre, 128 ; Cluvius Rufus, 216 ; les decemviri, 348 ; cité par Juste Lipse, 522 ; perte de son histoire de Trajan, 582 ; l'adoption de Trajan, 587 ; fait bénéficier Adrien d'une légende (l'Empereur et la pauvre veuve), 621. III. (LXVIII, 2) : Nerva charge divers sénateurs d'acheter des terres pour une valeur de 15.000.000 de drachmes, et de les distribuer aux citoyens pauvres de Rome, 199.

Dion Chrysostôme, rhéteur grec, né à Pruse (30-116), n'est pas le Cocceianus Dion dont parle P. J., 1. X, 85, 86, K. 81, 82 ; n'est point cité par P. J., I. 392 ; II. 119.

Dion Cocceianus, architecte de Pruse, ne doit par être confondu avec Dion Chrysostôme ; mal élevé ; ses démélés avec les Prusiens. I. 392, 393 ; II. 119, 494.

Disraeli (Benjamin, C⁴ de Beaconsfield). III. Le parvenu et le grand homme, 175.

Dodwell, Harris. 1. La pauvreté et la richesse de Quintilien, 114. II. Cité et commenté par Masson, 491.

* **Doederlein, Lud**, [auteur du « Manuel de synonymie latine », 1839]. II. « Lectiones variæ » (sur l. VIII, 22, P. J.) progr. (8 pages), 1832. Erlangæ, 306. III. Rappel de ses travaux sur P. J., 514.

Dolabella, Cornelius, « consularis et triumphalis vir. » II. Accusé de concussion par César (âgé de 21 ou de 24 ans) acquitté (« Dial. des Orat. », 34. Suétone, « César », 4), 51.

Dolabella, P. Cornelius, très noble patricien perdu de dettes, et très mauvais mari [Voir Boissier, « Cicéron », p. 105, 106]. II. Troisième époux, (705, a. U. C.) de Tullia, 384.

Dolce, Lodovico. II. « Epistole di C. Plinio, di Petrarca, della Mirandola », etc., 1548. Vineglia, 515.

Dolet, Etienne. I. Victime du fanatisme de la Sorbonne et du parlement de Paris, 407.

Dolo, E., l'un des annotateurs de Pline l'Ancien coll. Panckoucke. III. Commentaire de « Hist. nat. » ch : XVII, p. 56, 1. 14, 81.

Domat, Jean. II. Qualifié par d'Aguesseau de « jurisconsulte des magistrats », 103.

Dominica. III. Pieuse correspondante d'Ennodius, 300.

Domitia, tante de Néron, épouse de Passienus Crispus qui convole en secondes noces avec sa rivale Agrippine [voir Tacite Ann. l. XIII, 19, 21]. II. 72.

Domitia Longina, femme de Domitien. I. Ses relations adultères avec Titus, 185 ; sa naissance, son premier mari, 192 ; raillée sur la scène par Helvidius junior, 199 ; prend part à l'assassinat de Domitien, 201 ; sa mort, 201.

* **Domitien, empereur.** I. Confie à Quintilien l'éducation de ses petits neveux, 40 ; la terreur, 53, 115 ; son antipathie pour Titus, 190 ; son règne, 191-218, 259 ; on fait courir le bruit qu'il a échappé aux assassins, 221 ; l'effroi du Sénat, 266 ; aurait commis une injustice envers P. J., 321 ; sa lettre à Minutius Rufus, 400 ; fidèlement servi par Capito, 457 ; harcelé par l'opposition de salon, 558 ; la modération et la justice de ses gouverneurs provinciaux [« voulez-vous juger un gouvernement, voyez les gens qu'il place »], 572. II. Epongiste, 32 ; les délateurs sous son règne, 52, 55, 57, 58, 59, 62, 63 ; Veiento, Massa, Herennius Sénécion, Neratius Priscus, Salvius Liberalis, Lacerna, Juventius Celsus, Metius Modestus, Quintilien, Rusticus Arulenus, Capito, Silius Italicus, Martial, P. J., Trajan sous son règne, 64, 65, 66, 67, 71, 72, 90, 93, 98, 99, 111, 119, 208, 209, 221, 243 et suiv., 401, 646 ; intellectuel, 138 ; chasse les philosophes, 145 ; cultive au rabais la littérature officielle, 145, 146 ; rétablit les repas pour les clients, 390 ; paye tribut à Décébale et triomphe, 523, 524 ; ses repas particuliers et ses repas d'apparat, 535, 536, 606 ; ne peut supporter la fatigue, 543 ; date de sa mort, 549, 619 ; ses affections et ses haines, 563 ; la continuité de ses consulats, 566, 647, 648, 650 ; la haine de P. J., 569, 637, 641, 642, 643, 645 ; invasion des Barbares sur le Danube, révolte des légions de Vindonissa, 584 ; confère rarement le consulat ordinaire, 585 ; ses congiaires, 590 ; sévérités de sa censure, 596 ; Trajan livre sa mémoire à ses courtisans, 600 ; se divinise, 634 ; sa lutte homicide avec l'aristocratie, 635 ; débaptise les mois, 639 ; cité, 33, 37, 88, 104, 116, 226, 238, 427, 471, 479, 549 551, 555, 560, 567, 571, 586, 596, 628, 632, 644. III. Voconius Romanus, Régulus, Spurinna, P. J., Rusticus Arulenus, Sénécion, Catullus Messalinus, Tacite, Maxime, Fannius, Corellius, pendant son règne, 19, 31, 36, 43, 44, 57, 75, 78, 93, 126, 127, 130, 131, 136, 138, 146, 197, 198, 490 ; Régulus, P. J., Tacite, après sa mort, 38, 81, 94, 95, 102 ; le désordre de ses finances, 34 ; demande que lui adresse Mauricus [sous le 2e consulat de Vespasien], 49 ; le cens sénatorial à son époque, 63 ; un pseudo-triomphe, 89 ; les délateurs et la Terreur, 148, 462.

Domitilla Flavia. I. Epouse de Vespasien, mère de Titus, Domitien, Domitilla, 176 ; Domitien prend son nom, 191 ; l'affection que lui porte Domitien, 192.

Domitilla, sœur de Domitien. I. 201.

Domitilla, nièce de Domitien, veuve de Flavius Clémens. I. S'associe à la conjuration du 18 Septembre 96, 201.

Domitius, grammairien d'Auvergne, habitant à Camerino, entre Clermont-Ferrand et Brioude. III. L'un des correspondants de Sidoine Apollinaire, 268, 269 ; Sidoine lui adresse la description de son château d'Avitac, 269, et suiv., 278, 280.

Domitius Afer. Voyez « Afer Domitius ».

Domitius Apollinaire. Voyez « Apollinaire Domitius ».

Domitius Lucanus. Voyez « Lucanus Domitius ».

Domitius Tullus. Voyez « Tullus Domitius ».

Donat (Donato), Jérôme, homme politique et littérateur, né à Venise, mort à Rome en 1513. III. On a de lui : 1° la traduction en latin d'un Traité, en grec, d'Alexandre d'Aphrodisie ; 2° cinq lettres imprimées avec celles d'Ange Politien, 320, 323.

* **Döring, Moritz.** I. L'auteur tire grand profit de son Edition annotée des

Lettres » de P. J., 13 ; lectures de textes douteux, 87, 88, 92, 361, 381, 396, 408, 482, 504, 506, 515, 517, 571 ; recours à ses commentaires, 45, 58, 65, 85, 89, 103, 211, 247, 249, 251, 284, 285, 292, 327, 374, 392, 394, 406, 423, 492, 509, 517, 524, 570, 598. II Lectures de textes douteux, 34, 75, 105, 198, 199, 205, 357, 385, 392, 400, 402, 403, 408, 411, 454, 456 ; recours ou renvois à ses commentaires, 73, 74, 103, 157, 163, 167, 192, 199, 200, 400, 408 ; son « programm » (15 p., 1835), 293, son édition 1843, Freiberg. Engelhardt, 509, 511, 691. III. Ses lectures de textes douteux, 6, 11, 13, 46, 49, 63, 103, 116, 117, 190, 197, 205, 208, 210, 222, 225 ; emprunts à ses commentaires, 15, 57, 140, 160, 202, 208, 210, 222, rappel de ses travaux sur P. J., 514.

Doublet de Persan (Mᵐᵉ), née Legendre. II. Tient au couvent des filles Saint-Thomas, un salon littéraire dont Bachaumont et autres écrivent le journal, 677.

*·**Douden, Ximénès**. III. Interprétation du « J'ai vécu » de Sièyès, 45 ; Racine, cousin de Sophocle, 229 ; biographie et épistolographie, 371-378 ; le silence mortel des gouvernements absolus, 482.

Doumic, René. II. L'éloquence de Cicéron n'est plus qu'un bruit de paroles, 18.

Droz, É., professeur à la faculté des lettres de Besançon. III. Lire entièrement (79 pp.), sa thèse latine sur Fronton, 232 ; l'école des « antiquarii » toujours ouverte d'Auguste à Adrien 'au sujet de Fronton dont les opinions littéraires se résument en quatre mots « veteres diligit, odit recentes »), 233 ; le jugement que Eumène [Baehrens, Incertus] porte sur Fronton, 239.

Drumont, Edouard. II. La servilité des Assemblées, 21 (1).

Druon, H. (Œuvres de Synésius traduites en français, avec un étude biographique et littéraire, Paris, Hachette, 1878). III. Comment, à l'époque des invasions barbares, les chrétiens choisissaient leurs évêques, et pourquoi ils leur donnaient, ou même leur imposaient la mitre, 473.

Drusus Libon, arrière petit-fils de Pompée. I. Déféré au Sénat pour complot révolutionnaire, 555.

Drusus, M. Livius, l'habile adversaire de C. Gracchus (?). II. Cité (l. VIII, 7, 4) par Valère-Maxime, 132.

Drusus, Claudius-Nero, « olim Decimus, mox Nero », fils de Livie, père de Claude, adopté par Auguste. I. 319. II. Cité par Holbrooke, 397.

·**Du Barry (Jeanne Vaubernier, Cᵗᵉˢˢᵉ)**. II. Protectrice de René-Nicolas de Mau péou dont elle fait (en 1768) un chancelier, 223.

Du Bled, Victor. III Les vertus bourgeoises de Collé, marié à une femme sans fortune qui « fit le plaisir et la félicité de sa vie » ; son absence complète de sens moral en littérature et son goût de la gravelure persistant jusqu'à la vieillesse, 409.

Dübner, Fr. II. « Plinii Panegyricus » In : Rhein. Mus. N. F., 3 (1845, p. 153-155). 658 ; attribue au xᵉ siècle le Codex Vaticanus (3461), 663 ; son édition '1843) du « Panégyrique », 671, 672, 688. III. Rappel de ses travaux sur P. J., 514.

Dubois (N. A.), l'un des traducteurs de Martial (Panck. 1834, 1835), de Macrobe (Panck. 1845, 1846), a traduit en outre Aurelius Victor (Panck. 1846). II. La renommée littéraire de Symmaque s'éleva presque à côté de celle de Pline le Jeune qu'il s'était proposé comme modèle, 22 ; cite les « Nuées » et les « Plaideurs » au sujet d'une épigramme de Martial, 246 ; recherches sur la paternité du « De viris illustribus Urbis Romæ » (pages 9, 10 de sa notice sur Aurelius Victor), 279.

Du Bois, Louis, traduct. de Columelle (Panck. 1844, 1853). I. Une note, 90. II. Une citation de la traduction, 73.

---

(1). Note omise aux Addenda. — Cf. Edmond Biré, « La Légende des Girondins », 1896, Paris, Perrin, p. 375-378.

Duclos Ch. II. Deux pensées extraites de « Considérations sur les mœurs de ce siècle », 442, 443.

Du Faur de Pybrac. Voyez « Faur (du). »

Duentzer, H. Ueber Plin. Ep. X, 97, 7 (Zeitschrift f. d. Gymnasial Wesen) 1863 — Pour mémoire.

Dufaure, A. J. S. II. Son éloquence parlementaire, 25; comparé à P. J., 360.

Dufour (Guillaume Henri), général suisse. II. Chargé en 1847 par les cantons protestants de mitrailler les cantons catholiques, 185.

Dumas-Damon. III. La vraie situation d'Avitacum, 269.

Dupré. [« Etat des Institutions, des mœurs et de la littérature à Rome sous Trajan d'après les lettres de Pline le Jeune. » Thèse, 1849. Rennes]. I. Critique de l'admiration de P. J. pour Marcellinus, 502; Sabinien, 523; inanité des charges publiques sous l'Empire, 528; naïveté des confidences de P. J., 529. II. Le cercle plinien 183; ce que Cicéron (épistolier, a fait pour la fin de la République, Pline le Jeune (épistolier) pouvait le faire pour le règne de Domitien... il ne l'a pas voulu, 383, 384; chronologie des lettres pliniennes, 384, 471, 486, 487; quelques opinions (Pompeia Celerina, Calpurnia, Maxime, Voconius Romanus, Montanus), 487. III. Rappel de ses travaux sur P. J., 514.

Dupuy. I. L'authenticité de la correspondance Pline-Trajan sur les chrétiens, 418, 438, 439, 440, 442. III. Rappel de ses travaux sur P. J., 515.

Dureau de la Malle, Jean-Baptiste, Joseph-René, membre de l'Académie française (1804) l'un des traducteurs de Tacite. I. Evaluation du sesterce, 65. III. P. J. et Tacite, 76; attribution à Tacite du « Dialogue des Orateurs », dédié à « un ami commun de T. et de P. J. », 99.

Durm. III. Rappel de ses trav. sur P. J., 515 (1).

* **Duruy, Victor.** I. Intérêt de la correspondance Pline-Trajan, 4; l'auteur tire grand profit de son « Histoire des Romains », 10; le troisième consulat de Virginius Rufus, 26; l'âge de la robe virile, 33; la mère de Voconius confondue avec celle de P. J., 38; interprétation d'un texte de Pline le Naturaliste, 57; les villas de P. J. « aux portes de Rome », 58, 61; les propriétés de P. J. dans le Bénéventin, 62; évaluation du sesterce, 64; une erreur topographique, 65; les « plus grosses » fortunes romaines, 76; tableau comparatif de deux fortunes moyennes vers 80 et vers 1880, 96; les caisses alimentaires, 103, 104; la *dot* de Quintiliana, 113; propos de Sénèque à Néron enfant, 146; le guet-apens de Besançon, 153; une calomnie contre Vespasien, 177; la nouvelle aristocratie de Vespasien, 180; la confiance « peu dangereuse » de Titus, 181; les prétendues victoires de Domitien, 194; Domitien jugé et au point de vue de la noblesse et au point de vue de l'Empire, 195; l'outrecuidance de Domitien, 196; justification d'une mesure de Domitien, 198; Domitien ne connut point d'amis, 201; Domitien avait fait la fortune de Tacite qui l'oublia et se montra souvent injuste envers sa mémoire, 209; la lettre de P. J. sur Cornélie et Licinianus, 216, 217; en choisissant Nerva pour succéder à Domitien, le Sénat faisait un choix singulier, 221; l'éducation littéraire des Empereurs, 228; le Cursus honorum, 230; l'âge des Decemviri stlitibus judicandis, 234; le Vigintivirat, 237; la Science universelle du fonctionnaire romain, 237, 238; la Syrie, 241; Titus récompense les villes syriennes de leur fidélité, 244; la Constitution d'Auguste en droit et en fait, 264; la vanité d'Auguste, 276; Licinius Sura, 296; la dépense annuelle de l'armée, 297; l'impôt du vingtième, 297, 298; le Fiscus, 303; les revenus de l'Empire, 304, 305; le consulat depuis Auguste, 312; la fin du consulat, 312; le Consilium Augusti, 321; le principe impérial de ne donner au Sénat que les contrées paisibles, 344; les agents de l'Empereur semblent représenter un pouvoir inférieur et timide, 346; commentaires

______

(1) Ajouter « Intermezzo », p. CLXXVII : 1885, « Durm », Description de la villa laurentine dans « Baukunst der Römer » (Darmstadt) (pp. 286-288.

Egger, Emile. I. L'auteur tire grand profit de ses « Mémoires d'histoire an cienne et de Philologie », 10 ; les fabricants de « faux antique » chez les Grecs et les Romains, 105 ; le service de Chancellerie sous les Césars, 149 ; le portefeuille de la correspondance, depuis Claude jusqu'à Théodose, 348. II. Dédains du patriciat pour les lettres et les lettrés, 122. III. Les résignations du « bon et généreux » Plutarque, 152 ; « scrinium memoriæ »; l'un des quatre bureaux (scrinium memoriæ, scrinium libellorum, scrinium epistolarum, scrinium dispositionum) de Chancellerie impériale telle qu'elle était organisée depuis au moins le quatrieme siècle, 422.

Eginhard (Vita, et gesta Caroli Magni. — Annales regum Francorum). II. Pichon songe à lui en étudiant Suétone, 241.

Egisthe, fils de Thyeste. II. Tue Atrée et Agamemnon, est tué lui-même par Oreste, 380.

Egnatius, Marcellinus. Voyez « Marcellinus Egnatius ».

Ellen, auteur d'une « Tactique » sous Adrien. I. Frontin vit à Formies dans l'intimité de Nerva, 454.

Elpide. III. Ami de la famille Symmaque, l'un des éditeurs de la corresdance de Symmaque, 212.

Elpide (le Diacre). III. Médecin de Théodoric, poète à ses heures, correspondant d'Avitus, Ennodius, Cassiodore, 289, 299.

Emilia Eonia (Æmilia–Æonia), femme d'Ausone, le médecin, mère d'Ausone, le professeur (Parentalia, II). III. 403, 404.

Encolpe. III. Mignon de Pudens qui fit vœu (Martial, « Epigr. » l. I, 32) d'offrir sa chevelure à Apollon si son maître était promu premier centurion et qui tint sa promesse (l. V, 48), 400.

Encolpe. II. Lecteur de P. J. (l. VIII, 1) paraît avoir succédé à Zosime (l. V, 19). [Nous sommes disposé à croire que le bon maître abuse, à son insu, des services si appréciés de ces deux esclaves, qui furent pris l'un et l'autre de crachements de sang], 233.

Engelmann, Wilhelm, publie : « Bibliotheca scriptorum classicorum » ; le Dr E. Preuss se charge des « Scriptores latini » (Leipsig, Engelmann ; Londres, Dulan ; Paris, Vieweg, 1882) [à compléter par E. Hubner, Bibliographie der Klassischen Altertums Wissenschaft, Berlin, 1889 ; H. Stein, Manuel de Bibliographie générale, Paris, 1897]. II. Recours à cet ouvrage, 670, 674, 679 ; l'index bibliographique concernant P. J. ne dépasse pas 253 numéros, 693.

Ennius, Quintus, poète latin 240-169 av. J.-C. II. Le vers de Virgile plus monotone que le sien (Havet), 333 ; il semble qu'il écrivit tard (Joubert), 430. III. Pastiché par Fronton, 233 ; la parcimonie de Fulvius (Nobilior) à son endroit, 247 ; invoqué par P. J. à la défense de ses poésies grivoises, 392.

Ennodius, Magnus. II. Litterulæ, 148 ; sa métrique n'est pas celle de Symmaque, 333 ; « son Panégyrique » ajouté à celui de P. J., 669. III. Héritier de P. J., 256, 313 ; les premières ébauches de son code mondain, 255, 288 ; n'a pas été traduit en français, 269 ; a des correspondants communs à Avitus et Cassiodore, 289, 290 ; ses charades, 295 ; biographie et épistolographie, 297-305 ; Ferréolus, évêque d'Uzès, compose « libros aliquot epistolarum », à l'image de Sidoine (et de E.), 315 ; cité par Pasquier, 328 ; ses panégyriques, 456, 472-474.

Entelle. II. Martial (l. VIII, 68) déclare ses jardins plus beaux que ceux d'Alcinoüs, 253.

Epaphrodite. I. Secrétaire de Néron, mis à mort par Domitien, 200. II. Eut pour esclave Epictète auquel il cassa la jambe, 119.

Epictète. I. Dialogue de Vespasien et d'Helvidius, 464, 465. II. Exilé comme philosophe, se retire à Nicopolis en Epire ; revient à Rome tenir école après la mort de Domitien, 116 ; non cité par P. J., 116, 119 ; esclave d'Epaphrodite, 119.

Epigone, père de Stratonice. I. (P. J., l. X, 6, K. 11), 509.

Epigone, fils de Chrysippe. I. P. J. demande pour lui à Trajan « civitatem », 509.

Epimachus. I. Affranchi, sous-procurator, de Trajan, 394.

Eponine. 1. Femme de J. Sabinus, mise à mort avec son mari par Vespasien, 178.

Eprius Marcellus, délateur sous Néron [voir Cucheval. « Eloq. ap. Cic. », t. II, p. 156-163, 379]. I. Accuse Thraséas, 475 ; son débat avec Helvidius, 480, 481 ; son talent oratoire, 558. II. Comblé d'honneurs par Vespasien, 52 ; cité par Sidoine Apollinaire, 62.

* **Erasme**, « Desiderius Erasmus. » III. Héritier de P. J., 343 ; les anciennes formules de salutations épistolaires, 288 ; biographie et épistolographie, 324-327 ; qualifié par Pasquier de « lumière du siècle », 329.

Ercolani, famille noble de Bologne de laquelle descendait le célèbre physiologiste Cte Jean-Baptiste Ercolani. II. Propriétaire du Codex Laurentianus (1017), 662.

* **Ernesti, J. Aug.** [Voir Platner « biblio. », p. 10 (n° 47ª) et Ernesti, Auguste-Guillaume]. I. Commentateurs de P. J., 12 ; recours à ces commentaires, 129, 472, 492 ; un texte douteux, 501. II. Texte revisé, notes complètées de Gesner [« Epist. et Pan. »], 505, 506, 673 ; recours ou renvois à leur texte, 539, 550, 572 ; quelques commentaires, 15, 73, 88, 105, 166, 192, 207, 354, 357, 392, 668. III. Un texte douteux de P. J., 63 ; contestation [Ernesti J. A.] à Tacite du « Dialogue des Orateurs », 99 ; commentaires de P. J., 191, 193, 197.

Erskine (Thomas, Lord), le plus grand des avocats anglais, et dans tous les cas celui qui exerça le plus d'influence sur le jury. II. Rappel du procès de Bingham et de l'affaire Markham, 51.

Erucius Clarus, beau-frère de C. Septicius Clarus, ami, conseiller et correspondant (?) de P. J. I. L'ensemble de ses mérites, 126. II. L'avocat, 71, 107.

Erucius Clarus, Sextus, fils d'Erucius Clarus, neveu de C. Septicius Clarus. I. Ami de P. J., 120 ; ses mérites, son Cursus honorum, son éloge par Aulu-Gelle, 126 ; P. J. le recommande à Apollinaire, 499, 500, 526. II. Dut entretenir avec Pompeius Saturninus, ami de son père, des relations intimes, 156 ; cité, 172 ; intervention incessante de P. J. dans son Cursus honorum, 475 ; intérêt (Péter) de la lettre I. II, 9, le concernant, pour l'étude de la chronologie mommsénienne, 475, 476.

Eschine, le premier des orateurs grecs après Démosthène. II. Testis et sponsor de P. J. orateur (Morillot), 19 ; une anecdote sur lui racontée par P. J., 165, 166 ; diverses citations que fait P. J. de son « discours contre Ctésiphon » (p. 404, 492, 557, 595, 596, 599 de l'édition de Reiske), 327 ; traduit « en orateur » par Cicéron, 676. III. Cité par P. J., 97.

Escobar y Mendoza (Ant.). II. Sa casuistique prise à partie par Pascal, donne naissance aux mots escobar, escobarder, escobarderie, 25.

Eserninus, Marcellus, avocat (Tacite, « Ann. » III, 11 ; XI, 6, 7) II. cité par Suilius, Cossutianus et ceteri, 27.

Esope, le fabuliste. II. Cité par Phèdre, 142. III. Difforme et contrefait, spirituel et sage, 31 ; Ausone écrit à Symmaque : « Quis ita ad Æsopi venustatem..... accedat » ?, 270.

Esope, le Roscius de la Tragédie. II. Cité par Cicéron dans une lettre à Marius (Rome, 698), comme un acteur « fini », 539.

Espeisses (d'). III. Auteur de « badinages » à la Pasquier et correspondant de cet épistolier, 334.

Fabricius, Luscinus, C., général romain célèbre par ses victoires, son désintéressement, sa pauvreté. II. Plutarque écrit « sa Vie », 129.

* **Fabricius, J.-Albert.** I. L'un des guides bibliographiques de l'auteur, 4, 439. II. Ce qu'il dit des lettres de P. J., 20. III. Les panegyrici veteres, (renvoi à sa 6ᵉ Edit.), 414.

Faguet, Emile. II. Attribue au fonctionnaire romain la science universelle, 97.

Falco, Pompeius, I. Consulte P. J., 274, 275 ; gendre de Sosius Sénécoin, son « Cursus honorum », 495, 496, 497 ; P. J. lui recommande Cornelius Minucianus, 508, 509. II. Avocat, soumet un scrupule à P. J., 78, 108 ; P. J. lui raconte ses joies à l'audition des « Petits poèmes » d'Augurinus, 481. III. La longue liste de ses noms, 12 (Voir aussi, dans Mommsen — « Etude sur P. J. », p. 49 — celle encore plus longue des noms de son fils).

Falcon. Voyez « Falco ».

Falconet, Etienne-Maurice, statuaire et écrivain. II. Extrait d'une lettre que lui adresse Diderot, 445, 446.

* **Falke (Jacob de),** directeur du Musée impérial et royal des Beaux-Arts et de l'Industrie de Vienne. II. A donné une reconstitution de la villa toscane de P. J., 693 III. Rappel de ses travaux sur P. J., 515.

Falsterius, Christianus. Commentaire de la lettre P. J., I. VII, 27 (Fantômes et revenants) dans « Amœnitates philologicæ », 1732. Amstelodami. — Pour mémoire.

* **Fannia,** fille de P. Thraséas Pétus et d'Arria minor, épouse d'Helvidius Priscus, belle-mère d'Helvidius junior. I. Bannie par Domitien, 199, 287, 460 ; son oraison funèbre par P. J., 466, 469, 470. II. 33, 34, 35, 59, 292, 318. III. « Angit me Fanniæ valetu⋅o », début de P. J., 1 VII, 19 — rapproché de « me casus Arvandi », début de l. I, 7, Sid. Apoll., 267.

Fannius, C. I. Auteur des « Exitus occisorum aut relegatorum a Nerone », 155. II. Avocat, 71, 108 ; écrivain, 191, 195, 196, 241, 492 ; son rêve, 194, 195, 236. III. P. J. déplore sa mort prématurée, 145, 146.

Fariau, Ange. Voyez « Saint-Ange ».

Fauchet, Claude. III. Place l'Avitac de Sidoine Apollinaire, sur le lac de Sorlieue, probablement à Obier, 268, 269.

Faur (Gui du), seigneur de Pybrac (ou Pibrac), avocat général au parlement de Paris (1565), auteur de « Quatrains moraux », plaidoyers, apologie (en latin) de la Saint-Barthélemy, etc. III. Camarade de collège et correspondant de Pasquier, 331.

Fausta, Flavia Maximiana, fille de Maximien Hercule, femme de Constantin, mère de Constantin le Jeune et de Constance, 428. III. Félicitations au sujet de son mariage (« Pan. vet. » VI), 414.

Fauste. Voyez « Faustus » : 1° le correspondant d'Ennodius ; 2° l'ambassadeur de Théodoric le Grand.

Faustine, femme de Marc-Aurèle. II. Citée par Renan, 112.

* **Faustinus.** II. Lettré timide auquel Martial écrit : « cineri gloria sera venit », 231.

Faustus, évêque de Riez. III. Parvenu sans efforts à l'épiscopat, 252 ; héritier de P. J., 256, 343 ; un calembour de Sidoine Apollinaire sur son nom, 265 ; soutient la corporalité de l'âme, est réfuté par Claudien Mamert, 262 ; correspondant de Sidoine, 283, 286 ; biographie et épistolographie, 284, 286-289, 301.

Faustus, consul et poète. III. L'un des principaux correspondants d'Ennodius 298, 299, 300.

Faustus. III. Ambassadeur de Théodoric le Grand, chargé avec Irénée (d'après une lettre du pape Gélase à l'empereur Anastase) de porter « l'Invitation à la paix », 312 [le même (?) que le précédent].

Favorinus. I. Sophiste grec contemporain de P. J., 30 ; prédécesseur de J.-J. Rousseau, 31.

Favre, Jules. II. Son éloquence parlementaire, 25 ; éloge de Nicolet, 179.

* **Fea, Carlo.** II. Cité, 693. III. Rappel de ses travaux sur P. J., 513.

Féletz (Charles-Marie Dorimond, abbé de). III. L'urbanité de sa critique jugée par Doudan, 375.

Felix, Minutius. I. L'un des premiers chrétiens qui écrivit en latin, 445.

Fénelon, archevêque de Cambrai. I. Une citation de Télémaque, 470. II. 77, 114, 115, 494, 497 (lettres à Lamotte) ; 214, 462 (Anciens et Modernes) ; 263 (Suétone) ; 650, 651, 652 (« Pan. » de Trajan). III. Ses sévérités envers le « Panégyrique de Trajan », 461, 465.

Ferber, J. C. C. « De Ostentatione ad Plin., Ep. I, 22 » [« Cf. Ernesti, Jo. Henri. Plinius laude sui gaudens », Lipsiæ, 1676 ; Lord George Lyttleton, 1760, Platner, p, 12, n. 128 et Richter]. Helmstadiæ, 1767. — Pour mémoire.

Ferox, Julius, « clarissimus vir ». I. Donne une flatteuse attestation à Nymphidius Lupus fils, 251 ; son « Cursus honorum », 493 ; prétend faire des lettres exquises sans travailler, 493, 494 ; son vote dans l'aff. Priscus, 575. II. Orateur, 38, 40, 108 ; Panvinio le fait succéder dans le consulat à P. J. (Novembre 100) [Voir Mommsen, « Etude », p. 66], 613.

Ferreolus, Tonantius, « præfectorius vir. » III. Diplomate habile, propriétaire du château de Prusiane (Bresis (?) près Alais) ami et correspondant de Sidoine Apollinaire, 279.

Ferreolus, évêque d'Uzès. III. Héritier de P. J., 256, 315.

Festus, Valerius, lieutenant de légion en Afrique. II. Attend pour se prononcer l'issue de la lutte entre Vitellius et Vespasien etc., 59, 60, 61, 66.

Feugère, Léon. III. Son « Essai sur Pasquier », 328 ; classification de la correspondance de cet épistolier, 332 [Voir Addenda].

Ficin, Marsile. « Ficino, Marsilio. » III. Voua à Platon un culte presque idolâtre et enseigna sa philosophie à Politien, 320.

Ficker, F., professeur de littérature classique et d'esthétique à l'Université de Vienne [« Histoire abrégée de la littérature classique ancienne », traduite en français par le Professeur Theil]. III. Ressemblance de P. J. avec les écrivains français, 327.

Fidentinus. II. Mauvais poète et plagiaire (Martial, l. I, 39, 54), 264.

Fikenscher, Geo. Wolf. Aug. II. « Emendatio et explicatio loci difficil. Plin. Paneg. 76, 2 » (1796, Culmbaci), 673.

Filon, P. M. A. II. 364 et 413 (Mérimée) ; 634 (« Napoléon ») de Lord Rosebery).

Firminus Hostilius. I. Légat de Marius Priscus compris dans la poursuite criminelle engagée contre ce proconsul, 573 ; les accusations portées contre lui, 574 ; le vote de Ferox sur son cas, 575 ; fait défaut, 576 ; la décision sénatoriale. I. 577, 580 et II. 40, 452.

Firminus, riche et noble arlésien, lié avec Sidoine Apollinaire qui le qualifie de « domine fili », peut être aussi avec : 1° S. Césaire (Bollandistes. « Acta Sanctorum », 27 Aug., p. 65) ; 2° Ennodius, l. I, 8, l. II, 7. III. Ouvre et ferme le neuvième livre de Sidoine, 261, 262.

Flaccus. II. A ce nom représentant tantôt un personnage réel, tantôt un personnage fictif, Martial a adressé Epigr., l. I, 58, 60, 99 ; l. IV, 42, 49 « nescis crede mihi », l. VIII, 45 ; l. IX, 34 [Voir aussi Valerius Flaccus], 272.

* **Flaccus, Ammius.** I. Envoie des grives à P. J., 482, 483 ; comparaison de son « Cursus honorum » avec celui de P. J., 497. II. Son vote dans l'aff. Certus, 34, 35, 37 ; orateur, 107.

---

(1) Note omise aux Addenda. Cf. — sur la soi disant liberté de la presse pendant la Révolution — Biré, « Légende des Girondins », 1896, Paris, Perrin, p. 247-249, 348.

leurs collègues (accusés), 588 ; l'étymologie d'ardelio, 605 II. La justice de
Claude, 30 ; pantomimes, 74, 233 ; les plaisirs grecs et les plaisirs romains,
74 ; Quintilien, 112 ; sénateurs et professeurs, 113 ; dilettantisme, prédominance de la poésie, triomphe de la prose, 191 ; poètes-copistes, 202 ; le secré-
tariat impérial, 208 ; les mimïambes, 210 ; Suétone, 238 ; Martial, 243, 251,
255, 264 ; maîtres d'école, 245 ; les libraires au temps de P. J., 243, 251 ; le
Cæcilius Secundus de Martial, 257 ; les « amis » des Empereurs, 267 ; P. J.
conseiller d'Etat, 267 ; Sparsus, 269 ; « Obss. miscellæ » (ad Plin. ep. IV, 13, 5),
307 ; renvois à ses « Tableaux des Mœurs romaines », 207, 388. III. Commente
la lettre de P. J. l. V, 17, 383 ; P. J, était une nature prosaïque, 390 ; rappel
de ses travaux sur P. J., 514.

Frique (le C¹). II. Gratitude de l'auteur pour ses traductions danoises et
suédoises, 304 ; deux traductions en vers de P. J., 261, 455.

* **Frischmannus.** II. Son édition annotée du « Pan. de Trajan », 669, 687 ;
textes douteux du « Pan. », 523, 539, 543, 550, 570, 571, 572, 573, 648.

Fritz Kobus. II. Dans le roman d'Erckmann-Chatrian : « L'Ami Fritz », 154.

Froment. I. L'auteur tire grand profit de ses trois articles dans les Annales
de la Faculté de Bordeaux, 11 ; l'originalité de Quintilien, 544 ; le tribunal
des Centumvirs, 554 ; la chronologie des procès de P.J., 557 ; les clientèles
de Cicéron et de P. J., 557 ; les qualités oratoires de P. J., 562, 597 ; dis-
crédit des accusateurs, 573 ; belle et fière réponse de P. J. dans l'affaire
Classicus, 585 ; le sénatus-consulte des preuves dans l'affaire Varenus, 594 ;
P. J. protecteur des jeunes talents, 604 ; P. J. soucieux avant tout de justice
et de vérité, 605. II. Les deux Ecoles oratoires, 10 ; Tacite et Pline, 19 ; l'excès
de culture et d'imitation, 19 ; P. J. plus orateur que jurisconsulte, 20 ; l'éloquence des délateurs, 49, 50 ; citation de sa charmante esquisse, 295, 693 ;
ne figure pas dans la Bibliographie Platner, 693. III. Rappel de ses travaux
sur P. J., 515.

* **Frontin, Sextus Julius,** « spectatissimus vir ». I. Appelé par P. J. au conseil
de famille d'Assudius Curianus, 115, 116 ; Directeur des Eaux en 97, 331 ;
sa Préface du « Traité sur les Aqueducs de Rome », 331, 332 ; prédécesseur
de P. J. dans l'augurat, 337, 338 ; protecteur de P. J., 451 ; son Cursus honorum, 453, 454 ; fait défense de lui élever un tombeau, 454 ; opinion de
P. J. sur cette défense, 454, 455. II. Ecrit : « A Silvanus succéda [comme
« curator aquarum »] T. Ampius Flavianus, sous le consulat de Valerius Mes-
» salinus », 56 ; après l'abdication de sa préture, 823 a. U. C., devient : can-
didat-général, général, écrivain militaire (823-834), puis poète (834-850), enfin
curateur des Eaux, ingénieur-écrivain, augure, (850-859), 100 ; ses deux
Traités, 225 ; Martial rappelle son second consulat et sa villa de Terracine,
269 ; son deuxième consulat [Mommsen, p. 111, Martial, l. X, 48], 649. III.
Qualifié à tort par Sacy de jur'sconsulte, 28, 75 ; sur la foi du titre d'un
manuscrit on le croit originaire de Sicile, 54 ; comparé à P. J, 500.

Frontinus, Julius. Voyez « Frontin. »

Fronto Catius. Voyez « Catius Fronto. »

Fronto. Voyez « Fronton. »

* **Fronton M. Cornelius.** I. Refuse le consulat sous Antonin pour raisons
budgétaires, 54 ; ses éloges de la fumée, de la poussière, etc., 545. II. L'un
des maîtres de l'éloquence (suivant Macrobe), 20 ; consul en 100, avec Trajan,
suivant Lemaire et Pierrot, 89, 649 ; écrit en prose métrique, 334 ; fragments
de ses œuvres découvertes par Angelo Maï, 667. III. Biographie et épistolographie, 231-240 ; solution du conflit entre le goût absolu et le goût du jour,
243 ; quelques emprunts que lui fait Sidoine Apollinaire, 256 ; Sidoine évite
ses archaïsmes, 256, 259 ; qualifié de « grave » par Sidoine et S¹ Jérôme, 263 ;
manque de gaieté, 281 ; où l'on retrouve son sentimentalisme bizarre, 289.

Fuldner, G. H. L. II. « Lectt. ad. Plin. Paneg. Trajano dictum », 673.

G

Gemoll. I. Les trois mariages de P. J., 45 ; la chronologie des procès de P. J., 557 ; la date de l'aff. Classicus, 578. II. Ses études sur la chronologie mommsénienne, 473, 474, 475, 483, 484, 485, 486, 491, 691 [Voir Addenda]. III. Le « jus trium liberorum » de Voconius Romanus, 58 ; rappel de ses travaux sur P. J., 515.

* **Genitor, Julius.** I. Professeur en relations suivies avec P. J., 51 ; P. J. le propose comme précepteur à Corellia Hispulla, 525. II. Ami d'Artémidore, protégé de P. J., rébarbatif et tendre, 113, 119, 171, 172, 474 ; comparé à Thomas Graindorge, 114, 115, esprit étroit, 116. III. Cité par Moy, 71 ; présentation élogieuse que P. J. fait de lui à Corellia Hispulla, 203.

Gennadius, prêtre marseillais (v⁰ siècle', auteur du « de Scriptoribus ecclesiasticis. » III. Invoqué par Moréri pour la biographie de Salvien, 251 ; ne parvient pas à l'épiscopat, 252.

*' **Gentile.** III. Rappel de ses travaux sur P. J., 515.

George III, roi d'Angleterre. III. Une adresse de la Chambre des Lords, 482.

Géraud, P. H. J. F. II. Renvois à son « Essai sur les livres de l'antiquité, particulièrement chez les Romains » (1838), 243, 251.

Germain. III. Son « Essai historique et littéraire sur Sidoine Apollinaire », 241.

Germanicus, Tiberius Drusus Nero, général romain, fils de Drusus Nero et d'Antonia, petite-fille d'Auguste. III. Ausone rappelle « Germanicorum, cohorti amicorum et legionum, familiaris humanitas », 447

Gerson (Jean Charlier de), « Doctor Christianissimus. » II. Croit à la rédemption de Trajan, 625.

* **Gesner, J. Mathias.** I. Un texte douteux de P. J., 87 ; commentaires de P. J., 63, 89, 94, 115, 129, 211, 212, 240, 251, 323, 369, 392, 394, 400, 410, 463, 505, 517, 563, 569. II. Ses éditions annotées de P. J., 505, 506, 509, 670, 687 ; textes douteux de P. J., 34, 198, 385, 391, 392, 400, 408, 411, 454, 436, 521, 539, 550, 570, 571, 572, 573 ; recours ou renvois à ses commentaires, 75, 105, 114, 166, 192, 202, 206, 210, 232, 233, 234, 354, 388, 389, 403, 408, 410, 455, 456, 531, 552, 584, 611, 614 ; son « Delphinus plinianus », 407. III. Voit (l. IX, 28), l'impératrice Plotine, 26 ; commentaires de P. J., 34, 39, 103, 116, 140, 143, 144, 193, 194, 197, 202, 395 ; lecture d'un texte douteux de P. J., 205.

Gessius Florus. I. Gouverneur de Judée tué dans une insurrection, 174.

Getulicus, Cn. Cornelius Lentulus [« Verger », trad. Martial, coll. Panck. : « sur cet auteur dont il ne nous reste absolument rien, on sait seulement » qu'il excella dans l'épigramme, mais qu'en même temps il déshonora ses » vers par son cynisme. On l'accuse d'avoir inspiré à Martial la licence que » l'on rencontre parfois dans ses compositions. » — « Lemaire » : « historicus » et poeta cui Caligula favebat. Nonnulla epigrammata ejus exstant in an— » thol. græc. » « Adde. » : « Œuvres de Sidoine », Grégoire et Coll., t. III, p. 384] Martial (« Epigr. », l. I. « Epist. ad. lect. ») et P. J. l'invoquent pour justifier leur « lascivam verborum veritatem. » II. 261 ; III. 392.

Geucke, Ed. II. « De usu conjunctionum et modorum apud Plinium minorem. Diss. inaug. », 307. III. Rappel de ses travaux sur P. J., 515.

Gibbon, Edouard, auteur de « History of the fall and the decline of roman empire. » III. Entrevoit déjà sous Trajan le Bas-Empire qu'il fait commencer à Marc-Aurèle, 167 ; ses emprunts à Corippus, 472.

* **Gierig, Gottl, Erdmann.** I. Un texte douteux de P. J., 504, 506 ; commentaires de P. J., 159, 463, 486, 501, 513, 517, 518. II. Textes douteux de P. J., 34, 385, 391, 400, 402, 403, 408, 411, 454, 456, 572 ; recours ou renvois à ses commentaires, 105, 354, 453, 454, 456, 536 ; bouleverse le X⁰ livre, 303, 304 ; ses éditions annotées de P. J., 506, 509, 671. III. Les deux Romanus, 10 ; renvois à sa dissertation « De Recitationibus Romanorum » (Lemaire, t. II, p. 219-229) pour : 1⁰ les récitations de discours (p. 224, § 2 et seq., p. 225) ;

2° les lectures publiques en général, 41, 379 ; « de contuberniis Romanorum »,
57 ; lectures de textes douteux de P. J., 116, 203 ; un commentaire de P. J.,
191 ; « vanitatès vanitatum plinianarum, 140, 388 ; rappel de ses travaux
sur P. J., 505.

Giesen. I. L'auteur tire grand profit de son « Portrait de Pline le Jeune »,
11 ; noblesse de caractère de P. J., 23 ; P. J. intime, 43 ; défend P. J. contre
le reproche de vanité, 134 ; les « deux amis », Trajan et P. J., 430 ; P. J.
orateur, 557. II. P. J. protecteur du Droit et de l'Innocence, 16 ; noblesse du
caractère de P. J., le rêve de son intellectualité, 147 ; comparé à Sacy, 180 ;
la pédagogie de P. J., 185 ; oublié par Platner, 693. III. L'épistolographe se
peint lui-même dans son épistolographie, 485 ; on a tort de reprocher à P. J.
de manquer de véritable esprit républicain, 487 ; Rappel de ses travaux sur
P. J., 515.

Gilbert, Laurent. II. Son vers sur Malfilâtre, 252.

Giovio. Voyez « Jove. »

Girard, P. F. I. L'auteur tire grand profit de sa traduction du t. III du « Manuel
des Antiquités romaines », « Le droit public romain » par Théodore Mommsen [V. Mommsen], 13.

Glandorpius, J. (Glandorp). II. Le prénom de Silius Italicus, 220. III. Renvoi
pour Calpurnius Fabatus à la page 192 de son : « Onomasticon historiæ
romanæ » (1589), 182.

Glaucus. I. Echange ses armes avec Diomède (Iliade), 483.

Godeau, Ant. (Le nain de Julie), évêque de Vence. III. Ce qu'il écrivait à
Mme de Rambouillet mourante, 344.

Godégisile, fils de Gondioc, roi des Bourguignons. III. Hérite à la mort de son
père du pays de Besançon, est emprisonné, puis tué par son frère Gondebaud,
293.

Godoy (don Manuel), prince de la Paix. II. Bellâtre sans instruction, sans
moralité, sans courage, sans honneur [Voir Thiers, « Le Consulat », t. II,
p. 113, Edit. Paulin, 1845], 63.

Gœthe. II. Son conseil aux Allemands (Bender), 182 ; une pensée de lui rapprochée d'une pensée de P. J., 439.

Golbéry (de), conseiller à la Cour de Colmar, correspondant de l'Institut. I. La
biographie de Pline l'Ancien attribuée à Suétone, 27 ; l'impôt sur les urines,
476 ; les machines brisées, 179 ; le premier groupe sacerdotal, 336 ; le « jus
quatuor liberorum », 514. II. Recours ou renvois à sa Traduction annotée de
Suétone (1830, 1832, 1833, coll. Panck.), 73, 227, 229, 231, 239, 391.

Goltz (Robert-Henry-Louis, Cte de), ambassadeur de Prusse à Paris (1863)
puis de la Confédération de l'Allemagne du Nord. II. Cet organisateur de la
guerre de 1870 est cité par Mérimée comme « peu amusant » (!!), 424.

Goncourt (Edmond et Jules de). II. Un mot hautain d'écrivain-gentilhomme,
294 ; jugement sur Joubert, 428, 429 ; une pensée [dans « Idées et Sensations »
reproduite au « Journal », année 1859, p. 285] : « Il est indispensable pour
être célèbre d'enterrer deux générations : celle de ses professeurs et celle de
ses amis de collège — la vôtre et celle qui vous a précédé », 443. III. Fran-
chemont dans « Charles Demailly », 12.

Gondebaud, fils de Gondioc, roi des Bourguignons. III. Hérite au décès paternel, du pays de Genève, dépouille et met à mort ses trois frères, 293 ; la
vengeance du neveu Clovis, les malices de l'oncle G., 294 ; eut pour fils et
successeur Sigismond, saint du 1er mai, 296.

Gondemar Ier, fils de Gondioc, roi des Bourguignons. III. Hérita au décès
paternel, du pays de Vienne (en Dauphiné), est dépouillé et mis à mort par
son frère Gondebaud, 293.

Gondioc, 2e roi des Bourguignons. III. Partage en mourant ses états entre ses
quatre fils, 293.

Gruner, Jo. Fr., « Prolusiones III, in quibus loca aliquot Plinii explicantur », 1750, 1751, Coburgæ. — Pour mémoire.

Gruter, Jean. I. Ses notes dans le « Pan. » d'Arntzénius, 8 ; Pompeia Calpurnia Liberta, 47 ; l'inscription de Fecchio, 137. II. Textes douteux de P. J., 34, 385, 392, 400, 402, 403, 408, 411, 454, 456, 570, 573 ; recours à son « Corpus inscriptionum », 44, 220 ; un commentaire de P. J., 387 ; ses éditions et ses commentaires de P. J., 503, 505, 668, 669. III. Inscriptions espagnoles mentionnant un Voconius Romanus, 65.

Guarino, dit de Vérone (Guarin, Guarinus, Varinus). II. « Amico, amicissimo dell'Aurispa, e superbo e rico » (Suster), 661 (1).

Guérin, du Cayla (Eugénie de). III. Son « Journal » (Paris, Lecoffre), 230 ; aperçu d'un jugement de Doudan sur cet ouvrage que venait de publier M. Trébutien [Adde : rapprocher cette phrase (lettre à M. Paul de Broglie, 18 Nov. 1862) : « Il se pourra bien faire que les pédants trouvent le petit volume enfantin, mais ils auront tort » de p. 193, 196, Huysmans « A. Rebours » ; voir aussi « Amiel, Journal intime », t. I, p. 197, 198], 376.

Guérin du Cayla (Maurice de). III. Son « Journal » (Juillet 1832 — Octobre 1835), pages 3-126 de la dix-neuvième édition, 1890, Paris, Lecoffre, 230.

Guerle (Ch. Héguin de), traducteur de Pétrone (1834, 1835) et de Catulle (1837) dans la coll. Panck. II. Le vice « inhérent à toute magistrature qui n'est point par sa fortune et sa position sociale, au-dessus des exigeances du pouvoir qui la nomme et du public qui la paie », 96 ; la société romaine, au temps de Cicéron et de César, était demi-civilisée et demi-barbare, 339. III. Emprunt à sa notice sur Catulle, 393.

Guiche (Armand de Gramont, comte de). III. Dans son « Histoire amoureuse des Gaules », Bussy-Rabutin lui prête des mœurs honteuses, 344.

Guilland, A., [« l'Allemagne nouvelle et ses historiens » (Niebhur, Ranke, Mommsen, Sybel, Treitschke), Paris, Alcan, 1900]. II. Haut esprit tolérant, généralement impassible, n'a que le préjugé de l'étiquette gouvernementale, 185 ; dédouble Mommsen, 490 ; juge l'empire romain en républicain suisse, 651.

Guillaume, de l'Académie de Besançon. III. Emprunt (p. 8 et 9) à sa comparaison des lettres de Mme de Sévigné et de Voltaire [le style épistolaire de Mme de Sévigné est le seul auquel celui de Voltaire puisse être comparé], 349.

Guillon (l'abbé). III. Comment, dans les trois modestes pages que sa « Bibliothèque des Pères de l'Eglise » accorde à Sidoine Apollinaire, il juge le style de cet écrivain, 280 ; quand commence à se perdre l'usage de la langue latine, 298 ; le style d'Ennodius, 299.

Guise (Henri Ier de Lorraine, duc de). III. Son assassinat (1588) fait l'objet d'une lettre de Pasquier, 332.

Guitaut (Mme de), châtelaine d'Epoisses. III. Correspondante de Joubert (Octobre 1807 ; Novembre 1807 ; 12 Décembre 1807), 365.

Guizot. II. Intellectuel, 128 ; politique, 148 ; éditeur de Rollin, 575. III. Emprunte à Sidoine Apollinaire pour son « Cours d'Histoire moderne » « de » savantes pages, des peintures vives et animées, des tableaux pittoresques », 281 ; lettre que lui écrit Doudan (Broglie, 21 Mai 1838), sur la mort de Talleyrand, la maladie du g^{al} Haxo, Villemain dont « la critique plane au-dessus de tous les sommets », Lamartine (de « la Chute d'un ange »), imagination de géant, grossière, monotone et puérile, 375.

Guttemberg (Jean de). II. Inventeur de l'imprimerie, 659.

---

(1) Nous lisons dans la bibliographie de Platner, p. 14, n. 184. — « Sabbadini, R. » « M.S.S. latins possédés, découverts, annotés par Guarino de Vérone. Museo italiano di antichità classica. Vol. 2, puntata 2. »

Guyot de Villeneuve, bibliophile. II. Propriétaire du Pline de du Fresnoy, 511.

H

Haase, H. II. « Apud Plinium observ. » [Voir Engelmann-Preuss, p. 528 et Platner p. 11], 307. III. Rappel de ses travaux sur P. J., 514.

Halévy, Léon, l'un des traducteurs d'Horace, Panck. (1831, 1832). II. Recours à sa « Notice préliminaire », 129.

Halévy, Ludovic, membre de l'Académie française. II. Nommé (1884) au fauteuil de Sacy, 682.

Hall (Van). III. Son Esquisse littéraire de P. J., 515.

* **Hardy, E.-G.** I. L'auteur tire grand profit de son édition annotée du Xe livre de P. J., 11 ; les trois mariages de P. J., 45 ; la joie d'être père, 46 ; l'intérêt de l'argent, 57, 103 ; lectures de textes douteux : 64, 361, 381, 396, 401, 419 515 ; commentaires : 319, 338, 352, 354, 363, 364, 368, 369, 370, 374, 376, 378, 382, 383, 384, 385, 387, 388, 392, 394, 398, 399, 400, 402, 406, 407, 408, 410, 420, 421, 422, 423, 424, 509, 510, 514, 597 ; Le manuscrit perdu, 433-437 ; L'Authenticité des Lettres sur les Chrétiens, 442 [Voir aussi « Addenda », sous p. 419] II. Son édition annotée du Xe livre de P. J., 507, 511, 688, 691 ; un commentaire, 157 ; son numérotage du Xe livre P. J., 302 ; croit à la chronologie mommsénienne, 484, 486 ; renvoi à son paragraphe : « Autorités pour le texte », 509 ; ne doute pas de l'authenticité des lettres sur les chrétiens, 692. III. « Clarissimes et perfectissimes », 423 ; l'histoire de « Dominus », 464 ; Rappel de ses travaux sur P. J., 515.

Harles, G.-C. II. « Ciceronis Epistolarum libri IV..... cum select. quibusdam epist. Plinii », 507.

Harpocras, médecin égyptien « ex nomo memphitico », démarches que fait P. J. en sa faveur. I. 398, 399. II. 305, 353.

* **Haudebourt, L. P.**, architecte français [Voir Grasset, « Pline le Jeune », p. 73, n. 1 et p. 126]. III. Rappel de ses travaux sur P. J., 514.

Haussonville (Cte d'). III. Deux emprunts à son « Introduction » (Mai 1876) des « Lettres » de Doudan : 1. « Il serait difficile à qui n'en a pas été témoin de » se figurer la place occupée par M. Doudan dans la société qui fréquentait » habituellement le salon du duc de Broglie. S'il n'en était pas l'âme, il était, à » coup sûr, l'un des charmes les plus attirants. Ceux-là mêmes qui n'ont » fait que le traverser ont dû y remarquer, non sans curiosité, la physio- » nomie singulièrement aimable et spirituelle de ce commensal si discret, » mais si entouré, dont les visiteurs les plus illustres s'appliquaient à recher- » cher l'entretien particulier. » 2 « Le trait distinctif de M. Doudan c'était » la sûreté de son goût..... M. Doudan n'ignorait pas quelle juste autorité » on attachait, dans le cercle restreint mais distingué au milieu duquel il » vivait, à ses appréciations des œuvres contemporaines........ », 371, 372.

Haverzaat, Adf. Chr. I. « Vertheidigung der Plin. Briefe über die Christen gegen die Einwürfe Semlers » (8° Gottingen, 1788), 439.

* **Havet, Louis.** II. Eutychès, 141 ; recours et renvois à son ouvrage : « La prose métrique de Symmaque et les origines métriques du Cursus », 330, 332, 333, 692 ; le Riccardianus retrouvé, 499. III. Rappel de ses travaux sur P. J., 515 [V. Addenda].

Hearne, Thomas. I. Achète à Oxford une édition d'Avantius, 436. II. Ses éditions de « Epistolæ et Panegyricus, cum variis lectionibus et annotationibus. Accedit vita Plinii ordine chronologico digesta », 504 ; un commentaire de P. J., 522 ; textes douteux de P. J., 531, 571, 573.

* **Heatley, H. R.** [Selection from Pliny's Letters, London, Longmans]. I. La philosophie de P. J., 481 ; la réputation culinaire des grives chez les Romains,

482 ; le pardon des offenses, 523 ; traduction du mot « destricte », 524. II. P. J. dilettante du sport, 161 ; P. J. appréciateur de la nature, 168 ; le portrait de P. J. d'après ses lettres, 300 ; titre d'une lettre de P. J., 396 ; cite Suétone, 400 ; comprend « le dauphin d'Hippone » dans son recueil, 404 ; on n'est pas en droit d'affirmer que P. J. écrivait ses lettres en vue d'une publication 472 ; la sincérité de P. J. panégyriste, 627. III. Rappel de ses travaux sur P. J., 515.

Héguin de Guerle, Ch. Voyez « Guerle » (Ch. Héguin de).

Heineccius, J. Gotlieb. I. Dispute entre Népos et Celsus [« Adde. », il lui donne (loc. cit) la date du commencement de l'année Ch.. CI, U. C., DCCCLIV], 594. II. Renvoi à « Exercitatio XIII », 26 ; comment il qualifie Juventius Celsus, 98 ; son jugement sur Javolenus Priscus, 99. III. Commente, à la défense de Javolenus Priscus, la lettre I. VI, 15 de P. J., 32 ; Neratius Priscus, grand jurisconsulte, très apprécié par Trajan, 132.

Heinsius. II. Voit deux ouvrages différents dans le « De Grammatica » dont parle Pline l'Ancien (Dédicace, p. 17, Edit. Panck.) et les « Dubii sermonis octo » cités par P. J. (l. III, 5), 216.

Heinze, Ioh. Mich. II. « Zu Paneg. c. 74, Programm. », 673.

Held, Io. Christoph., « Observ. miscell. in. Plinii Panegyricum, Programm. II. 673. III. Rappel de ses travaux sur P. J., 513.

Held, Jul. I. Etude sur l'authenticité des lettres Pline-Trajan (Suiduicii 1835, Programm.), 439. II. Renvoi à son ouvrage « Ueber den Werth der Briefsammlung der jüng Plinius in Besug auf Geschichte der röm. Litteratur., 8° », 1833, Breslau, 148 ; renvois (d'après Ussing) à son ouvrage, 1835, Suiduicii, 352, 353, 354, 355, 356, 357, 359. III. La valeur littéraire de Maxime, 15 ; rappel de ses travaux sur P. J., 514.

Helias, évêque de Jérusalem. III. Correspondant d'Avitus, 294, 295.

Hélie (Faustin) — (et Chauveau). II. Théorie du code Pénal, 50.

Héliodore. I. Rhéteur, secrétaire d'Adrien, diffamé par ce prince, 497.

Helvidia major, fille d'Helvidius junior et d'Anteia, morte en couches. I. 460, 471, 472. II. 202.

Helvidia minor, fille d'Helvidius junior et d'Anteia, morte en couches. I. 460, 471, 472. II. 202.

Helvidia, tertia, fille d'Helvidia major. I. 460, 471, 472.

Helvidia, quarta, fille d'Helvidia minor. I. 460, 471, 472.

Helvidius Priscus. I. Gendre de P. Thraséas Pétus et d'Arria minor, époux de Fannia, 460 ; exilé par Néron, 147 ; loué par Hérennius Sénécion, et appelé par Rusticus Arulénus le plus vertueux des hommes, 199, 478 ; son attitude politique sous Othon, Vitellius, Vespasien, 464 ; conversation que lui fait tenir avec Vespasien le stoïcien Epictète, 465 ; renseignements fournis sur son compte par Suétone, 465 ; mis à mort sous Vespasien, 466 ; sa Vie écrite, sous Domitien, par Hérennius Sénécion et Fannia, 288, 474, 475. II. Encore sa biogr. écrite par Hérennius Sénécion, à la demande et sur les notes de Fannia, 59 ; fait dans le Sénat l'éloge de Cluvius Rufus (Tacite, « Hist. » l. IV, 43), 216, 218. III. Cité par Duruy, 3 ; Tacite (« Hist. » l. IV, 6, 10), mêle à son éloge un certain nombre de réserves, 102.

Helvidius, junior. I. Fils d'Helvidius Priscus, époux d'Anteia, 460 ; raille, dans une pièce de théâtre, Domitien qui le fait mettre à mort, 199, 470, 471 ; P. J. se rattache diplomatiquement à son souvenir, 479-480 ; « La Vengeance d'Helvidius », 79, 566-569. II Vengé par P. J., 33, 34, 35, 37, 56, 116, 279, 287, 383. III. Cité par Sacy, 75 ; encore « La Vengeance d'Helvidius », 88, 89, 199.

Helvidius, tertius. I. Fils d'Helvidius junior et d'Anteia, 460, 471.

Henley. II. Ecrit la biographie de P. J., en tête d'une traduction collective de ses œuvres, 674.

---

(1) Epist. et Pan. recensuit ac novis commentariis illustravit et tabulis geographicis auxit Chr. Cellarius ; quasdam notulas adjecit J. Chr. Herzog.

n° 88] auteur de : « Emendationes aliquot locorum in Plin. Epist. » (1739) et « Libri II emendationum in libros sex priores Epistolarum Plinii » (1751). I. Commentaires de P. J., 86, 87 ; textes douteux, 482, 504, 506. II. G. H. Schaeffer qui en fait le plus grand cas (voir sa Préface. Leipzig, Février 1805) et Lemaire ont fréquemment cité ses « animadversiones », 506 ; un commentaire de P. J., 105 ; deux textes douteux, 193, 392. III. Trois notes sous lettres de P. J., 9, 13, 14 ; commentaires de P. J., 116, 140.

Heyne, Christ, Gottlob. III. Renvoi à un passage de ses « Opuscula Academica » (Goett. 1785-1811), 414.

Hilaire (S), évêque de Poitiers. III. Correspondant de Symmaque, 241.

Hilarius, affranchi de Vitellius. II. Accuse (Tacite, « Hist. » II, 65) M. Cluvius Rufus d'avoir tenté « propriam potentiam et possessionem Hispaniarum », 217.

Hild, J. H. I. « La Vengeance d'Helvidius », 566. II. L'âme de P. J. est simple, 174 ; P. J. et les lettrés « qui n'ont rien dans le ventre », 184, 272 ; à qui s'adressent les compliments de P. J., 190 ; P. J. sans esprit critique, 192 ; P. J. et « le parti des Ducs », 202 ; l'esprit de P. J. sans envolées, 210 ; ce que peignent les « lettres » de P. J. et à quoi elles nous initient, 211, 275 ; impérieux besoin de P. J. de dire du bien de quelqu'un, 212 ; Silius Italicus, poète professionnel, 225 ; jugement de P. J. sur Martial, 184, 267, 271 ; P. J. et les écrivains amateurs, 273 ; la morgue de P. J., 273 ; P. J. reporter, 274 ; P. J. ouvre des perspectives sur la vie littéraire de son temps, 274 ; un jugement trop vague sur le tempérament de Cicéron, 363 ; Cicéron désire publier sa correspondance, 366 ; la tristesse des « lettres » de Cicéron, 367 ; la distinction naturelle de Cicéron, 381. III. Renvoi à son article sur le Clitumne dans la « Grande Encyclopédie » [contenant ce renseignement bibliographique : R. Venuti, « osservazioni sopra il fiume Clitunno », 1753, Rome], 20 ; rappel de ses travaux sur P. J., 515.

Hippia. II. Femme de Veiento, les avatars qu'elle lui fait subir (Juvénal, Sat. VI), v. 82, 113.

Hippocrate, le père de la Médecine. III. Nicolas Léonicène traduit en latin les « Aphorismes », son chef-d'œuvre, 320 ; cité par Pasquier, 328, 329.

Hirsch (La B** de).** I. Son opulente succession, 95.

Hirsch, M. C. II. « Spicilegium observationum ad Panegyricum Plinii « Diss. », 672, 673.

* **Hirt, A.** II. Reconstitue la villa toscane, 693. III. Rappel de ses travaux sur P. J., 514.

Hirtius, Aulus. II. Consul avec Pansa (43 av. J.-C.), lié à la fois avec César et Cicéron, 380.

* **Hispanus, Bæbius.** I. Son « Cursus honorum » ; P. J. lui demande un service pour Suétone, 491.

* **Hispanus, Fabius.** I. Complice de Classicus, exilé pour cinq ans, 579, 584.

Hispo Romanus. II. Délateur (Tacite, Ann. I, 74 ; XIV, 65), 52.

Hispulla, Calpurnia. Voyez « Calpurnia Hispulla ».

Hispulla, Corellia. Voyez « Corellia Hispulla ».

Hodgton, capitaine anglais de l'armée des Indes. II. Cité par Mérimée, 418.

Hoffa, J. II. « Plinius Lobrede auf den kaiser Trajan. Aus dem latein. übers mit einer einleitung u. erklär. », 674 ; recours ou renvois à cet ouvrage, 587, 590, 594, 596, 599, 601 III. Rappel de ses travaux sur P. J., 514.

Hoffmann, Wilhelm. « Contes, et Contes posthumes. » II. Cité par Collignon, 399.

Hofstee. II. Un texte douteux de Suétone, 229.

Holbrooke. I. L'hypothèse sur la date du décès de P. J., 341. II. Lettres choisies

de P. J. (Boston. Allyn and Bacon, 508) ; Isée, 161 ; la maison de P. J. à
Rome, 261 ; l'amitié de P. J. et de Martial, 267 ; le latin de Cicéron et le
latin de P. J., 339 ; P. J. est toujours clair, 341 ; divers recours ou renvois
à ses commentaires, 386, 396, 397, 404, 406 ; croit à la chronologie mommsénienne, 483, 486. III. Rappel de ses travaux sur P. J., 515.

Holm. II. Notes sur le Panégyrique, 515, 673. III. Rappel de ses travaux sur
P. J., 514.

*** Holstein, Hugo.** II. Ses deux Progr. sur la langue de P. J., 306, 692. III.
Rappel de ses travaux sur P. J., 514.

Homais. II. Le pharmacien d'Yonville, type créé par Flaubert (M⁽ᵐᵉ⁾ Bovary),
499.

Homer, H. II. « Epistolarum libri decem », 506.

*** Homère.** I. Cité par P. J., 94. II. Cité 15 (Attilius), 82 (P. J.), 83 (P. J), 149,
191 (P. J.), 224 (Nisard), 327 (P. J.), 433 (Bouillier), 448 (P. J.). III. Les
poésies d'Antonin et de Caninius évoquent son souvenir chez P. J., 250.

Homullus, Titius. I. Sénateur, ami de Calvisius Nepos, 527. II. Orateur et
-avocat, 108 ; orateur, 38 ; avocat, 84, 91, 92 ; P. J. qui le qualifie d'ami, ne
lui a point écrit, 91.

Honoratus, Vitellius. I. Compris dans la poursuite contre Priscus, 573, 574 ;
décède avant jugement, 575.

Honorius, empereur d'Occident. I. Étend à tous les époux, avec ou sans
enfants, la libre disposition de leurs biens, 319. III. Correspondant de
Symmaque, 241.

*** Horace.** I. Comment les jeunes romains portaient leurs cheveux, 42 ; chante
l'exceptionnelle antiquité de la famille de Mécène, 53 ; le « villicus », 78 ;
la devise des hommes d'argent, 91 ; le terme « verum » (dans Epist. l. I, 7),
94 ; « sacrosanctus, sanctus », 308 ; Auguste lui offre la place de secrétaire,
347 ; les vases neufs, 536. II. Son voyage à Brindes, 114 ; ses théories sur
l'intellectualité, 128-131, 137, 138, 140, 147, 149, 173, 188 ; se décerne sans
hésiter le Prix de Postérité, 130, 131, 142 ; ses goûts champêtres, 171 ; copié
par Passienus Paulus, 201, 202 ; « Horatii poetæ vita » (3 pages) attribuée à
Suétone, 238 ; enrichit la prosodie latine, 334 ; les coureurs d'héritages, 388 ;
« si quid.... scripseris.... nonum... prematur in annum — membranis intus
positis », 620 ; « Les Œuvres d'Horace. Trad. nouvelle ; Horace et son temps »
(J. Janin), 685 ; cité 141, 294, 330, 448. III. A traité (« Sat. » l. I, 3, v. 84)
d' « insanus » le grand jurisconsulte Labéon, qui avait à ses yeux le défaut
de n'être point « impérialiste », 30 ; Spurinna fait des emprunts multiples
à ses « Odes » (notamment à l. I, 29 ; l. II, 7 ; l. III, 1, 2), 44 ; Passienus
Paulus, au dire de P. J. « Horatium effingit » avec autant de succès
que Properce, 85 ; déclare ne point chercher le succès auprès des grammai-
riens et de leurs écoles, 239 ; Ausone fait allusion à « Odes » l. III, 19, 245 ;
P. J. [oubliant ce que le poète a dit Epist. l. I, 19 des « imitatores, servum
pecus »] fait un titre d'honneur à Passienus Paulus de copier H., 250 ;
« rotundus » style arrondi c. à. d. harmonieux, 258 ; compris par Doudan
dans sa « Bibliothèque des Burgraves de la littérature latine », 377 ; la
surabondance des poètes, 380 ; fuit les lectures publiques, 381 ; « foenum
habet [poeta] in cornu ; longe fuge... », 382 ; le poète riche, le poète à la table
ouverte et bien servie, l'auditoire qui se pâme, 391 ; cité par Grimm, 401 ;
Duruy rappelle cette pensée de H. que les choses entendues frappent moins
l'esprit « quam quæ sunt oculis subjecta fidelibus », 427 ; toute la vie de Lucilius se trouve peinte dans ses œuvres, 485 ; comparaison des opinions politiques de H. et de P. J., 487.

Hormisdas, pape (514-523). III. Correspondant d'Avitus et d'Ennodius, 294,
300 ; charge Ennodius de deux ambassades, 474.

*** Hortensius,** avocat rival de Cicéron [voir Charpentier, « Les Ecrivains
latins de l'Empire », p. 1-20]. II. 10. III. Cité par P. J. comme poète, 392.

J

Jal, A. II. Une signature de Sacy, 681.

Janet, Paul [« La Philosophie du bonheur », 5ᵉ Ed., Paris, 1880, Lévy]. II. L'auteur de « P. J. et ses Héritiers » se laisse entraîner par le charme de la forme et l'utilité du fond à faire une citation anormalement longue de cet ouvrage, 175-178.

* **Janin, Jules.** I. Le bâillement net, sonore, éloquent (« Les Petits bonheurs », 2ᵉ Edit., Paris, Morizot), 545. II. Les orateurs d'autrefois refont leurs plaidoiries après l'audience, 17 ; le forum silencieux, 26 ; l'éloquence devenue déclamation et sophisme, 29 ; les délateurs impériaux rattachés aux délateurs républicains, 52 ; Messalinus-Marat, 57 ; la superstition romaine, 82 ; aptitude des illustres Romains à l'universalité des sciences et des arts, 97 ; l'enseignement de Quintilien, 111 ; l'alliance des belles lettres et des affaires, 128 ; comment P. J. sut arranger et orner sa vie, 166 ; « notre ami » (P. J.), 236 ; emprunt aux « Mémoires de Martial » (dans « La Poésie et l'Eloquence à Rome »), 254 ; la prose de P. J. vaut les plus beaux vers, 399 ; la lettre I, VII, 27 modèle de toutes les histoires de revenants, 399 ; le « Panégyrique » jugé, et défendu contre Alfieri, 652, 657 ; ses divers travaux sur Horace, 685. III. Comment il accueillait les jeunes auteurs inconnus (Marc-Monnier, « Le Roman de Gaston Renaud », Paris, 1884, Calmann, Lévy, p. 279, 280), 86 ; un emprunt à sa Traduction de Gulliver. Paris, 1862, Morizot, 183 ; Pline roi de Côme, 506 ; rappel de ses travaux sur P. J., 514.

Janolini. II. A traduit quelques lettres de P. J., 515.

Jaurès, Jean. II. Ancien élève de l'Ecole normale, prétend déraciner l'esprit des latins (propriété, famille, religion, armée, patriotisme, lois, hiérarchie, discipline, bon ordre et liberté), tout en maintenant leur langue dans les Ecoles [Au contraire M. Jules Lemaître défend la tradition latine (notre passé plongeant en elle) mais estime une duperie de faire du latin (et du grec) le fond même de notre enseignement secondaire national], 136.

Jean. III. Patriarche de Constantinople, correspondant d'Avitus, 294.

Jenichen Gotti. Aug. « Dissertatio de Prisco Javoleno Jur. incomparabili et præcipuo seculi sui ornamento », 1734, Lipsiæ [Cf. Lindner]. Pour mémoire.

Jérôme (S.). I. Sa retraite à Calchis, 243. III. Emprunt à la préface du troisième livre « Commentariorum Zachariæ » (Collombet, « Mélanges de S. J. », Lyon-Paris, Périssé, 1842, t. III, p. 68, 69), 229 ; directeur de conscience, 230 ; le « doux » Pline [Ajouter « Mommsen, Etude P. J. », p. 74 ; « S. Jérôme fait » mention de Pline à l'année d'Abr. 2124 (ms. de Saint-Amand, 2125 — 108 ou » 109, p. Chr.) Plinius.... Secundus.... insignis habetur.... »] et le « grave » Fronton, 263 ; Nazarius et sa fille, 428 ; jugement sur les « XII Césars » de Suétone, 504.

Jhering [« Esprit du droit romain »]. I. Ce qu'était le droit pour les Romains, 539 ; le droit incompris des masses, 540.

Joachim (le Prince). Voyez « Murat ».

John (le Recteur). III. Les emprunts de P. J. à Tacite, 74, 77-79 ; l'origine tacitique du « Dialogue des Orateurs », 99 ; réfutation d'une opinion émise par Catanæus et adopté par Sacy, 103 ; rappel de ses travaux sur P. J., 516.

Jordan, Charles-Etienne, conseiller-privé du gr. Directoir français, Curateur des Universités et Vice-Président de l'Académie des Sciences de Berlin, issu d'une famille dauphinoise émigrée en Prusse après la révocation de l'édit de Nantes. L'un des favoris de Frédéric le Grand [qui rédigea son épitaphe : « Cy gît Jordan l'ami des Muses et du Roi »] et l'un de ses principaux correspondants (113 lettres). III. 353, 355, 356.

de Rome, deux fois consul. I. « Prætorii edicti ordinator [Edictum perpetuum] », 281 ; fait partie du Conseil d'Adrien, 322. II. Cité par Spartien, 98. III. Disciple de Javolenus Priscus, 30, 32.

Julie, fille d'Auguste. II. Son inconduite, 641.

Julie, fille de Titus, appelée par les Grecs « la nouvelle Junon. » I. Représentée sous les traits de la Clémence, 183 ; maîtresse de Domitien, meurt victime de ses manœuvres abortives, 192, 217.

Julien l'Apostat, empereur. I. Auteur de la satire « les Césars », 189 ; Titus, Domitien, Trajan dans « les Césars », 189, 200, 229. II. Alexandre, J. César, Marc-Aurèle, Trajan, même ouvrage, 622, 625. III. Claude, même ouvrage, 31 ; les actions de grâces de Mamertin le Jeune, consul, 414, 434-443, 446, 449, 452, 466, 468 ; sa mort, 443 ; la brièveté de son règne, sa très haute valeur, 463, 471.

Julien de Cappadoce. III. Sophiste dont Eunape (ch. VIII) a dit : « Il fut » en quelque sorte le « Roi d'Athènes », car la jeunesse entière affluait de » tous côtés vers lui, pleine d'admiration pour son talent oratoire et pour son » grand caractère », 168.

* **Junia**, vestale, parente de Fannia qui la soigne et meurt de sa maladie. I. 466. II. 312.

Junior, Terentius. I. P. J. lui envoie ses œuvres, 92 ; P. J. lui recommande d'être indulgent pour son fils, 518, 519. II. Un sage — un intellectuel, 172, 173.

Junot, duc d'Abrantès. III. Cité par Courier, 369.

Juret, François, chanoine de Langres. Utilisation de ses notes inédites sur P. J. I. 8. II. 669.

Juste-Lipse. I. Ses notes dans le « Pan. » d'Arnizénius, 8 ; Nicétès Sacerdos, 41. II. Voit Régulus dans le « Dial. des Orat. » (15), 78 ; cité par le Recteur Mézières, 510 ; son texte et ses notes du « Pan. de Trajan », 668, 670 ; recours ou renvois aux dites notes, 519, 522, 523, 526, 531, 539, 540, 545, 547, 548, 551, 570, 571, 616 ; la proposition que lui fait Modius, 667 ; ses notes dans le « Pan » de Stocker, 668. III. Conteste à Tacite « le Dialogue des Orateurs, 99.

Justin II, le jeune, neveu et successeur de Justinien. III. Chanté par Corippus, 472.

Justinien, empereur. I. Abolit le consulat, 312 ; les frais du consulat à son époque, 313. II. Son « Digeste », 103. III. Généralise une demi-mesure de Gordien et introduit dans la législation romaine (loi 22 C. de Jure deliberandi) le bénéfice d'inventaire, 136 ; l'usage de la langue latine commence à se perdre sous son règne, 298 ; Pasquier interprète ses Institutes (œuvre publiée pour la 1re fois en 1847 par Ch. Giraud), 332, 406 ; Corippus célèbre dans un poème en huit chants, Jean Troglita, son général, 472 ; son code comparé par Fontanes à celui de Bonaparte, 476 ; même à son époque, il n'y a point de succession pour les esclaves, 488.

Justus. Voyez « Fabius Justus » « Minucius Justus. »

* **Juvénal**. I. La coupe de la première barbe, 41 ; injuste pour les affranchis, 51 ; la fortune de Quintilien, 113, 211 ; Bérénice, 183 ; Domitien qualifié de monstre dégouttant du sang des Lamia, 192 ; la noblesse décimée, 195 ; il appartient au parti des perpétuels mécontents, 217 ; la séance du Turbot, 194, 217, 266 ; la complicité morale du peuple dans l'assassinat de Domitien, 218 ; les tribunats semestriels, 241 ; le côté déclamatoire de son talent, 553. II. Recours ou renvois à ses « Satires », 27, 31, 56, 57, 58, 62, 64, 65, 66, 93, 94, 95, 98, 99, 109, 110, 113, 146, 163, 252, 272, 390 ; la valeur de son œuvre, 273, 274 ; comparé à Martial, 240, 265 ; non cité par P. J., 119, 184 ; cité, 180 (Bender), 181 (Robert), 184 (Hild), 240 (Pellisson), 272 (Hild). III. Les femmes

de sa galerie impudique, 3 ; « læta... Clitumni pascua », 20 ; « magni delator amici — et cito rapturus de nobilitate comesa — quod superest... », 52 ; natif d'Aquinum, 54 ; les Grecs de Rome, 172 ; « mille pericula sævæ Urbis — Et Augusto recitantes mense poetas »,381 ; « Litteratorum egestas », 383 ; « scit [Maculonus] dare libertos extrema in parte sedentes — Ordinis, et magnas comitum disponere voces », 384 ; « Curios simulant et Bacchanalia vivunt », 405 ; ses colères r'publicaines, 490 ; comparé à P. J., 500, 502 ; est un Romain, 502.

Juventius Celsus. Voyez « Celsus Juventius. »

K

Karr, Alphonse. II. La propriété littéraire, 249.

* **Keil, Henri.** I. L'auteur tire grand profit de ses deux éditions de P. J. (1870 (1), 1876), 11 ; ses lectures de textes douteux de P. J. (Epîtres) : 58, 86, 87, 92, 103, 249, 251, 324, 358, 361, 364, 377, 381, 391, 396, 401, 406, 408, 410, 419, 469, 487, 493, 495, 504, 506, 515, 524 ; La lettre XVII de la Correspondance Pline-Trajan, dans ses éditions de 1870, 1876, 421 ; la valeur du Catanæüs de 1506, 483 ; tournée de P. J. dans la région pontine, 442 II. Ses éditions de P. J., 293, 302, 304, 472, 501, 507, 508, 509, 510, 618, 658, 672, 688, 692 ; recours ou renvois à son texte, 34, 72, 75, 105, 107, 160, 163, 166, 192, 193, 194, 198, 205, 308, 318, 356, 357, 358, 385, 392, 400, 402, 403, 408, 411, 454, 456, 472, 521, 523, 539, 543, 550, 570, 571, 572, 573, 611, 613 ; les manuscrits de P. J., 498, 499, 502, 663 ; « de Schedis ambrosianis rescriptis. Panegyrici Plinii commentatio » (Halæ, 1869) « Aurispæ epistula » (Halæ, 1870), 615, 658, 660, 667, 673. III. Etudes de son texte, 6, 7, 9, 10, 12, 13, 14, 35, 46, 49, 63, 103, 116, 117, 190, 197, 205, 208, 210, 222, 225 ; renvoi à sa préface de 1870 (p. xxxix, xliv), 413 ; rappel de ses travaux sur P. J., 514, 515.

Kestner. III. Der See Vadimo (P. J., 1. VIII, 20), Gym. Progr. 1855-1856, Detmold, 211 ; rappel de ses travaux sur P. J., 514.

Klowig. Voyez « Clovis. »

Kirchmayer (Kirchmajerus), **Geo. Casp.** II. Ses éditions du « Pan. » [voir sur celle de 1689 « ad emendatissimos codices » et enrichie : « commentario Lipsii » la « Notitia litteraria » de Lemaire p. 440, 441], 669.

* **Klussmann, Ernest** et **Binder, Guillaume.** II. Traduction allemande des « lettres » de P. J., 512 ; recours à cet ouvrage, 385, 390, 401, 403, 408, 411. III. Rappel de leurs travaux sur P. J., 514.

Koecher, J. C. II. « Epistulæ quædam », 1735 [Platner, p. 3, n° 109] — Voir Errata — 507.

Koehler, Fel. II. « De Plinii Minoris locis quibusdam interpret. et emendandis » (Programm), 307. III. Rappel de ses travaux sur P. J., 515.

Kramarczik. Jos. Imm. III. Sa dissertation sur l'auteur du « Dialogue des Orateurs ». Progr. 1841. Hagiopoli, 99, 514.

Krausius. II. Editeur de : « Epistolæ et Panegyricus cum notis germanis » (1738, Viennæ 8°), 505.

Kraut, K. II. « Prog. d. Seminars zu Schöntal », 306, 692 ; recours à cet ouvrage, 311, 312, 313, 338. III. Rappel de ses travaux sur P. J., 515.

---

(1) Voici pour le lecteur une petite indication qui complètera ce que nous disions t. II, p. 511 sur la valeur vénale des écrits pliniens. Après avoir personnellement utilisé un aimable et long prêt de la bibliothèque universitaire de Besançon, nous avions demandé en Allemagne, pour l'offrir à la bibliothèque de Côme, la grande édition de Keil, 1870. Cet ouvrage, « aujourd'hui d'une extrême rareté », nous a coûté 30 Marks.

L

Lepidus, M. Æmilius, membre, avec Octave et Antoine, du second triumvirat. II. Cité par divers commentateurs du « Pan. », 641.

Lerolle, Lucien. I. Le colonage plinien, 81, 82, 86, 90, 95 [Se reporter aux pages 61, 62, 63, 65, 76, 77, 78, 79, 643-646 de : Du colonage partiaire et spécialement du métayage. Paris, Chevalier-Marescq, 1888].

Leroy, J. II. « Selectæ C. Plinii Cæcilii Secundi Epistolæ, ad usum scholarum, cum notis », 507. III. Rappel de ses travaux sur P. J., 514.

Lesage, « Histoire de Gil Blas de Santillane. » III. L'Archevêque de Grenade qui laissait voir, au travers de toute sa piété, qu'il n'était pas auteur impunément, 290.

Le Tellier (Michel), père de Louvois. III. Correspondant de Bussy-Rabutin, 346.

Letronne, Jean-Antoine. [« Les monnaies grecques et romaines, 1817]. I. Evaluation du sesterce, 64 ; la valeur de l' « Aureus », 76. III. Le cens sénatorial calculé d'après ses « Tables », 63.

Lewal. III. Rappel de ses travaux sur P. J., 514, 515.

* **Lewis, J. D.** (1). Ses « Letters translated and annoted. » II. 512, 515 ; recours à cet ouvrage, 1, 604 et II. 157, 385, 386, 387, 388, 389, 391, 392, 397, 398, 399, 401, 402, 403, 404, 405, 407, 408, 409, 410, 411. III. Rappel de ses travaux sur P. J., 515.

Liberalis, Salvius [lire « Index Mommsen », p. 424, les trente-deux lignes fort intéressantes qui lui sont consacrées et dans Cucheval, « Eloq. ap. Cic. » (t III, p. 381, 382), deux inscriptions le concernant, une concernant sa mère]. I. Entre dans la Carrière sous Vespasien, 189 ; sa vengeance contre Norbanus Licinianus qui l'avait dénoncé sous Domitien, 586, 587 ; requiert la mise en accusation de tous les députés de la Bétique (aff. Classicus), 587. II. Orateur et avocat, 84, 108 ; rappel de son intervention dans le débat Classicus, 41, 42 ; défend Priscus, 84, 89 ; esquisse du personnage, 89, 90. III. Rappel de sa plaidoirie pour Marius Priscus, 96.

Liberius, patrice. III. Correspondant d'Ennodius, 299.

Libo Frugi [Voir Mommsen, Index, « Addenda » p. 432]. II. Orateur, 108 ; son intervention, au titre consulaire, dans le débat Classicus, 41, 42.

Libo Annius, consul, oncle de Marc-Aurèle. II. Cité par Capitolin et Catanæus, 41.

Libo ....., fils du précedent, sénateur gouverneur de Syrie. II. Cité par Capitolin et Catanæus, 41.

Libon. Voyez « Libo ».

* **Libri-Carrucci della Sommaia** (Guillaume B. I. T., C**), inspecteur des bibliothèques de France « nefandæ mémoriæ. » II. 499, 500.

Licinianus, exhorté par Martial (l. I, 50) « ad vitam rusticam et genialem ». II. Serait, suivant Mommsen, Licinius Sura, 269.

Licinianus, Pompeius Ferox. II. Consul cité par Borghesi et Mommsen, 41.

---

(1) Profitons du rappel de ce nom pour donner en note (omission des Addenda), afin d'être complet, la chronologie des diverses traductions pliniennes de langue anglaise [voir d'ailleurs Platner, p. 6, 7]. I. « Les Lettres », 1576, « Fleming », London (quelques lettres) ; 1711, 1726, « Toland », London (une quarantaine de lettres) ; 1715, « Brown », London (quelques lettres) ; 1724, « Warburton », London (quelques lettres) ; 1746, 1747, etc., etc., Melmoth revisé (1876) par Bosanquet ; 1751, 1752, etc. etc., « d'Orréry » ; 1872, « Church et Brodribb », London ; 1878 « Lewis » ; 1888, « Perkins », Cambridge (l. III) ; 1892, « Platner (quelques lettres). II. « Les Lettres et le Pan. » 1724, « Henley », London. III. « Le Panégyrique », 1664, 1686, « Stapylton », Oxon, London ; 1686, « Kennet », London ; 1702, « Smith », London.

Licinianus, Norbanus. I. Chef de la députation bétique dans l'aff. Classicus et consorts [« electus a provincia ad inquirendum, non tanquam bonus et fidelis, sed tanquam Classici inimicus. Erat ab illo relegatus »]; la double accusation dirigée contre lui, sa condamnation; son attitude après le verdict, 586, 587. II. Qualifié par P. J. de « malum pravumque ingenium », 300, 301.

Licinianus, Valerius. I. Sénateur, compromis dans l'inceste de la vestale Cornélie; exilé, 211, 213, 214, 215; n'a pas été victime d'une erreur judiciaire, 216. II. Avocat tombé au rang des rhéteurs, 83, 108, 113, 292, 301; poursuivi pour inceste, défendu par Sénécion, 71.

Licinius, affranchi de l'Empereur Claude. II Cité par Sidoine Apollinaire, 62.

Licymnie (Terentia, femme de Mécène (?). II. Horace (« Odes », l. II, 12) chante ses « fulgentes oculos », 147.

Liez, J., l'un des traducteurs du 2e vol. Horace. Collect. Panckoucke. II. Citation d'une de ses notes, 130.

Ligurinus, « nimis poeta » (Martial, « Epigr. », l. III, 44). III. 381, 382.

Lindner, Jo. Gottl. De Javoleno Prisco Jur. ad Plin. Epist. VI, 15, prolusio, 1770, Arnstad. — Pour mémoire.

Lion, H. I. L'auteur tire grand profit de sa thèse sur Pline, 12; brièveté excessive d'un de ses commentaires, 518. II. P. J. parlant littérature, 147; le repos studieux de P. J., 149; l'intellectualité de P. J. et son respect pour les belles-lettres, 150; propose P. J. à ses jeunes élèves comme modèle d'ardeur au travail et de bon emploi du temps, 166; les prédications littéraires de P. J., 183; une cinquantaine de pensées de P. J., 468; P. J. bienfaiteur de la jeunesse, 470; oublié par Platner, 693. III. « .... in epistola (III, 3) latinum rhetorem (græcos, et dona ferentes, timens) Julium scilicet Genitorem unice commendat (Plinius) ....., 203; rappel de ses travaux sur P. J., 515.

Lippmann. II. Extrait de sa déposition dans l'enquête Ribot, 456.

* **Livie (Livia Drusilla),** femme d'Auguste. I. N'était point parente de Galba, 161; son affection pour Galba auquel elle laisse un legs, 162. II. Ses lettres consultées par Suétone, 239.

Livie, dite **Livilla.** II. Petite-fille de la précédente; épouse de Drusus fils de Tibère, devenue la maîtresse de Séjan (Tacite Ann. IV, 3); songe à l'épouser et à régner avec lui; Phèdre ferait allusion (l. I, 6 « Ranæ ad solem ») à ce projet, 143, 144.

* **Livius Julianus,** patron d'Otriculum. I. Inscription lapidaire le concernant, 146.

Livineius, ou **Livineus, Jean.** I, Ses remarquables travaux sur le « Pan. » de Trajan, 8 et II. 667, 668, 672, 688. II. Textes douteux de P. J., 543, 570, 573; commentaires, 519, 522, 539, 547, 548, 551, 616.

Locher, Jacobus, Philomusus. II. Son édition du Pan. (1520) [cet ouvrage est indiqué par Platner que nous avons suivi (p. 668) comme imprimé à Strasbourg, mais il semble qu'on doive substituer « Norimbergæ » à « Argentorati », car nous lisons dans « la Notitia litteraria » de Lemaire (p. 422) : « impressum Norimbergæ per Fredericum Peypum »; ce que reproduit l'index bibliographique, consciencieusement dressé, de l'édition P. J., 2 v. Pomba, 1828, mentionnée à notre page 506], 668.

Loeb. I. Bérénice, 183.

Longhena. II. On trouve dans ses œuvres quelques traductions de lettres de de P. J., 515.

Longhi. Voyez « Piovano et Longhi. »

Longolius. Voyez « Corlius et Longolius. »

Longus. III. L'auteur de « Daphnis et Chloé »; Courier a publié un fragment inédit de ce roman, et revu la traduction française d'Amyot, 370.

Orelli], frère de Domitius Tullus, fils adoptif de Domitius Afer, gendre de Curtilius Mancia. [Sur son « Cursus », voir Mommsen, Index]. II. Cité par P. J., 408, 409.

Lucceius, L., « pompéien », politique intermittent et écrivain. II. Ses tripotages pour obtenir le consulat (Cicéron, Suétone), 374 ; Collignon rappelle la lettre que lui adressa Cicéron pour le prier d'écrire l'histoire de son consulat, 426. III. Cicéron lui demande (Mai 697) une place « d'ami » dans son œuvre historique (.... « amorique nostro, plusculum etiam quam concedat veritas, largiare ») [Lucceius défèra à la prière] ; 72, 77.

Lucens. II. [Voir Martial, Panck. t. I, note, p. 341] qualifié par Martial de « doctus », 250.

* **Lucien,** de Samosate. I. La malpropreté des philosophes, 247. II. Cité par Pierrot et Collignon, 75, 388, 400. III. Les philosophes chevelus et braillards, 2 ; Léonicène traduit ses « Dialogues », 320.

Lucilius, C., le plus ancien poète satirique latin. III. Cité par Horace, 485.

Lucilius « né dans une condition médiocre, s'éleva au rang de chevalier romain » et devint intendant de Sicile. » Sénèque lui adréssse, sous forme de Lettres, un cours de Morale. II. 139, 156, 173. III. 230, 322.

Lucille, Fille de Marc-Aurèle. II. Mariée contre son goût, 112.

Lucrèce, le poète [« De natura rerum »]. II. P. J. fait allusion à l. I, vers 831, 832.... « patrii sermonis egestas », 193 (1). III. Compris par Doudan dans sa bibliothèque des Burgraves, 377.

Lucrèce, la chaste épouse de Tarquin Collatin. II. Martial donne ce surnom à sa première femme, 263.

Lucullus, L. Licinius. II. Archias avait chanté ses victoires sur Mithridate, 122, 123 ; Memmius s'oppose à son triomphe, 376.

Lucullus, M., frère du précédent. II. Mari malheureux, 376.

Ludewig, Ant. II. « Quomodo Plinius major, Seneca philosophus, Curtius Rufus, Quintilianus, Tacitus, Plinius minor particula quidem usi sint (Prager philol. Studien, hsgb. von O. Keller. III Heft, 507. III. Rappel de ses travaux sur P. J., 515.

Ludovicus, Godofr. II. « Plinii Panegyricus cum exercitatione Godofr. Ludovici ad eum », 670.

Luenemann (Lünemann), **G. H.** II. « Epistolæ ad opt. editio. fidem scholarum in usum ed. G. H. L. Gottingæ, Denerlich », 507. III. Rappel de ses travaux sur P. J., 513.

Luminosus, III. Le « Voconius » d'Ennodius, 299.

Lupercus. II. Martial lance contre lui « Epigr. » l. I. 118 — 250.

Lupercus [généalogie inconnue]. II. Cité par Morillot, 10 ; profession de foi littéraire que P. J. lui adresse, 14, 482 ; l'opinion qu'il paraît avoir eue de l'éloquence écrite de P. J., 20. III. Lettré de goût sûr, 388.

Lupus. « Pauper amicitiæ » [Martial, l. V, 66 ; l. IX, 3 ; l. XI, 18]. II. 253.

Lupus Nymphidius, père. I. « Præfectus cohortis milliariæ », camarade de P. J. en Syrie, 249, 250 ; emmené par P. J. en Bithynie, 251.

Lupus Nymphidius, fils. I. Préfet de cohorte très bien noté par Julius Ferox et Fuscus Salinator ; recommandé à Trajan par P. J., 251.

Lurago (Amuzio de). III. On lui attribue les deux statues de P. J. et de son oncle, sur la façade de la cathédrale de Côme et les sculptures des linteaux, 503.

---

(1) Note omise aux Addenda : Cf. les vers de Lucrèce « Sed dum abest, quod avemus...,.. (l. III, 1095 et suiv.) à la pensée 13 de P. J., t. II, p. 432.

Lustricius Bruttianus. Voyez « Bruttianus Lustricius ».

Luther. III. Revêt d'éloquence les bégaiements de la foule, 315 ; Pomponius Lætus (avant sa conversion) est qualifié : l'un de ses précurseurs, 320 ; Erasme et L., 325.

Lycoris. II. L'amie au « mauvais œil » (Martial), 263.

Lycormas, affranchi de Trajan. I. Ses démêlés avec le roi Sarmate, 422-421.

Lysias, orateur athénien [dont il nous reste 33 discours]. III. Cité par P. J., 97.

Lytton (Sir Edward Bulwer), auteur de : « Les derniers jours de Pompéi. » Robert (« Lettres choisies de P. J », p. 92) rapproche de P. J., l. VI, 20, la page 329 de B. L. trad. franç., 1883, Hachette ; ajouter page 303 où le romancier anglais cite et paraphrase P. J. III. 122.

M

Mabillon (le père Jean). II. Olleris commente divers passages et réfute diverses assertions de son « Traité des Etudes monastiques », 149.

Mably (l'Abbé), (« Observations sur les Romains », Edit. 1751, p. 290, 291). III. L'armée romaine après Dioclétien, 218.

Macaulay. « Histoire de l'Angleterre depuis Jacques II ». III. Qualifié par Doudan de « câble orné de fleurs », 376.

Macé, Alcide. II. Titinius Capito, 209 ; confusion séculaire entre les deux Pline, 215, 216 ; date de la naissance de Suétone, 227 ; pourquoi Suétone porte un intérêt spécial aux Chevaliers, 229 ; sens de scholasticus, 230 ; Suétone grammairien, 230, 237, 238 ; commentaire de P. J., l. III, 8, 230, 231 ; la première publication de Suétone, 232 ; Suétone « camarade » de P. J., 234 ; Suétone ne fut pas un « rhetor », 237, 238 ; mérites secondaires, mais incontestables de Suétone, 240, 241 ; la prose métrique de Suétone, 330, 333, 692 ; la chronologie mommsénienne, 474, 482.

* **Macedo, Larglus** ou **Larcius,** « vir prætorius ». I. Maître « superbus et sævus » ; vengeance de ses esclaves, 440. II. Son assassinat annoncé par un présage funeste, 236, 292 ; jugement que P. J. porte sur lui, 301, 302.

* **Macer, Bæbius.** I. Ami de P. J., 120 ; son « Cursus honorum », ses goûts, ses affections, 127, 128 ; ses votes dans les aff. Marcellinus et Bassus, 502, 591. II. Orateur et intellectuel, 107, 208 ; rappel de son opinion dans le débat Bassus et comment P. J. la juge, 42, 43 ; Nissen rapproche de P. J., l. V, 8, la lettre (l. III, 5) que lui écrit P. J., 208, 209. III. P. J. lui envoie le catalogue des œuvres de son oncle, p. 109 et suiv.

* **Macer, Calpurnius,** « legatus Mœsiæ inferioris (anno 112). I. P. J. lui demande, avec l'autorisation de Trajan, un ingénieur pour son canal de Nicomédie, 370, 373. II. Elève en Mésie un monument à Trajan, 393.

Machiavel, Nicolas. II. Renvoi au l. I, cap. VIII de ses « Discours politiques » : « autant que les accusations sont utiles dans une République, autant les » calomnies y sont-elles pernicieuses », (Edit. Paris, Volland, 1793), 27 ; Mérimée fait allusion à son ouvrage « machiavélique » « Le Prince », 445. III. La Fontaine (Contes) imite sa « Mandragore » et son « Belphégor », 407.

* **Macrinus, Minucius.** I. Ami de P. J., 120 ; gendre de Serrana Procula, époux d'Acilia, 129 ; père de Minucius Acilianus, 130 ; ses mérites et sa modestie, 130. II. P. J. lui soumet un cas de conscience (après l'avoir tranché), 474.

Macrobe. I. Appelle P. J. « Plinius Secundus », 29 ; « bulla aurea, bulla scortea », 33 ; la chute de la première barbe, 41 ; les mois de Septembre et d'Octobre recouvrent leurs noms après la mort de Domitien, 202. II. Jugement sur P. J. dans la théorie des quatre éloquences, 9, 10, 20 ; traduit coll. Panck. par Dubois, 22 ; a-t-il confondu les deux Pline ?, 215. III. (Sat. l. V, 1), les

« quatuor genera dicendi » représentés par Cicéron, Salluste, Fronton et P. J.
— Symmaque. Fronton a le « genus siccum » [Voir Philibert-Soupé, p. 123,
n. 3), 239.

* **Magherini-Graziani** (1). III. Rappel de ses travaux sur P. J., 515.

Magius. II. La pænula [cité par Panck., Tacite, t. VI, p. 401], 88.

Magnus, successeur d'Eustorgius sur le siège épiscopal de Milan. III. Correspondant d'Avitus, 294.

* **Magoun (D' H. W.).** II. Son plan de la villa laurentine, 693. III. Rappel de ses travaux sur P. J., 516.

Maï (le Cardinal Angelo). II. « ..... folia tria pliniani Panegyrici (Palimpseste de Bobbio) », 657, 658, 667, 673, 688. III. Ses découvertes de fragments de Fronton, 232 ; le génie de Fronton et la chasteté de sa plume ,240, 398 ; rappel de ses travaux sur P. J., 513.

Maillet-Lacoste, professeur. Correspondant de Joubert (22 Avril 1810) qui le présente et le recommande à Châteaubriand (Septembre 1819). III. Page d'entête des « Principaux correspondants » et 364.

Maine de Biran. III. Son Journal (1794 mai-1824) édité sous le titre de « Pensées » par Ernest Naville (1857, Cherbuliez, Paris-Genève), 230.

Maintenon (Mᵐᵉ **de).** I. Son rang à la cour de Louis XIV, 176. III. Jugée par Louis XIV, avant et après Barège, 298 ; jugée par Doudan, avant et après sa fortune, 372.

Maire, bibliothécaire de l'Université de Paris. I. L'auteur très reconnaissant de son accueil, 15.

Maistre, Joseph (de). III. Comment, selon Doudan, il défendait l'humilité chrétienne, 375.

Maistre, Xavier (de). II. Un bon fauteuil, de bons livres, de bonnes plumes, un bon lit (« Voyage autour de ma chambre », III, V, XIV), 161, 162, 461 (2). III. Aimait singulièrement à méditer dans la douce chaleur de son lit, 278.

Maius Junianus, « parthenopæus rhetor publicus. » II. Publie : « summa cura, summaque diligentia » « Plinii Epistolæ » (petit in-folio) qu'imprime Matthias Moravus « vir singulari ingenio et arte », 502.

Majorien, empereur d'Occident. III. Pardonne à Sidoine Apollinaire qui, après avoir défendu Lyon contre ses troupes, le célèbre en vers ainsi que Récimer, le Monk de l'époque ; élève son panégyriste à la dignité de comte et lui confie divers emplois à sa cour ; est déposé à Tortone et mis à mort, 257.

Malatesta (les), noble famille italienne qui (XIII, XIV, XVᵉ siècles) régna sur Rimini et une partie de la Romagne. II. Propriétaire du « Codex Malatestianus, 662.

Malavolti, G. U. II. « Panegirico fatto volgare. » (Roma. Zanette), 674.

Malesherbes (Guillaume Lamoignon de). II. Bienfaits et bienfaiteurs, 262. III. Ses « Remontrances », la noblesse et la droiture de son caractère, 475.

Malfilâtre, Ch.-L., auteur du poème « Narcisse dans l'île de Vénus. » II. Sa mort prématuré et malheureuse, 252.

Malherbe (François de). II. Cité (Collignon), 386. III. Descartes dit le Malherbe » de la prose, 334.

Mamercus. III. Candidat poète, raillé par Martial, 384.

Mamert (S.), archevêque de Vienne. III. Correspondant de Sidoine Apolli-

---

(1) M. Magherini-Graziani a bien voulu nous demander (30 Juin 1902 communication des épreuves d'imprimerie de notre Intermezzo pour les utiliser dans sa « bibliografia storica di Città di Castello. » Nous avons été flatté de ce recours d'un érudit aussi distingué, à un amateur aussi inconnu.

(2) Au sujet de P. J. « aimable anachorète d'une soirée. »

Marcellotto, Leonardo. II. « Panegirici tradotte di latina in volgare » (Venezia, Zatta), 674.

Marcellus, Cornelius. Voyez « Cornelius Marcellus. »

Marcellus, Eprius. Voyez « Eprius Marcellus. »

Marcellus, Marcus-Claudius. I. Vainqueur des Gaulois 222 av. J.-C., conquiert Milan, Côme, etc. et réduit la Gaule cisalpine en province romaine [voir Jove « Hist. Patr. », l. I, p. 5, Edit. Fossati], 23.

Marcellus, Marcus-Claudius, de la famille du conquérant de Côme. II. Pompéien, consul 51 av. J.-C., exilé, puis rappelé par César à la prière du Sénat ; Cicéron prononce le discours dit « Pro Marcello » pour remercier le dictateur, 608.

Marcellus, Neratius, frère de Neratius Marcellus Priscus. I. D'abord favori d'Adrien, puis contraint de se donner la mort, 495, 497.

Marcellus Neratius Priscus. Voyez « Priscus Neratius Marcellus. »

Marcellus. III. Sénateur, avocat du fisc, auquel Cassiodore écrit sous le nom de Théodoric, 313.

Marcia [Marcia Catonis. Luc. Phars. l. II, v. 343, 344] II. Mariée à Caton d'Utique, cédée jeune et pauvre au millionnaire Hortensius [Plutarque « Vie de Caton d'Utique », c. 29 et Sidoine Apollinaire, l. II, 10] reprise, Hortensio mortuo, vieille et riche [César, « Anti-Caton »] par son premier mari l'archétype de ces tartufes du stoïcisme qui encombrent, à la fin de la République et aux débuts de l'Empire, l'histoire politique de Rome, 385.

Marcia. III. Concubine de Commode qui l'empoisonna [voir Duruy, t. VI, p. 24, 25]. M. Charles Lenormant lui attribue une améthyste du cabinet de France, 184.

Marciana. II. Sœur de Trajan, mère de Matidie senior, aïeule de Sabine et de Matidie junior, 545.

Marcianus, sénateur et avocat. III. Correspondant d'Ennodius, 299.

Marc-Monnier. I. Les cubicula de Pompéi [« Pompéi et les Pompéiens »], 115. III. Allusion à son « Roman de Gaston Renaud », 86 ; citation de : « Pompéi et les Pompéiens » (« Abrégé », Paris-Hachettte, 1873, p. 265), 123.

Marcius, P. I. Astrologue mis à mort après le complot de Libon Drusus, 555.

Marcus (?). II. Affranchi de P. J., « non illitteratus », 400.

Mariana (Le Père). I. Le parlement de Paris fait brûler son livre « de rege et regis institutione », 547.

Marie-Thérèse d'Autriche, épouse de Louis XIV. II. Bossuet prononce son oraison funèbre, 632.

Mariette, Jean [« Traité historique des pierres gravées du Cabinet du Roi » (1730)]. III. Publie sous le nom de Sapho une améthyste du cabinet de France, 184.

Marillac (de), seigneur de Ferrières, conseiller du Roi et maître ordinaire en sa Chambre des comptes de Paris. III. Correspondant de Pasquier, 331.

Marinus, Posthumius ou Postumius. I. Médecin de P. J. qui sollicite Trajan en faveur de sa famille, 509. II. Classement par Keil de la lettre que P. J. écrit pour lui à Trajan, 305.

Marius, Caius. II. Archias chante ses victoires sur les Cimbres, 122, 123 ; cité par Martial, 246 ; sa lutte avec Sylla, 367 ; cité par divers commentateurs du « Pan. de Trajan », 641 ; cité par Alfieri, 654. III. Discours (le plus beau de Salluste) que lui prête (85) l'historien de : « Bellum Jugurthinum » — rappelé par Ausone, 444.

Marius ou Martius « placitus nobilibus viris. » III. Spurinna lui dédie ses « Adieux aux Honneurs et à l'Ambition », 45.

l'époque de la légation bithynienne, 692. III. « In prætoris officio, 39, 40 ; P. J. recommande Voconius pour le tribunat militaire, 61 ; le Calpurnius Fabatus de Tacite est-il celui de P. J. ? 182 ; où se trouvait P. J. quand il délivra des passe-ports à Calpurnia, 223.

Maternus, Curiatius. I. Avocat-poète, qui donne la réplique à Aper dans le « Dialogue des Orateurs », [Voir Cucheval, « Eloq. ap. Cicéron », t. I, p. 196, 197, t. II, p. 199-201], 558. III. Eloges qu'Aper décerne à son éloquence, 100 ; P. J. fait songer à lui, 104.

Mathan, prêtre de Baal, conseiller d'Athalie. III. Le Joad de Racine (« Athalie », acte I, v. 291-293), prie Dieu de le confondre dans ses conseils ; cette intervention divine trouvée dans Pacatus, 454.

Mathon, « Matho defecit », avocat, chevalier d'industrie, [le déclamateur frénétique, le puriste de Martial, l. IV, 81, l. X, 46 (?)]. II. 94.

Matidia, senior. II. Fille de Marciana, nièce de Trajan, 545.

Matidia, junior. II. Fille de la précédente, 545.

Mattaire, Mich. II. Epistolæ. Londini. Tonson. [Voir la note de Platner, p. 3, sous n° 93], 505.

Mau. III. Ne voit qu'une serre dans le prétendu « auditorium » de Mécène, 380.

Maufras, Ch.-L., traducteur de Vitruve dans la coll. Panck. (1847). I. Les exèdres, 399.

Maupéou (René-Nicolas de). II. Ses magistrats-colonels, ses colonels-magistrats, 97 ; fait rédiger ses harangues par Lebrun, 222 ; ses magistrats-fonctionnaires, 223.

*** Mauricus, Junius.** I. Frère de Rusticus Arulenus, exilé par Domitien, rappelé par Nerva, 199, 287 ; sa réponse brutale à Nerva, 227 ; son intransigeance, 285 ; appelé au Conseil de Trajan, 322, 328 ; demande ⟨Tacite « Hist. » IV, 40), après la mort de Néron, la communication des « commentarii principales », 516 ; prie P. J. de chercher un mari pour sa nièce, un précepteur pour ses neveux, 519-523, 525, 527. II. Rappel de sa motion tendant à la faculté pour le Sénat de compulser les archives impériales ; 32 ; auteur de la légende de « Véiento délateur », 66, 67 ; ne peut ouvrir la bouche sans dire une sottise, 100. III. Demande qu'on supprime les jeux à Rome, 3 ; le rôle que lui fait jouer P. J. dans la tentative de réconciliation de Régulus, 39, 40 ; son passé, son caractère, sa médiocrité, les arrière-pensées de P. J., 49-52.

*** Maupassant (Guy de).** III. Extrait de l'Etude sur « le Roman » (préface de « Pierre et Jean », pp. xxv, xxvi, 14e Edit. 1888, Paris-Ollendorff), 516.

Maupertuis (P.-L. Moreau de), Président de l'Académie de Berlin. III. Correspondant de Frédéric-le-Grand, 354.

Maxence, fils de Maximien Hercule. III. Le IXe Panégyrique des « Panegyrici veteres », célèbre la victoire de Constantin sur ce tyran odieux et cruel, 414 ; Nazarius rappelle qu'il se noya dans le Tibre et que sa tête figura dans le cortège triomphal du vainqueur, 432.

Maxime. Voyez « Maximus. »

*** Maximien Hercule**, empereur. III. « Panegyrici veteres » le concernant, 414 ; les panégyriques de Mamertin l'Ancien, 415-422, 435, 465, 467 ; son nom dans le Panégyrique d'Eumène, et au sujet du panégyrique de Nazarius, 427, 4 8.

Maximilien. [T. III, p. 395]. Voyez « Mamilien. »

Maximinus, Fabius. II. Lu par Titze et Keil, P. J., l. IX, 13, au lieu de « Fabius Postumius », 34.

Maximus. I. L'un des assassins de Domitien, 201.

Maximus. III. Meunier de Nicomédie, 14.

Maximus, évêque de Genève. III. Correspondant d'Avitus, 294.

Maximus, Appius. III. Proconsul (?) de Domitien en Bithynie [Mommsen, Ind. Keil, voit en lui le Norbanus, vainqueur de Lucius Antonius Saturninus, chanté par Martial, « Epigr. », l. IX, 85], 14.

Maximus, Anicius, proconsul de Bithynie, met un impôt sur les décurions censoriaux. I. 405 ; III. 14.

Maximus, Claudius. III. Philosophe stoïcien, professeur de Marc-Aurèle [voir Pierron, « Pensées » de Marc-Aurèle, p. 60, Charpentier, 1878, 3e Edition], 178.

Maximus, Cotta, frère de Cotta Messalinus, avocat, fils d'avocat et poète. III Correspondant d'Ovide exilé, 395.

Maximus, M' Laberius. I. Consul réitéré avec Trajan (en 103, [« suspectus imperio », sous Trajan, fut exilé dans une île ; on conseilla à Adrien, qui ne suivit pas ce conseil, de le mettre à mort. Spartien, « Vie d'Adrien », 5], 496. III. Aurait été suivant Mommsen [Index, p. 416] légat de Mésie et aurait en pour esclave Callidromus [voir t. I, p. 426, n. 2], 14.

Maximus, Magnus, tyran des Gaules, livré à Théodose par ses soldats et massacré. III. Pacatus félicite le vainqueur, 414, 448-455, 471.

Maximus, Marius, historien, dont l'œuvre est perdue, fréquemment cité par tous les écrivains de l' « Histoire Auguste », sauf « Trébellius Pollion » ; certains contemporains d'Ammien Marcellin se piquaient de ne lire que lui parmi les historiens et Juvénal parmi les poètes. II. 241.

* **Maximus, Messius.** I. Ami de P. J. fera l'objet t. III d'une étude spéciale, 120. II. Rappel de notre publication de 1898 — 22 ; l'épigramme l. I, 8 que lui adresse Martial de « columba Steltæ », 269 ; écrit toujours, ne publie jamais, 199 ; le plus favorisé en nombre des correspondants de P. J., 367, 487 ; diverses lettres que lui écrit P. J., 171, 284, 426, 451, 469, 476, 488 ; renseignements sur lui (Dupré), 487 ; renvois à l'Etude le concernant dans le troisième volume, 72, 174, 199, 488. III. L'auteur propose de lui attribuer toutes les lettres de P. J. portant le nom de Maximus, comme destinataire, 4, 12-15 ; sa correspondance avec P. J., sa biographie, son caractère, etc., 107, 126-179 ; rappelé au sujet de Politien, 320.

Maximus, Nonius ou Novius. III. Lu par Catanæus et Keil l. IV, 20, au lieu de « Maximus » (Alde, Schæffer), et par Keil, l. V, 5 au lieu de « Maximus » (Catanæus, Alde, Schæffer).

Maximus, Térentius. III. Procurateur de Domitien à Pruse, 14.

Maximus, Ulpius, affranchi, sous-procurateur de Trajan en Bithynie, va faire des approvisionnements de blé en Paphlagonie ; P. J. lui délivre un certificat élogieux. I. 365, 425, 427. III. 14.

Mayor, John, E. B. [Pliny's Letters, Book III, with commentary]. I. Une note sur le texte de P. J., 503. II. Une pensée de Leibnitz rapprochée d'une pensée de Pline l'Ancien, 463 ; son ouvrage (37 pages de texte, 153 pages de commentaires), 507, 508. III. Rappel de ses travaux sur P. J., 515.

Mazarin, (Hortense Mancini, duchesse de). III. Portrait tracé par Saint-Evremond (« Œuvres mêlées », 1re partie, p. 193-199, Paris, 1697, Barbin) de : « la seule femme pour qui l'on puisse être éternellement constant et avec laquelle on se donne à toute heure le plaisir de l'inconstance », 350, 351.

Mécènas. Voyez « Mécène. »

* **Mécène.** I. Tient à rester chevalier, 53. II. Comment il s'amusait dans le voyage à Brindes, 114 ; homme d'Etat intellectuel (Janin), 128 ; protecteur d'Horace, 171 ; Suétone parle à peine de lui (Nageotte), 240 ; son nom synonyme de bienfaiteur des lettres, 243 ; le Chevalier Martial évoque fréquemment le souvenir du Chevalier Mécène, 255 ; ses vers répugnants traduits par La Fontaine, 410, 411. III. Son « salon » et son « auditorium », 380.

---

(1) Nous trouvons encore dans Platner, p. 13, sous le n° 139. : « Melmoth, W. — The translator of Pliny's Letters vindicated from the objections of Jacob Bryant to this Remarks respecting Trajan's persecution of the Christians in Bithynia, in-8°, London, 1794; in-4°, Bath., 1793. »

Mérimée, Prosper. I. Très fier d'être invité à Biarritz, 323; a trop d'amis, 449. II. Esquisse biographique et épistolographie, 362, 363, 364, 381, 412-424, 425, 427, 428, 490; lectures conseillées à une inconnue, 367; Libri victime des Jésuites [voir Filon « Mérimée », p. 114-116], 499.

Merivale. II. Comment écrit Silius Italicus, 225; P. J., type du gentleman romain, 298.

Merkel, Geo. Nic. « Observ. in Plinii », l. VIII, 24 [lettre à Maxime sur le gouvernement de l'Achaïe] 1782, Altdorfi — Pour mémoire.

Merobaudes, Flavius. (« Niebuhr. Merobaudis carminum orationumque reliquiæ ex memb. Sangallensibus. » San-Galli, 1823, in-8°). III. Clarissime général des troupes romaines en Espagne, gendre du patrice et consul Asturius, auteur de panégyriques (en vers) sur le troisième consulat d'Aetius, pour son fils, pour Valentinien III, 472.

Mésnardière (Hippolyte-Jules, Pilet de la) (1610-1663), médecin du Cardinal de Richelieu, puis de Gaston d''Orléans, maître d'hôtel du Roi, puis lecteur de la chambre, membre de l'Académie française. II. Traduit les trois premiers livres des épitres de P. J., 512; sa paraphrase du Pan., 674, 675; recours à cet ouvrage, 517, 521, 522, 675; [Autres ouvrages : Traité de la mélancolie (1635); Raisonnement sur la nature des esprits qui servent au sentiment (1638); Poétique sur la tragédie et l'élégie (1640) avec une suite (même année) « Le Caractère élégiaque »; deux tragédies (1642, 1643) : « La Pucelle d'Orléans », Alinde; poésies françaises et latines (1656)].

* **Messala** (ou **Messalla**) **M. Valerius Corvinus.** II. Silius (l'époux adultère, l'amant de Messaline), la majorité sénatoriale et Tacite (Ann. l. XI, 6, 7) résument ainsi sa carrière : « parvenu aux plus hauts honneurs par une vie aussi pure que son éloquence »; ce que répondent Suilius, Cossutianus et ceteri citant des faits non-démentis, 27. III. L'ancêtre de nos jacobins qui après s'être fait tatouer comme Bernadotte (« républicain jusqu'aux entrailles — la liberté ou la mort »), mouraient préfets et barons de l'Empire; on a quelquefois attribué à ce renégat [M. Cucheval l'appelle « un honnête homme! »] la paternité du « Dialogue des Orateurs », 99; ses « polissonneries », 392. [Voir la notice que lui a consacrée Dubois, 1843, coll. Panck. « Ad Octavianum Augustum de progenie sua libellus »].

Messala (ou **Messalla**) **Vipstanus.** II. Frère utérin du délateur Aquilius Regulus, 53, 78; défend son frère, 53; historien, 53; interlocuteur du Dialogue des Orateurs, 53, 78, et III. 100.

Messala. III. Fils cadet de Faustus, l'un des correspondants d'Ennodius, 299.

* **Messaline, Valérie,** femme de l'Empereur Claude. II. Ses déportements, ses crimes, sa fin, 641.

Messalinus, Catullus, délateur sous Domitien. I. 199, 227 et II. 52, 53, 56, 57, 58, 63, 66, 67, 108. III. « Image que » P. J. emploie pour le dépeindre, 78.

Messerchmid, Jo.-Chrn. « Antiquitates balneares ex C. Plinii Sec. Epistolis 1763. Vitebergæ » — Pour mémoire.

Metellus (Les. III. Branche de l'illustre famille des Cæcilius qui en 250 ans exerça 2 dictatures, 29 consulats, 4 grands pontificats, 17 censures; Cassiodore se compare à eux, 308.

Metellus, L. II. Pontife, deux fois consul, dictateur, etc. qui perdit la vue en sauvant « le Palladium » d'un incendie, 607.

Metellus (Q. Cæc. Macedonicus), fils du précédent. II. Prononce une oraison funèbre dithyrambique de son père, 607.

Metellus. Q. Celer, consul a. U. C., 693. II. Un de ses votes comme consul-désigné, 374; deux jugements contradictoires [si le premier texte doit être tenu pour exact] portés sur lui, dans une même lettre, par Cicéron, 375, 376.

Metellus, Q. Cæcilius, surnommé « Pius. » III. Adversaire de Sertorius, se fait adorer comme une divinité par les Espagnols, 463.

Metilius, Crispus. Voyez « Crispus Metilius. »

Metius Carus. Voyez « Carus Metius. »

Metius Modestus. Voyez « Modestus Metius. »

Metius Pomposlanus. I. Mis à mort par Domitien pour la possession d'une mappemonde et d'extraits de Tite-Live, 199.

Méton. II. Astronome athénien du v° siècle av. J.-C., 378.

Méton. II. Débiteur de Cicéron, 378, 379.

Métrodore, rhéteur-philosophe grec. III. Cité par Symmaque comme ayant été insuffisamment récompensé par son élève Mithridates Ponticus, 247.

Metternich (Le Prince Hermann), ambassadeur d'Autriche en France sous Napoléon III. II. Cité par Mérimée, 424.

Meu, J. B. F. « Pline le Jeune à Tacite sur la première éruption du Vésuve et sur la mort de Pline l'Ancien, fragments d'imitation en vers de deux lettres de Pline le Jeune. » (Platner). 1825, Paris. — Pour mémoire.

Meulan (Pauline de) (Mme Guizot). III Le portrait de Collé, 409.

Meyer, Guillaume, de Spire. II. Recours et renvoi à la recension [p. 4-10] de « Q. Aurelii Symmachi Relationes », Lipsiæ, 1872, Teubner, 10; renvoi pour Domitius Afer à p. 565-570 de « Oratorum fragmenta »; la prose métrique (citation de Boruecque), 33?.

Mézières, L., ancien recteur de l'Académie de Metz. II. Revision des classiques [« Jugements, Maximes et Réminiscences », 1857, Paris, Tardieu; Metz, Alcan, p. 198], 510.

Michaut, Gustave. II. Décadence de l'éloquence judiciaire, 70; Perse, 137, 138; la littérature d'amateurs, 190; relèvement dans la décadence, 274.

Michelet. I. Cherche à dérober au contrôle ses poèmes historiques, 8.

Midas, le roi du Pactole. III. Cité par Eumène, 426.

Migne. III. Recours et renvois à sa « Patrologie », 252, 255, 281, 289, 315.

Mignet. III. Doudan raille son admiration pour Alfred de Vigny, 375.

Miller, Joh, Pet. II. Son édition des « Epist. et Pan. » de P. J., Berolini, Hande et Spener — avec la traduction française de Sacy [voir notre page 678 à la date de 1750], 505.

Millerand. II. Le « droit de créance » dans le dictionnaire « élégant », 590. [Cf. Mémoires de Fiévée, coll. Lescure, p. 150 et d'Haussonville, « Salaires et Misères de femmes. » 1900, Paris, Lévy, pp. 112, 288, 295, 296, 298] (1).

Milon, T. Annius. II. Assassine Clodius; traduit en jugement, mal défendu par Cicéron intimidé par les soldats de Pompée et les clameurs de la plèbe; condamné à l'exil, choisit Marseille pour sa retraite; Cicéron refait sa plaidoirie, ce qu'en dit Milon, ce qu'en pense Tacite [« Dial. des Orat. », 37, 39], 17, 51, 376.

Milton. III. Analogies [omnino incertum est utrum poëta britannicus noverit Aviti poëmata] de son « Paradis perdu » et du poème d'Avitus, en trois chants : « Initium mundi, Originale peccatum, Sententia Dei », signalées par Dauglard (pages 69, 70 et suiv.), 290.

Minois. Voyez « Minos. »

Minos, Claudius (Mignault, Claude), « vir multæ lectionis et eruditionis », avocat du Roi au bailliage d'Etampes, doyen de la Faculté de droit de Paris (1597), connu dans le monde savant sous le nom de). I. Cortius et Longolius (1734) recourent à ses notes, 12. II. Ses éditions des « Epîtres et Pan. » de P. J., 503. [N. B. 1. La « Notitia litteraria » de Lemaire donne ces dates, lieu de publication, formats : 1598, Parisiis, in-12; 1601, Parisiis, in-12; 1608, Parisiis, in-8°; dans Platner, nous lisons : 1588, 1598, 1608 Parisiis, in-8°. — 2. L'édition de 1608 « apud Marcum Orry » qui reproduit le texte du « Pan. » d'Henri Estienne est la même que n° 64, Platner, inscrit sous la date de 1608

---

(1) « Adde. » : Gérault-Richard (Petite République, 24 Août 1902, sur l'Assistance publique : « L'assisté n'emprunte pas à la Société, mais réclame ce qui lui est dû. »

à notre page 503, n. 6 — Voir d'ailleurs l'observation de la « Notitia litteraria » de Lemaire, p. 432].

Minucianus, ou Minicianus, Cornelius. I. Ami de P. J., 120 ; ses mérites, sa fortune, sa littérature, 129 ; P. J. lui raconte le déclassement social de Valerius Licinianus, 211-214 ; P. J. s'excuse de ne pouvoir passer la journée avec lui, 349 ; P. J. le recommande à Falco, 508, 509, 526, 529 ; P. J. lui raconte le procès Priscus et consorts, 585. II. Avocat, juge, lettré, millionaire, correspondant de P. J., 71, 107, 276, 471. III. P. J. lui expose (l. III, 9) sa théorie : « habet gloria, in studiis præsertim, quiddam ἀκοινώνητον », 82.

Minucien. Voyez « Minucianus Cornelius. »

Minucius, Acilianus. Voyez « Acilianus Minucius. »

Minucius, ou Minicius, Felix, M. II. Auteur du Dialogue latin « Octavius » (chrétien réfutant un païen); Ernesti renvoie pour l'éclaircissement d'un texte de P. J. au § 22 de cet ouvrage.

Minucius Fundanus. Voyez « Fundanus Minucius. »

Minucius ou Minicius Fuscus, senior, époux de Corellia, beau-frère de Corellius. III. Critique l'éloquence écrite de P. J. qui se défend, 10, 15, 20. III. Comment il jugeait la littérature de P. J., 202, 205, 206, 388.

Minucius ou Minicius Fuscus, junior, fils du précédent et de Corellia, neveu de Corellius Rufus. I. Préside les jeux prétoriens de P. J., 285, 286. III. Rappel de la délégation que lui fait P. J. de ses jeux prétoriens, 205.

Minucius ou Minicius Justus. III. Le beau-frère de Corellius (Minucius Fuscus senior) ainsi appelé par Waltz, Alde, Cortius, Keil, Mommsen, 105, 205.

Minucius, Macrinus. Voyez « Macrinus Minucius. »

Minutius. Voyez « Minucius. »

Mirabeau. II. Ses « Lettres à Sophie », 332.

Mispoulet. I. Le « Cursus honorum » de Pompée, 231. II. Renvoi à ses « Institutions politiques des Romains », 35.

Mithridate II, érige en royaume la satrapie du Pont. I. 351.

Mithridate VII, Eupator, dit le Grand, roi du Pont. I. Ajoute à ses Etats, le Bosphore, la Chersonèse taurique, etc., entre en lutte avec les Romains, est vaincu et se tue, 351. II. La victoire de Lucullus, 122.

Mithridate. I. Père de Chrysippe (P. J., l. X, 6, K. 11), 509.

Mithridate. I. Fils de Chrysippe. P. J. demande pour lui à Trajan « civitatem », 509.

Mnémosyne. II. Aimée de Jupiter, donne naissance sur le mont Pierius aux neuf Muses (Les Piérides), 141.

Mocenigo, Aloisius, ambassadeur de Venise à Paris. I. Apporte de France en Italie un manuscrit de la correspondance Pline-Trajan et le donne à Alde qui lui dédie son édition (de 1508), 431, 435, 439.

Modestus, esclave de Sabine. I. Bénéficiaire d'un legs caduc qu'exécute P. J. 102.

Modestus [Voir sur cet écrivain, dont on conteste aujourd'hui l'existence, la notice 1849 de la collection Nisard] auteur du « Libellus de vocabulis rei militaris » dédié à l'empereur Tacite. I. L'armée romaine, 240.

Modestus, Metius ou Mettius, ancien proconsul d'Asie exilé par Domitien. I. P. J. invoque son témoignage dans l'affaire Arionilla, 561, 562. II. Son nom imprudemment cité par P. J. provoque une réplique habile de Régulus, 80 ; Phillips voit en lui un éminent jurisconsulte, 99 ; débauche d'érudition que son nom provoque chez Catanæus, 99 ; renseignements de Mommsen, Robert, Waltz, 99. III. P. J. rappelle à Regulus l'incident qu'il a soulevé jadis au sujet de l'invocation de son nom (aff. Arionilla), 40.

265 ; Martial qualifié (3) de client badin de P. J., 270 ; le X⁰ livre (25) de P. J., 280 ; jugements (2, 3) sur le « manuel épistolaire » de P. J., 291, 294, 295 ; P. J. le bonasse, le capon (2), P. J. éditeur de ses neuf premiers livres et peut-être aussi du X⁰, 300, 301, 302, 305, 389, 470 ; chronologie (25) du X⁰ livre, 304 ; le style (2) de P. J., 339 ; une injure (72) à faire à Trajan, 427 ; les deux tableaux (3) de Cicéron et de P. J , 428 ; Trajan (?) gouverneur de Germanie aurait envoyé (91) à Nerva des lauriers de Pannonie, 522 ; cite (1) Grasset, 579 ; la révolte des légions de Vindonissa, la défaite de Saturninus, l'arrivée tardive de Trajan et de Domitien, pages 92, 93 de son Appendice B, 584 ; Trajan avait été nommé (10), par Nerva, légat impérial de la Germanie supérieure, 585 ; Nerva (91) confère à Trajan le titre de Germanicus, 587 ; consulat (65-70) de P. J , 615 ; quelques remaniements (11) du « l'an. », 620 ; renvoi à « l'Appendice F. », 649 ; grand intérêt de « l'Etude sur P. J. », 692, 693. — *La Chronologie des Lettres de P. J.* : 11, 82, 102, 107, 193, 231, 404, 410, 471-498, 642, 643, 691, 692. III. Lectures de textes, 103, 205 ; recours à son Index (Keil, 1870), 6, 7, 12, 14, 26, 65, 205. — *Etude sur P. J.* : soumis à des règles sévères (p. 45) le système des noms républicains est parfaitement clair ; à l'époque impériale on se trouve bientôt en présense d'une confusion inextricable, 12 ; P. J. rencontre (p. 7) Regulus « in prætoris officio », 40 ; Spurinna (10) dut être envoyé dans la Germanie inférieure problablement en 97, par Nerva, 47 ; raisons de croire (9) que P. J. obtint de Nerva et non de Trajan, le jus trium liberorum, pour Voconius, 58 ; P. J. sollicite (25) de Trajan pour Voconius une élévation de rang accordée en principe par Nerva, 64 ; inscriptions espagnoles (9) concernant Voconius Romanus, 65 ; les relations (80, 81) de P. J. et de Tacite, 76 ; dates des publications (80, 81) de Tacite, 90 ; Pompeius Planta (26), le préfet d'Egypte de 98, est le même que le Planta dont parle P. J. (l. IX, 1), 117 ; le prétorien Maximus (23) chargé, à une époque difficile à déterminer, d'une mission extraordinaire auprès des villes libres d'Achaïe, 149, copie (88, 89) de l'inscription de Fabatus dans la collection Giovio, 182 ; la mort (7) de Corellius Rufus paraît postérieure de peu de temps à la chute de Domitien, 207 ; Calpurnia (27, 70-72) quitte la Bithynie pour retourner en Italie auprès de sa tante, 223 ; ce qui rend fastidieux (2) la lecture de P. J., 261 ; le peu de valeur (2) du témoignage de Sidoine Apollinaire, 262. — *La Chronologie des lettres de P. J.* : 4, 40, 47, 58, 64, 65, 101, 149, 201, 207, 223, 241. — Rappel de ses travaux sur P. J., 514, 515.

Mondor. II. Paillasse qui courait la ville et la province avec Tabarin, au commencement du xviiᵉ siècle, 210.

Monnier (Marie-Thérèse, dite Sophie, de Ruffey, Comtesse de). II. Séduite par Mirabeau, 332.

Monpavon, dans le « Nabab » d'Alphonse Daudet. I. 535.

Montague (Lady), [Mary Wortley, fille du duc de Kingston, épouse de Lord M., ambassadeur d'Angleterre à Constantinople — auteur de « Lettres » écrites pendant ses voyages]. I. Dîners de la haute noblesse viennoise (1716, 97, 99.

* **Montague, A. P.** (le professeur). [C. Plinii Cæcilii Secundi Epistulæ selectæ. With introduction and notes. Philadelphia. Chase and Stuart]. I. Commentaires de P. J., 461, 469, 470, 570. II. Traductions et commentaires, 149, 385, 386, 391, 399, 401, 406 ; Ariston, Isée, le dauphin d'Hippone, 103, 163, 404 ; la chronologie mommsénienne, 483, 486 ; son ouvrage, 508. III. Rappel de ses travaux sur P. J., 515.

* **Montaigne.** II. Ses recours au gascon singulièrement beau, sec, bref, signifiant, 378 ; a la maladifve qualité de se décrire sans cesse, d'entretenir le peuple de soy, 364, 365 ; critique qu'il fait de Cicéron et de P. J. l. I, 39 (1),

____

(1) Note omise aux « Addenda » : M. Le Clerc [Essais de Montaigne, Paris, Garnier, 1865, t. 1ᵉʳ, p. 353, n. 2] réfute Montaigne relativement à Cicéron en

---

se basant principalement sur la lettre ad Attic. XVI, 5, mais admet pour Pline le Jeune l'exactitude de la critique.

* **Müller, Iwan.** II. Jahresb. üb. d. Literat. zu d. Briefen d. jüng. Plinius a. d. J. 1873-1876. In : Bursians Jahresber. VI, Bd. 1877 [1878, Engelmann Preuss, Platner] pp. 294-299 — 307. III. Rappel de ses travaux sur P. J., 515.

Müller, C. W. F. II. « Kritische Bemerkungen zu Lat. Prosaikern (Plin. Ep. VI, 31, 10 ; Pan. 91, 5) Programm., 306 [Voir aussi Platner, n. 152]. III. Rappel de ses travaux sur P. J., 514.

Mummius, Lucius. Achaicus, général romain qui anéantit la ligue achéenne, prit Corinthe d'assaut et réduisit la Grèce en province romaine sous le nom d' « Achaïe » ; il reçut en récompense le triomphe avec le surnom d' « Achaïeus. » I. 157 et III. 149. III. Envoie à Rome [Voir dans quelles circonstances et par quel procédé, Pline, « Hist. Nat. », l. XXXV, 8] le Bacchus d'Aristide, 153 ; qualifié de barbare par les intellectuels de Rome, 169.

Munna. II. Le pauvre pédagogue aux deux élèves (Martial), 245.

* **Müntz, Eugène.** II. Recours à : « Le Musée de Portraits de Paul Jove », contributions pour servir à l'iconographie du moyen-âge et de la Renaissance, 392, 661.

Münzer, F. II. La chronologie mommsénienne, 484, 486.

Murat, Joachim, roi de Naples. I. Perd en quelques minutes (Tolentino) son trône et son armée, 534.

Murat (Le Prince Joachim). II. Cité par Mérimée, 421.

Murdia. III. Contemporaine d'Adrien, son inscription funèbre (Orelli, 4860), rédigée par son fils, issu d'un premier mariage, 137.

Murena, Licinius. III. Beau-frère de Mécène dont Horace célèbre avec Thélephe la promotion à l'augurat, 245.

Murena, tribun du peuple [sans renseignements]. II. Son intercession naïve en faveur de Veiento, 64

Muret, Marc-Antoine. II. Conclut [Variæ lectiones] de la lecture d'un vieux manuscrit de Suétone moisi et rongé de vers que le père de l'historien se nommait Suetonius Paullinus, 229.

Muret, Maurice. I. Son article sur Th. Mommsen dans « le Journal des Débats », 7.

Musset (Alfred de). II. Cité par Bouillier, 433 III. Les impertinences de Doudan envers son génie et ses chefs-d'œuvre, 375, 376.

Muzellius, F. II. Son édition scolaire du « Pan. », 671.

N

Naber. III. Editeur de Fronton, est « le premier à reconnaître la nullité » absolue, forme et fond de cet homme à qui Marc-Aurèle fit élever une » statue dans le Sénat pour son génie oratoire. » (Nageotte), 241.

Nageotte, E. I. L'auteur tire grand profit de son « Histoire de la Littérature latine », 13 : la science de Quintilien, 544. II. Quintilien, 31 ; Suétone, 227, 231, 236, 238, 239, 240 ; Martial, 249, 254, 262, 263, 264, 265, 271 ; P. J., 267, 299, 300, 302, 326, 627, 651. III. Pline l'Ancien avait trop lu et pas assez réfléchissent avec exactitude, 281 ; le jugement de Fénelon sur le Panégyrique de Trajan, 461 ; Martial, Gavarni ou Cham de la plume, 501.

Nancellius. III. Ecrivain sobre, correspondant de Symmaque, 243.

* **Napoléon Ier,** empereur (et Bonaparte consul). I. La noblesse impériale, 56, 478 ; son jugement sur les historiens des Césars [Voir « Tacite », Panck. t. I, p. 64-67 et Peyrat « Histoire et religion », p. 199, 200 : deux conversations de Napoléon, l'une « dans les bosquets de la Malmaison », l'autre le 30 janvier

1806, avec Suard. Adde : sur Tacite : « C'est l'historien d'un parti, et le
peuple romain n'était pas du parti de Tacite »], 53, 148 ; abus de centralisation, 180 ; l'ingratitude de ses fonctionnaires, 210 ; les auditeurs de son
Conseil d'Etat, 258 ; la liberté sous son règne, 267 ; génial et tatillon [Bour-
rienne « Mémoires » disait : « Bonaparte était un peu tatillon » et Fouché
« Mémoires de Savary » : « il voudrait faire la cuisine de chacun »], 431.
II. Disgracie Bourrienne son secrétaire, puis l'envoie ministre à Hambourg
61 ; 1 s régicides devenus ses chambellans (Deschanel), 296, 596 ; fait de
Lebrun son ex-co-consul au titre troisième, un duc, un architrésorier, un
administrateur général de la Hollande. 223, 224 ; ses asperges (ou plutôt ses
artichauts). 630 ; la dernière phase, 634 ; « Il se faisait solidaire du passé ;
» et c'était lui mal faire la cour que de dénigrer devant lui les anciens rois
» de France. » [Bourrienne. Mémoires], 640 ; lettre à son frère Louis, contenant
un passage caractéristique sur Robespierre, 640. III. Eclaire les volontés
nébuleuses de la foule, 315 ; Frédéric le Grand comparé à Napoléon le Grand,
361 ; les sarcasmes de Courier contre le sénatus-consulte qui le proclame
Empereur, et contre les nobles issus de son bon plaisir, 369 ; voir « Fon
tanes », 475-481 ; autocrate comme Trajan, Constantin, et Sa Majesté le
Quatrième Etat, 482.

Napoléon III, empereur. II. Mérimée à sa cour, 413, 415 ; cité par Mérimée.
414, 415, 418, 422, 423, 424 ; jugé par Henry Fouquier, 640, 650 ; ce bon
empereur à l'esprit brumeux qui fit tant de mal à son pays auquel il voulait
tant de bien, 650.

Narcisse. II. Le beau dédaigneux de la Nymphe Echo, amoureux de sa propre
image — sujet d'un petit poème de Malfilâtre, 252.

* **Narcisse**, affranchi et secrétaire « ab epistolis » de l'Empereur Claude. I.
Protège Vespasien et Titus, 174, 181, 477. II. Après le meurtre de Messaline,
le Sénat lui décerne « quæstoria insignia », 32 ; après l'empoisonnement de
Claude, Agrippine le force à se donner la mort, 32 ; cité par Sidoine Apollinaire, 62.

Nargeot, Adrien. III. Le portrait de Collé, 409, 411.

* **Nason, Jules.** I. Recommandé par P. J. à Fundanus, 505-507, 527, 528 ; et par
Tacite à P. J., 506. II. Son père « vir clarus. gravis, studiosorum amantissimus », suivait régulièrement les leçons de Quintilien et de Nicétès Sacerdos
(P. J., l. VI, 6), 112 ; protégé de P. J. (l. VI, 6, 9), 151 ; P. J. lui conte (l. IV,
6) ses préférences pour Laurente « propter studiorum secretum », 167 ; Mommsen (Index) écrit : « frater ut videtur Julii Aviti », examen de cette hypothèse,
197. III. Rappel de la recommandation de P. J. à Fundanus, et de la recommandation de Tacite à P. J, 68, 105.

Nassau (le Prince de). II. Cité par Mérimée, 416.

Naudet, J., traducteur de Plaute (coll. Panck. 9 v., 1831-1838). II. Recours à
son avant-propos de la Mostellaria, 399.

Nausicaa, fille d'Alcinoüs. II. Citée par Martial, 263.

Navarre (Marguerite de Valois, reine de), auteur de l' « Heptaméron. »
III. Chamfort oppose la gravité de ses mœurs à la légèreté de ses Nouvelles,
408.

* **Navarro, Francisco.** II. Traducteur espagnol des Lettres de P. J., 385, 387,
388, 389, 390, 391, 392, 397, 399, 401, 402, 403, 404, 405, 408, 410, 411, 512,
515, 611, 612, 617, 619, 635, 636, 652 III. Rappel de ses travaux sur P. J., 545.

Nevius, Paulus II. « Panegyrici diversorum, nunc demum recogniti et in
lucem editi. Venetiis, apud Gryphios [Lemaire, « Notitia litt. : Navius destitutus codicibus M S S. potissimun secutus est editionem Mediolanensem
Franc. Puteolani, cujus utcunque correxit vitia], 668 ; un texte douteux de
P. J., 570.

Nazaire. Voyez « Nazarius. ».

Nazarius. III. Le panégyriste et le panégyrique, 411, 422, 428-431, 452, 450, 462, 469, 471, 473, 474.

Néaicès, peintre grec. III. Cité par Valère-Maxime, et auquel Ausone fait allusion, 245.

Necker, Jacques. III. Impression sur Joubert (1er déc. 1800) de son « Cours de Morale religieuse » (?) « gros livre dans lequel il y a du ridicule et un ridicule qu'assurément on ne pardonnera pas, mais tant pis pour ceux qui ne sauront pas y trouver de l'utilité et se borneront à en rire », 364.

Nepos. I. Les quatre Nepos de la correspondance de P. J. : « Calvisius » (ou Keil, « Varisidius »), le candidat au tribunat; « Cornelius », l'historien ; « Licinius », le préteur; « Metilius », le gouverneur, 488.

Nepos, Calvisius. I. Ami de P. J., 120; neveu de Calvisius Rufus, 125 ; ses mérites, 125, 126; P. J. lui (?) adresse ses anecdotes sur les héroïsmes d'Arria major, 461 ; P. J. le recommande à Sosius Sénécion pour le tribunat militaire, 501 ; paraît être le destinataire de (1. VI, 19), 527. II. Avocat, « industrius, rectus, disertus », (P. J., l. IV, 4), 70, 107; P. J. lui (?) dit l. VI, 19 en parlant d'Homullus, notre ami, 91 ; P. J. lui (?) écrit l. II, 3 sur Isée, 165-166, 310 ; Mommsen (Index) [qui lit l. V, 4, « Varisidius Nepos »] n'attribue à ce personnage aucune lettre de P. J., 163.

* **Nepos, Cornelius.** I. Portrait d'Atticus, 498. II. Recours à sa « Vie d'Atticus », 139, 367 ; Herennius Severus (P. J., l. IV, 28) veut placer son portrait « in bibliotheca sua », 208, 392; on lui a attribué le « De viris illustribus Urbis Romæ », 279 ; Mommsen le fait naître à Pavie [Vossius à Hostilie, territoire de Vérone; Onuphre, Lemaire, etc., à Vérone même], 392. III. Comment les Grecs et comment les Romains jugeaient « in scenam prodire et populo esse spectaculo », 170; cité par P. J. comme poète grivois, 392.

* **Nepos, Licinius,** I. Son altercation ridicule avec Juventius Celsus, 593, 594, 595. II. Son édit sur les avocats (l. V, 21), 29 ; terrible préteur (l. IV, 29'), 43 ; orateur, 108; ses réquisitions dans l'aff. Nominatus (l. V, 4, 14', 43; revient sur une question jugée dans l'affaire Varenus, rappel de son altercation avec Celsus (l. VI, 5), 44, 45, 285, 301, 317, 321. III. Qualifié par P. J., avec preuve à l'appui, de préteur « acer et fortis », 60.

Nepos, Metilius ou **Mæcilius.** I. Son « Cursus honorum », 488, 497; P. J. fait corriger à son intention un exemplaire de ses œuvres, [voir Mommsen, « Etude sur P. J. », p. 14. n. 4], 488-491. II. « Vir disertissimus (l. IV, 26), 72, 108; Mommsen (Index) veut lui attribuer l. II, 3; l. III, 16; l. IV, 26; l. VI, 19 — 163.

Nepos, Pietorius. I. Sénateur, d'abord très aimé, puis très haï par Adrien, 497.

Neratius, Marcellus. Voyez « Marcellus Neratius. »

* **Néron**, empereur. I. Sous son règne, mariage de Lucius Cæcilius et de Plinia, naissance de P. J., 24 ; l'attitude de Virginius Rufus à sa mort, 25, 26 ; conspiration des Equites illustres, 52 ; Sénèque, son précepteur, son ministre, 55, 145 ; les charges de son budget, 99 ; la bourgeoisie sous son règne, 101, 152; son avènement, ses crimes, ses orgies, sa mort, les regrets du peuple et leur explication, 146-152, 217 ; les sentiments à son endroit de Virginius Rufus, Pline l'Ancien, P. J., Tacite, 153-156 ; attribue à deux Préfets la garde du Trésor, 257. II. 28, 32, 52, 53, 54, 56, 59, 60, 63, 64, 66, 72, 75, 90, 98, 115, 135, 136, 144, 190, 194, 195, 196, 216, 217, 218, 219, 221, 236, 257, 408, 487, 519, 552, 588, 628, 634, 639, 640, 655. III. A été pleuré, 31 ; les récriminations du Sénat de Vespasien contre ses délateurs, 49 ; Régulus, Véiento, Pline le Naturaliste sous son règne, 36, 50, 110 ; Fannius flétrit ses crimes, 146 ; les Grecs n'eurent de sympathies que pour lui, 168, 169 ; les faux témoins qu'il fait surgir contre Lepida, 181 ; absorbé par de plus hauts attentats, néglige quelques victimes secondaires, 182 ; à demi invoqué

par P. J. pour justifier ses poésies grivoises, 392 ; ne pas compter lui paraît le seul avantage de la fortune, 437 ; Virginius rêve, après sa mort, de rétablir la République, 490.

Nerva, Acutius. II. Orateur, 107 ; son avis, comme consul-désigné, dans l'aff. Firminus, 38, 40, 41 ; [Voir Errata] Panvinio le fait succéder dans le consulat à P. J. (Novembre 100) [Voir Mommsen, « Etude », p. 67 et p. 112], 613.

Nerva, Coccelus. II. Consul sous le triumvirat, cité (?) par Horace (Sat., l. I, 5, v. 28), 114.

Nerva, Coccelus, fils (?) du précédent. II. Consul l'an 22 de J.-C., le premier successeur de Labéon [ce qui ne l'empêcha pas de vivre dans l'intimité de Tibère], 98.

Nerva, Coccelus, fils du précédent et père de l'Empereur Nerva. II. Jurisconsulte stoïcien, laisse à Proculus la direction de la grande Ecole et fonde une sous école dite « Cocceïenne », 98.

Nerva, empereur. I. Revêt Virginius Rufus d'un troisième consulat, 26 ; conçoit le premier l'institution des Caisses alimentaires, 103, 104 ; ses relations avec Domitien encore simple particulier, 191 ; transfère en Sicile l'exilé Valerius Licinianus, 211, 216 ; Martial le proclame « superior Numæ », 218 ; son élévation à l'Empire, son règne, sa mort, 218-224 ; l'opinion de P. J. sur ce prince, 224-227 ; le modus vivendi dont il avait doté le Sénat, 267 ; nomme P. J. trésorier de Saturne, 306 ; la ratification des actes de Domitien, 387 ; conversation qui se tient devant lui sur les jeunes hommes de bien, 450 ; admet Frontin dans son intimité, 454. II. 27, 33, 37, 43, 66, 67, 90, 98, 104, 191, 238, 257, 258, 269, 319, 476, 477, 479, 480, 522, 523, 548, 549, 551, 552, 555, 560, 564, 584, 585, 586, 587, 588, 589, 590, 594, 596, 597, 598, 619, 637, 640, 641, 642, 643, 646, 649, 661. III. Voconius Romanus, Régulus, Spurinna, Veiento, Mauricus, P. J., Tacite, Corellius, sous le règne de N., 6, 37, 43, 47, 50, 57, 58, 62, 64, 93, 139, 181, 199 ; sa demi-éponge, 148 ; ses libéralités aux citoyens pauvres, 199 ; ses poésies grivoises, 392 ; cité par Pacatus, 451 ; la situation de l'Empire à son décès, 471 ; ses Caisses alimentaires, 487.

Névite. III. Membre civil de la commission-mixte de Chalcédoine, 435.

Nævolus. II. « Ad Nævolum causidicum », « Epigr. » de Martial, 246.

Nicétès Sacerdos. I. Professeur de P. J., 40, 506, 540 ; sa naissance, son passé, 41, 544, 545 ; son enseignement, 545-552 (1). II. Collègue de Quintilien, 31 ; le père de Nason suit ses cours, 112 ; professeur de P. J., 164. III. Rappel de l'enseignement qu'il donna à P. J., 175, 489, 490, 493, 494.

Nicole, Pierre. II. Moraliste, janséniste particulièrement goûté par Mme de Sévigné, 361.

Nicolet, bâtonnier des Avocats de Paris. II. Son caractère peint par Jules Favre, 179.

Niebuhr. III. L'école archaïque déjà fermée au temps de Sénèque (« Kleine Schriften », 2ᵉ recueil, p. 62, 63) — 233 ; éditeur de Fronton, émet à l'égard de son édité la même opinion que Naber (voir ce nom), 241.

Nigidius, Fugulus, grammairien, auteur des « Commentarii grammatici. » II. Le sens qu'il donne à « instantia », 310. III. Jugé par Aulu-Gelle, le plus savant des Romains après Varron, 239.

Nigra (le Chevalier), diplomate italien. II. Cité par Mérimée, 417, 422.

---

(1) Addenda omis p. 548, n. 1. Nous avions déjà retrouvé (avec les additions nécessaires) la phrase « comprachica » dans la bouche d'Isnard et de Brissot (14 Nov. 1791, 5 Août 1792) (justifiant par avance leur propre condamnation) : « il faut couper la partie gangrenée [ceux qui ne pensent pas comme nous] pour sauver le reste du corps [les sans-culottes]. »

Nigrinus, Avidius. I. Proconsul auquel Domitien avait écrit relativement aux enfants abandonnés, 391.

* **Nigrinus.** I. Demande aux consuls [sur la pression de Fonteius Magnus, député des Bithyniens] de prescrire l'apport de la comptabilité de Varenus ; son colloque avec P. J. à ce sujet, 595, 596, 597. II. « Tribunus plebis, recitavit libellum disertum et gravem » (aff. Nominatus), 28, 44 ; avocat, plaide contre Varenus, 84, 92, 108 ; recherches biographiques, 44.

Nigrinus, « Equitum turmæ tribunus, in Mesopotamia genitus. » III. Soulève contre Julien deux légions de Constance et une cohorte d'archers, vaincu, brûlé vif « ut accerrimus belli instinctor », 435.

Nillsson, Nils.-Fred. II. « Bref till Tacitus öfver sättning, 8° Malmö » (1856), 515.

* **Nisard, Ch.** I. Comprend : 1° P. J. dans sa « Collection des Auteurs latins », avec traduction de Sacy pour les « Lettres », traduction de Burnouf pour le « Pan. », 13 ; 2° « Frontin, Modestus, Végèce » avec traduction de Baudement et Bongars, 240 ; utilité des notes des traductions de Modestus et de Végèce, 240 ; concurrent de Victor Hugo pour une chaire de l'École normale, 493. II. Phèdre et Séjan, 144 ; Silius Italicus, 224, 225 ; Martial, 265 ; Merimée renvoie à la « Collection des Auteurs latins avec la traduction en français » publiée sous sa direction, 367 ; donne dans sa Collection la traduction de Sacy, 677, 679 ; renvoi à l'Avertissement de Quintilien et Pline le Jeune (1842), 681. III. Les mélancolies de Balzac et de Pascal, 338 ; le mauvais Fontenelle, 364 ; les lectures publiques, 379, 384, 385.

Nissen, H., « Die Historien des Plinius (7, Die Redaction d. jüng Plinius »). II. Citation et discussion de cet article, 208, 209, 630. III. Les emprunts de Tacite à Pline l'Ancien, 114 ; rappel de ses travaux sur P. J., 515.

Noailles (duc de). III. Correspondant de Bussy-Rabutin, 345.

Nodier, Charles. III. Sidoine Apollinaire est pour nos Gaulois le César et le Tacite du moyen-âge, 281 ; Cassiodore qualifié de Voiture barbare, 315 ; Cassiodore n'a pas moins influé [en faisant copier les manuscrits] sur la restauration des bonnes études que l'inventeur même de l'imprimerie, 316.

Nogaret, Félix. « L'Aristénète français, qui affectait du cynisme, mais qui professait une véritable amitié pour Palissot. » [Meneval, Napoléon et Marie-Louise, 1844, Paris, Amyot, p. 5]. II. 165.

* **Nominatus, Tuscilius.** Avocat, son indélicatesse, réquisitoire de Nepos, débat sénatorial, jugement, conséquences du scandale pour les avocats. I. 606 et II. 28, 44, 83, 92, 97, 108, 284, 292, 317.

Nonianus, M. Servilius, historien entendu et jugé par Quintilien (l. X, 1, p. 59, Edit. Panck.) III. P. J. rappelle un incident d'une de ses lectures, 383.

Nonius. II. Ami de Geminus, qui vante sa libéralité à P. J. « et frequenter præsens et nunc per epistolas » (l. IX, 30) ; P. J. se méfie de cette libéralité, 196, 301. [Mommsen (Index) ne donne aucun renseignement sur ce personnage. Catanæus écrit : « Nonium liberalem legi in monumentis Brixianorum », et Gesner emprunte l'inscription à Gruter (p. 828, 8) : « Silvianæ Floræ Nonius Liberalis conjugi »].

Norbanus. Voyez « Licinianus Norbanus. »

Normand. III. Rappel de ses travaux sur P. J., 513.

Numa, Pompilius, 2° roi de Rome. I. Emprunts à « sa Vie » par Plutarque, 211, 212, 213 ; son palais, 212 ; institue les Vestales, 214.

Numidius ou **Nummidius,** ou **Ummidius Quadratus.** Voyez « Quadratus Numidius. »

Nymphidius, Lupus. Voyez « Lupus Nymphidius. »

O

Ocellata. I. Vestale incestueuse, 196, 216.

Octave. Voyez « Auguste. »

Octavia, sœur d'Auguste, épouse d'abord de Marcellus, puis d'Antoine. III. Un camée antique où l'on a cru la reconnaitre, 184, 185.

Octavia. I. Fille de Claude, sœur de Britannicus, première femme de Néron qui la fait tuer, 147.

Octavie. Voyez « Octavia. »

Octavius. Voyez « Rufus, Octavius. »

Odoacre, le vainqueur d'Augustule. III. Crée Cassiodore, Comte des Largesses privées et publiques, 305 ; vaincu par Théodoric et assassiné dans un banquet (493) sur son ordre, 310, 474 ; Ennodius le qualifie de « intestinus populator », 473 ; les sentiments des catholiques à son endroit, 473.

Oestling, Er.-Eug. II. « Comm. de elocutione Plinii minoris… », 306, 692. III. Rappel de ses travaux sur P. J., 514.

Olivet (Abbé d'). II. Auteur d'un choix des Pensées de Cicéron, 431. III. Correspondant de Voltaire, qui lui écrit [« Guillaume » (voir ce nom), « Notice. . » p. 30] : J'ai avec vous le « cœur sur les lèvres », 349.

Olleris, Alexandre. II. Les monastères d'Orient étaient-ils des maisons d'éducation ? Quel est le sens du mot « études » dans Mabillon et Denys de Sainte-Marthe ? 149 ; cherté des livres, rareté des libraires, dans l'antiquité, [N. B. Olleris fait un état excessif, pour prouver la rareté des libraires, de P. J., l. IX, 11], 249. III. Renvois à son examen du Cursus honorum de Cassiodore, 305 ; doute que Théodoric ait voulu établir une séparation entre le vainqueur et le vaincu, le magistrat et le guerrier, le Romain poli et savant, et l'Ostrogoth ignorant et grossier, et ne croit pas facile d'ajouter foi aux paroles de l'écrivain qui fait dire à Théodoric : « Un enfant tremblant » sous la verge du maitre n'osera jamais regarder une épée nue », 310 ; sa thèse (Paris, Doudey-Dupré, 1841) est le meilleur commentaire d'un jugement de Nodier sur Cassiodore, 316 ; renvois à cet opuscule sur la cherté des livres, la rareté des libraires dans l'antiquité et la grande cause (invasion de barbares) de la ruine des livres, 316 ; son paragraphe deuxième (p. 17 et suiv.) consacré à « Cassiodore, moine », 316.

Olonne (C^{esse} d'). III. « L'Histoire Amoureuses des Gaules » (Bussy-Rabutin) achève de lui faire perdre ce qu'elle gardait de réputation, 350 ; Saint-Evremond lui envoie son caractère qui lui explique le sentiment général et lui apprend, si elle ne le sait, qu'il n'y a rien en France de si beau qu'elle, 351.

Olpe, Chrn. Frid. « Comm. de C. Plinii Sec. eruditæ vitæ magistro », 1784. Dresdæ — Pour mémoire

Olybrius, Clodius Hermogenianus. III. Second consul ordinaire (379) avec Ausone, 443.

Olybrius. III. Avocat éminent, l'un des correspondants d'Ennodius, 299.

Omeis, Magnus-Daniel a commenté la lettre l. IX, 30 « Quæ vera liberalitatis docet » dans une dissertation latine sur la libéralité, 1687, Altdorfii — Pour mémoire. [Cf. Wernsdorf].

Omer (S.). II. Fonde le monastère de Sithieu, 664.

Opilionus, haut fonctionnaire. III. Correspondant d'Ennodius, 299.

Opilius, Aurellus [Voir « Aulu-Gelle », l. I, 25 et Egger « Latini sermonis reliquiæ selectæ », p. 27] philosophe (épicurien) puis grammairien. III. Cité par Symmaque comme ayant été insuffisament récompensé par son élève Rutilius, 247.

DER STERBENDE CORNELIUS. I.Buch. XII.Brieff.

Opitz. II. « Quæstiones plinianæ. Programm. » [cette petite brochure que nous nous sommes aisément procurée n'est pas signalée par MM. Engelmann-Preuss ; M Platner l'a ajoutée, p. 13, à son Index avec le numéro 159bis], 306. III. Rappel de ses travaux sur P. J., 514.

Oratsky. II. Cité par Corradi, 673. III. Rappel de ses travaux sur P. J., 515.

Orelli, Jean-Gaspard (d'). I. L'inscription de Symmaque, 230 ; l'inscription (3714), 290 ; lectures de textes douteux de P. J., 358, 362, 364, 401, 406, 410, 515 ; la valeur du Catanæus (de 1506), 433. II. Cité par Mommsen, 41, 42, 173, 194 ; les lettres du Xe livre P. J. « ab interpolationibus purgatæ », 507, 688 ; « Epistolæ selectæ Taurici. Schulthess », 507 ; « Pistoria critica..... Ind. lect. hib. 1838-1839, 511 III. Une lecture de texte de P. J., 221 ; rappel de ses travaux sur P. J., 514.

Oreste, fils d'Agamemnon et de Clytemnestre. II. Son amitié pour Pylade ; il est l'ami en premier ; Pylade, l'ami en second, 267.

Origène (185-253). I. Le nombre des chrétiens à son époque, 439.

* **Orose, Paul.** I. Cité par Catanæus et Westcott au sujet de la correspondance Pline-Trajan sur les Chrétiens, 438. III. Rappel de l'invocation de son texte dans le débat sur l'authenticité des lettres Pline-Trajan, 262.

Orphitus, Salvidienus [Cornelius Servius]. II. Victime (Tacite, « Hist. », IV, 42) des délations de Régulus, 54.

* **Orréry (John Boyle, Cte d').** I. P. J. bouclier de ses concitoyens, 562 ; prudence « si exacte » de P. J., 562 ; la traduction du Cte de Magnières n'existe ni à la bibliothèque nationale, ni au British Museum, ni à Nancy (fonds lorrain), 562 II. « The letters of Pliny the younger, with observations on each letter, and an Essay on Pliny's life [2 vol. in-4° Londres, 1751 ; 2 vol. in-8°, Londres, 1752 ; 2 vol. in-18, Londres, 1810 — Platner indique encore 2 vol. in-8°, Dublin, 1751], 512 ; son « Essai » et ses « Observations » traduits en italien sont joints à la nouvelle (1754) traduction de Tedeschi, 515 ; portrait de P. J., 296, 297 ; deux défauts de P. J. écrivain, 343.

Ortolan, J. L. E. I. Le « jus trium liberorum », 310.

Ossat (le Cardinal Arnaud d'). II. Correspondant de Pasquier, 331.

* **Ostinelli.** « Le Guide des Etrangers à Côme » (p. 117-118). II. La « Villa Pliniana, propriété successive des familles patriciennes Anguissola, Pallavicini, Borromeo, Visconti, Canarisi, Belgioioso, propriété actuelle du Marquis Trotti, et « la source intermittente [l'auteur ne parle que de Pline l'Ancien et a complètement oublié Pline le Jeune], 392, 395. III. Deux colonnes antiques au Musée civique, 506.

* **Othon**, empereur. I. Donne un consulat et un commandement d'armée à Virginius Rufus, 26 ; sa naissance, son passé, son règne, sa mort, 165, 166, 169 ; ses partisans, 169, 170 ; son neveu, 199. II. 55, 59, 90, 190, 217, 221, 228, 235, 387, 588, 641, 655. III. Cité, 43.

* **Ovide.** I. Etymologie de « Liberalia », 33 ; la première coupe de barbe, 41 ; qualifie l'empereur de « Sancte pater patriæ », 308. II. Cité par Juvénal, Martial, Lagergren, Bouillier, Santi-Consoli, 93, 257, 329, 330, 433, 574 ; « Otia nostra », 139 ; son ami Pedo Albinovanus, 261 ; la volupté des larmes, 433 ; dans quel sens il emploie « reformare », 574, 575. III. Les mœurs grecques dans ses poésies amoureuses, 172 ; ses « Métamorphoses » et celles de Voiture, 341 ; ses « Tristes » et ses « Pontiques », 344, 345 ; figure dans la « Bibliothèque des Burgraves » de Doudan, 377 ; sa lettre à Cotta, 395 ; « Vulgares puellæ », 399 ; la fondation de Rome, 418.

Oxenstiern (Le Cte), [petit-neveu du grand ministre suédois Axel d'Oxenstiern]. « Pensées et Réflexions morales », 2 volumes, nouv. Edit., Paris 1772. (Comparer t. 1, p. 186, 187, 198, 199, t. II, p. 187, 198, etc. à P. J. : « Quelle source de vertus que la maladie! » II. 435, 436.

P

Pacatus. II. « In gremio Jovis... », 522 ; son Panégyrique de Théodose édité par Jean Scheffer (1668), 664 ; l'édition (1728) de Jac. de la Baune des « Panegyrici veteres : observationes criticas Christ. Gottl. Schwarzii, ad Panegyricum Latini Pacati, adjunctas habet, 669. III. Le panégyrique [l'un des meilleurs des « Panegyrici veteres »] et le panégyriste, 414, 415, 448-455, 462, 469, 471, 472, 473, 474.

Palicanus, M. Lollius, tribun du peuple en l'an 71 av. J.-C. qui fit rendre au tribunat les pouvoirs que Sylla lui avait enlevés. II. Cité par Cicéron, 377.

Palissot de Montenoy, Ch., auteur de la comédie « Les Philosophes » et des « Petites lettres contre de grands philosophes », etc. [Voir sur lui Meneval, « Napoléon et Marie-Louise », Introduction]. II. 165.

Palladia, fille d'Hypatius et de Quieta, épouse de Salvien, mère d'Auspiciola, III. 251, 252.

Palladius, Rutilius-Taurus-Æmilianus. [De Re Rustica]. I. L'Agri Præsul, 90. II. Uberare, 572.

* **Pallas.** I. Affranchi, intendant, favori de Claude, amant d'Agrippine, acquiert une fortune excessive, 150, 477 ; l'inscription lue par P. J. sur son tombeau et le sénatus-consulte qui en avait été l'origine, 156-161. [Voir « Addenda » de la page 161]. II. Cité par Sidoine Apollinaire, 62 ; qualifié par P. J. de « hoc cœnum, has sordes », 300, 301, 302.

Palmerston (Henri-Temple, Vicomte), ministre des affaires étrangères. II. Cité par Mérimée, 411.

* **Panckoucke, C.-L.-F.** I. L'auteur tire grand profit de sa « Bibliothèque latine-française », 13 ; fixe à 74 le début des relations de P. J. et de Tacite, 28. II. Recours à sa « Bibliothèque latine-française », 19, 57, 76, 96, 130, 131, 144, 192, 193, 221, 246, 250, 251, 257, 258, 261, 279, 339, 405, 573, 610, 618, 679, etc. ; édite (1838) les « Epistolæ selectæ » de Gros, 507. III. Le Calpurnius Fabatus dont parle Tacite « Ann. », l. XVI, 8 est « l'aïeul de l'épouse de P. J. » (« Œuvres de Tacite », Ann. t. III, p. 383), 182 ; nouveaux recours à divers ouvrages de sa « Bibliothèque latine-française, 6, 52, 81, 83, 103, 393, 423.

Panetius, philosophe stoïcien de Rhodes, professa à Rome. III. Cité par Symmaque comme ayant été insuffisamment récompensé par son élève P. Scipion, le second Africain [qui cependant le logea chez lui et l'emmena dans nombre de missions], 247.

Pange (Mᵐᵉ **de),** propriétaire à Etigny et à Passy (environs de Sens). III. Correspondante de Joubert (16 janvier, 22 janvier, 26 juin 1797), 365.

Panizzi, Antonio, administrateur en chef du British Museum. II. Quelques extraits de la correspondance que Mérimée entretint avec lui, 413-424 ; nature et intérêt de cette correspondance, 425, 427, 428, 490. [Voir sur le destinataire la préface de Louis Sagan, en tête de l'ouvrage].

Pancharia ou **Ancharia, Soteris.** I. Affranchie pour laquelle P. J. demande à Trajan le « jus Quiritium », 510.

Pansa, Vibius. II. Consul en 43 av. J.-C. avec Hirtius, 380.

Pantagruel, Roy des Dipsodes, restitué en son naturel avec ses faictz et proesses espouentables, etc. (Rabelais). II. 252.

Panvinio, Onuphre. II. Recourt aux lettres de P. J. pour ses « Fasti et triumphi Romanorum », 487 ; étendue de ce recours, 487 ; fixe à septembre 100 le consulat de P. J. et de Tertullus, d'après le « Pan. », et à novembre 100 celui de Julius Ferox et d'Acutius Nerva d'après deux lettres de P. J., 613.

Paplanilla, fille du futur empereur Avitus, sœur d'Agricola, épouse et correspondante, I. V, 16 [rappelant Calpurnia] de Sidoine Apollinaire, mère d'Apollinaris, Severiana, Roscia. III. 256.

Papinien, le jurisconsulte. II. Cité par Catanæus, 103.

Papius, Mutilus. M., consul suffectus a U. C. 762. Sous son consulat fut promulguée la « lex Papia Poppæa » destinée « à réprimer le célibat et à grossir le trésor public. » [Tacite, « Ann. », III, 25]. I. 319.

Papirius, Pætus. Voyez « Pétus, Papirius. »

Pappus, Sosius. I. Sénateur, ami d'Adrien (sous Trajan), 453.

* **Paravia, P. Alessandro.** II. Traducteur italien des « Lettres » de P. J., 307, 515 ; recours à cet ouvrage, 387, 388, 389, 390, 391, 392, 397, 399, 401, 403, 405, 408, 410, 411. III. Rappel de ses travaux sur P. J., 514.

Pardalus. III. « Aujourd'hui ce n'est point par les sifflets et les sarcasmes que les fautes s'expient, c'est par la hache ; témoin : Pardalus. » (Plutarque, « Prec. pol. »), 158.

Pâris. I. Fils de Priam et d'Hécube, époux de la bergère Œnone qu'il abandonna, 199.

Pâris. I. Acteur, amant de Domitia Longina ; Domitien le fait assassiner, 192 ; mis sur la scène, avec Domitia, par Helvidius junior, 199.

Parrhasius, rival de Zeuxis. I. Sujet d'une « Controversia » de Nicétès Sacerdos et consorts, 549.

Parsell, Th. II. Son (ou « ses », voir Platner) édition du « Pan. », 670.

Parthenius, favori de Domitien et préfet de son palais. I. L'un des conjurés du 18 septembre 96, 201 ; Martial lui dédie le XI° livre de ses « Epigrammes », 217 ; rassure Nerva auquel on a raconté que Domitien n'était point mort, 221 ; massacré par les prétoriens, 223. II. Meurtrier de Domitien, 67, 254 ; cité par Sidoine Apollinaire, 62 ; encensé par Martial qu'il habille, 253, 254, 255.

Pascal. I. Le moi est haïssable, 531. II. Comparé à Perse, 138 ; lu par Mⁿᵉ de Sévigné, 361. III. Sa mélancolie, 336.

Pasquier, Etienne. II. Aurait deviné la prose métrique (Bornecque), 332 ; comparé par Sainte-Beuve à P. J., 469. III. Son épistolographie [10 livres de « Lettres » en 1586, 1590, 1597, 1598, 1607 et 22 en 1619], 328-332, 334, 343, 363 (1) ; biographie et grivoiserie, 406, 407.

Pasquier, Théodore (2). Avocat général à la Chambre des Comptes, fils aîné du précédent (et gendre de Claude de Besmont, seigneur de Balanzac). III. Se joint (sic Bayle, Ladvocat. « Dictionnaire », 1760 ; contra Feugères) à ses frères Nicolas et Gui pour défendre son père contre les trois écrits du P. Garasse, 407.

Pasquier, Nicolas, seigneur de Mainxe, Conseiller et Maître des Requêtes ordinaire du Roi, fils cadet d'Etienne Pasquier. III. Publie (1623) 10 livres de « Lettres » écrites sur le modèle des « Lettres » paternelles, 330 ; rédacteur avec ses frères des cinq livres (le Bouffon, l'Imposteur, le Pédant, l'Injurieux, l'Impie) de « la Défense de Pasquier », 407.

Pasquier, Gui, seigneur de Bussy, Auditeur des Comptes, troisième des fils survivants d'Etienne Pasquier. III. Rédacteur avec ses frères de « la Défense de Pasquier », 407.

Pasquier ....., fille aînée de Nicolas. III. Défendue par son aïeul Etienne (âgé de 85 ans), 331.

---

(1) Nous retrouvons une note égarée : « Mettre comme épigraphe de la « Vie littéraire » cette pensée de Pasquier : « Toute République prend commencement par les armes et fin par l'écritoire » ou la même dans Montaigne : « L'écrivaillerie est le symptôme d'un siècle débordé. »

(2) C'est lui qui a reçu la lettre l. IX, 6 où Etienne Pasquier « montre de quelle façon doit être le bon avocat. » Voir notre t. III, p. 331.

Pasquier, Étienne (B°°, puis duc), Préfet de police de Napoléon, garde des sceaux de Louis XVIII, chancelier de Louis-Philippe, etc. III. Injuste envers Fontanes, 480.

* **Passienus, Paulus** [Mommsen, Index : (C) Passennus Paulus (Propertius Blæsus) Asisinus], chevalier romain. II. Ses poésies, sa maladie, 201, 202, 203, 291, 481. III Descend de Properce et le copie ; une de ses lectures interrompues par un quiproquo de Javolenus Priscus, 9, 11, 26, 85, 320, 402.

Pastor, Julius ou **Junius**. I. Client de P. J. avocat, 558, 601, 602. II. Le rêve que fait P. J. chargé de son dossier, 83, 246 ; son procès ouvre à P. J. les portes de la renommée, 345.

Patarolus, Laurentius. II. Ses éditions des « Panegyricæ orationes », 670 ; un commentaire, 545 ; une lectures de texte douteux, 571.

Paterne. Voyez « Pline Paterne ».

Patiens, archevêque de Lyon, frère de Censurius, évêque d'Auxerre. III. Élève Constantius au sacerdoce et (sur la demande de son frère) le prie d'écrire « la Vie de S. Germain-l'Auxerrois », 288.

Paul, (Paulus, Julius), jurisconsulte. I. Citation d'un de ses fragments, 555.

Paul (S.). I. Prêche l'Évangile en Asie mineure, 406 ; les abus des agapes, 409 ; emprisonné à Césarée par le gouverneur de Judée, excipe de sa qualité de citoyen romain pour être transféré à Rome, 411. III. L'ouvrage de Renan : « S. Paul avec cartes de ses voyages », jugé par Doudan, 377.

Paul-Émile, dit le « Macédonique » II. Plutarque écrit sa « Vie », 129 ; cité par Alfieri, 654.

Paulet, Angélique, fille de Charles de Paulet, promoteur (1604) de « l'édit de Paulette », « triomphale beauté », la meilleure amie de la M¹¹ᵉ de Rambouillet. III. Métamorphosée en perle par Voiture, 341.

Paulin (S.), (Pontius Meropius Paulinus), évêque de Nole. I. Confondu avec Paulin de Périgueux, 29. III. Auteur de 50 lettres que S. Augustin ne se lassait pas de relire, élève et correspondant d'Ausone (« Epist Ausonii », 19, 20, 21, 22, 23, 24, 25), 288.

Paulin de Périgueux (Paulinus Petricordius), auteur d'un poème sur la Vie de S. Martin. I. Confondu avec Paulin de Nole, 29.

Paulinus ou **Paullinus, Valerius**. I. Son testament, 68, 515, 516 ; sa terre de « Forum Julii », 111 ; mesure qu'il propose contre Théophane (aff. Bassus), 594 ; P. J. lui adresse un dithyrambe sur le studiosisme, 603. II. Orateur, 109 ; son avis dans l'affaire Bassus, 43 ; quelques renseignements biographiques, 156, 157, 487 [Cf. Mommsen, Index, p. 428] ; lettres que lui écrit P. J., 157-160, 487.

Paulus ou **Paullus, Velius**, proconsul de Bithynie sous Domitien [Mommsen, Index, lui attribue Martial, « Epigr. », l. IX, 32 « dum comes Arctois hæreret Cæsaris armis — Velius.... » où les traducteurs Panck. voient Velius, vel Vebius, Crispus]. I. Avait condamné Flavius Archippus aux mines pour crime de faux, 386, 388.

Paulus, ou **Paullus**, [ce nom qui revient souvent dans les « Epigr. » paraît concerner tantôt un personnage réel, tantôt un personnage fictif : 1° un consul ordinaire (l. X, 10) — peut-être le même que le guerrier (l. IX, 32) ; 2° un préteur : « juponnier » (Myrtale, Fabulla, Lycisca), l. IV, 17, l. V, 4, l. VI, 12, l. VIII, 33 ; « vaniteux » : l. II, 20, l. XII, 69 ; « avare » : l. V, 22, l. VII, 72, l. VIII, 33, l. IX, 86]. II. Incessamment courtisé par Martial auquel il ferme tantôt sa porte, tantôt sa table, 253.

Paulus. II. « Conducta agebat sardonyche » (Juvénal), 95.

Pedo, Albinovanus. II. Poète, ami d'Ovide, cité par Martial, 264. [Voir aussi « Epigr. », l. V, 5].

Pedo. II « .... sic Pedo conturbat » (Juvénal, Sat. VII, v. 129), 94.

correction de Mommsen, 103 ; adopte une correction d'Ernesti, 197 ; adopté (pour l. VIII, 20) une hypothèse de Keil et une leçon de Döring, 210 ; adopte (pour la dernière lettre de P. J.) une conjecture de Mommsen, 225 ; recours à sa traduction de P. J., 116, 191, 192, 193, 202, 207, 208, 222 ; rappel de ses travaux sur P. J., 515.

Péter, Carl. I. La « præfectura ærarii Saturni » de P. J., 310, 333 ; « Zur Chronologie der Briefe des jüng. Plinius », I, 557, 578 et II, 471, 473, 475, 476, 477, 478, 479, 483, 484, 485, 486, 491. III. Rappel de ses travaux sur P. J., 515.

Petro, Titus-Flavius. I. Aïeul de Vespasien, 173.

Pétrone, Arbiter Elegentiarum. I. Le « præceptor turpis », 39 ; les « pueri capillati », 42 ; les affranchis, 51 ; condamné à mort par Néron, 147 ; l'abêtissement de la jeunesse, 552. II. Cité 29, 110, 383, 388, 389, 390, 397 ; dans « Quo Vadis », 64, 686 ; de Guerle commente les vers du Satyricon, ch. XIV, 96. III. Ses malandrins, 3 ; « Fabricius Vejento de religionis erroribus jam nunc ingeniose locutus est », 52 ; né à Marseille, 53 ; les mœurs grecques dans le « Satyricon, 172 ; contraint par Néron de s'ouvrir les veines, 200 ; Eumolpe précepteur du « formosissimus filius » d'une famille de Pergame, 203 ; Bussy-Rabutin surnommé le « Pétrone français », 344.

Pétrone. III. Arlésien, avocat, jurisconsulte, écrivain, député de la Gaule (avec Ferreolus et Thaumastus) dans l'affaire Arvandus, correspondant de Sidoine Apollinaire duquel il est censé obtenir la publication du huitième livre des Epîtres, 261, 328.

Petronius. I. L'un des conjurés de l'assassinat de Domitien, 201 ; égorgé par les prétoriens, 223.

Petus, Articuleius. I. Consul ordinaire (en 101), 496.

Petus, Cæcina. I. Epoux d'Arria major, père d'Arria minor, 460 ; prend part à la conjuration de Scribonianus, est condamné à se donner la mort (Pæte, non dolet), 461 ; l'affection héroïque que lui portait sa femme, 461, 462. III. Cité par Duruy, 3.

Petus, Papirius, ami de César et l'un des correspondants de Cicéron. II. Début de la lettre « anno incerto » (ad. div. IX, 21 Panck. 658), 340. III. Type de « antiquæ et vernaculæ festivitatis », cité par l'éditeur de Balzac (1658), 335.

Petus, Thraséas. I. Epoux d'Arria minor, père de Fannia, épouse d'Helvidius Priscus, 460 ; son attitude sous Néron, sa mort, 147, 463, 464, 475 ; aurait été, sous Néron, très lié avec Vespasien, 189, 464. II. Les causes dont on doit se charger, 15, 17 ; son ami Quietus, 15, 34 ; cité par Michaut, 138 ; condamné à mort par Néron, 144 ; n'échappe pas aux reproches de Tacite, 226 ; cité par Lebaigue, 433 ; une pensée, 444 ; cette pensée commentée par Casaubon, 441 ; cité par Dupré, 487 ; comment il devait se qualifier, 641 ; « jacobin », [les politiciens du stoïcisme équivalent à nos politiciens du socialisme ; ils se servent comme tremplin d'une science fort estimable — qu'ils n'ont jamais étudiée], 643. III. Cité par Duruy, 3 ; rappelé au sujet de Rusticus Arulenus, 49 ; un mot de lui cité par P. J., qui le qualifie de « vir mitissimus », 82 ; peu sympathique à Tacite, cité avec admiration par P. J., (l. III, 16, l. VI, 29, l. VII, 19, l. VIII, 22), 102 ; se fait ouvrir les veines, 200.

Peyrat, Alphonse. III. Citation d'un passage de « La Compagnie de Jésus » dans « Histoire et Religion » (p 97, 98), 266.

Phébus. II. Nom de convention dont Martial se sert à deux fins : l. VII, 23 et l. II, 35, l. III, 73, 79 ; l. XII, 45, etc., 253.

Phèdre, le fabuliste. II. « Otia sequentes », « nænia », ses petites fables innocentes [Martial, l. III, 20 l'a qualifié d' « improbus »], 140-144, 149, 187 ; imite (l. I, « Prol. ») Esope en vers iambiques, 334. III. Né en Thrace, dans le voisinage de la Macédoine, 53.

Phidias, le plus grand statuaire de l'antiquité. III. Cité par Marc-Aurèle, 238.

Pighlus (Etienne Winants Pigghe, dit en latin). II. Cité par de Golbéry. (Suétone, III. p. 360), 229.

Pierre (S.). I. Prêche l'Evangile en Asie mineure, 406.

Pierre, évêque de Ravenne. III. Correspondant d'Avitus, 294.

Pierron, Alexis. III. Emprunts à sa Traduction des Pensées de Marc-Aurèle (3e Édit. 1878. Paris, Charpentier), 177 ; les dernières lignes de son « Introduction » (1er juillet 1843), 516.

* **Pierrot, J.** I. L'auteur tire grand profit de sa revision annotée de Sacy, 14 ; Calpurnia, seconde femme de P. J., Pompeia Celerina, sa mère, 45 ; P. J. propriétaire à Tusculum, Tibur, Préneste, 58 ; recours à sa revision et à ses notes, I. 84, 87, 211, 212, 285, 293, 350, 364, 377, 384, 409, 485, 491, 507, 513 et II. 74, 75, 76, 81, 82, 93, 94, 104, 114, 164, 198, 210, 212, 270, 271, 272, 309, 385, 389, 392, 396, 398, 400, 402, 405, 409, 410, 411, 464, 513, 521, 526, 531, 532, 577, 614, 615, 633, 638, 649, 679, 680, 681, 691. III. Renvois à son texte, 6, 7, 13, 63, 147 ; recours à ses notes, 14, 34, 103, 116, 210, 216, 221 ; renvois à sa traduction, 193, 202 ; Rappel de ses travaux sur P. J., 513.

Pintrel. II. Ami de La Fontaine qui publie (1680, 2 vol. in-8°) sa traduction des « Lettres à Lucilius » à laquelle il a collaboré pour sept vers de Mécène, 411.

* **Piovano, S.** et **Longhi, E.** II. « Plinio. Lettere scelte. Testo Commento », 508 ; « Osservazioni sulla grammatica e sullo stile di Plinio », 306 ; chronologie des Epîtres, 483, 486 ; un commentaire, 617 ; épigraphe de leur ouvrage, 653 ; jugement sur le Panégyrique d'Alfieri, 656. III. Rappel de leurs trav. sur P. J., 516.

Piron, Alexis. II. Poète, homme d'esprit, bohême, 268.

Pisani (Léon d'Angennes, Marquis de), fils de Charles d'Angennes, Marquis de Rambouillet et de Catherine de Vivonne, tué à la bataille de Nördlingen. III. Ami et correspondant de Voiture qui pleure sa mort, 250, 338.

Pisany. Voyez « Pisani. »

* **Piscatory** (M. et Mme), amis et correspondants de Doudan ; M. Piscatory, 82 lettres (du 8 mars 1852 [le « J'ai vécu » de Sieyès] — 10 juillet 1870) ; Mme Piscatory, 7 lettres. III. 45, 376, 377.

Pisons (Les). I. Républicains, conspirateurs, « ralliés » [depuis C. Calpurnius l'associé de Brutus et de Cassius, jusqu'à Calpurnius, le consul de Trajan], 459, 46°. II. Cités par Friedlænder comme protecteurs des Lettres, 243.

Pison, L. Calpurnius Cæsoninus. II. Consul en 58, beau-père de César, cité par Cicéron, 374.

Pison, Caïus. I. Chef d'une conjuration contre Néron, dénoncé par Antonius Natalis, s'ouvre les veines, 459.

Pison, Licinianus. I. Descendant de Pompée et de M. Licinius Crassus, adopté par Galba ; massacré par les prétoriens sur le seuil du temple de Vesta, 165, 226, 459, 460. II. Régulus aurait mordu son cadavre, 55 ; avait épousé Verania, 302, 322, 385. III. Régulus est institué légataire « in codicillis Veraniæ Pisonis », 37.

Pison Lucius, consul avec Néron (810), gouverneur d'Afrique soupçonné de retenir les convois. II. Assassiné par les ordres de Festus, commandant de la légion d'Afrique, 59, 60, 61.

Pison, Calpurnius. I. P. J. n'est point en correspondance avec lui, 55 ; ses relations avec P. J., 459, 460, 479 ; son intellectualité, son consulat, 460. Les compliments que P. J. adresse aux « Métamorphoses en Astres » et à son auteur, II. 194, 291, 292 ; III. 86, 382.

Pison........, frère de « Pison Calpurnius ». I. S'associe aux lectures de son frère, 460. III. Félicité (l. V, 17) par P. J., 382.

Pison, Julius « amisenus ». I. Assigné en restitution par l'avocat de la ville d'Amisus, 394, 395.

...: **Pisonis** (uxor), « optima mater » de Calpurnius Pison et de son frère. III. Félicitée (l. V, 17) par P. J., 382.

Pithou, Pierre. I. Nicétès Sacerdos, 41.

Pitt, William. I. Qualifié Fox de « Magicien », 166.

Pituanius, Lucius. I. Astrologue précipité de la roche tarpéienne (Tacite, « Ann. » II, 32) après le complot de Libon Drusus, 555.

Pizzolpasso, Francesco, archevêque de Milan. II. Considéré comme le premier éditeur du « Pan. » de P. J., 661, 662.

Planta. III. Ennemi de Maxime ; sa mort devance la publication d'un ouvrage (libros) où Maxime le prenait à partie ; conseils donnés par P. J. à son ami, 147, 148.

Planta, Pompeius, préfet d'Egypte qualifié par Trajan d' « amicus meus », auteur probable d'un ouvrage de « bello civili Vitelliano. » III. Mommsen et Teuffel voient en lui (contre les vraisemblances) l'ennemi de Maxime [V. supra], 147.

Plassac-Méré (de). III. Correspondant [3 décembre 1642, 1er octobre 1643, 1er janvier 1644] de Balzac, 333.

* **Platner, Samuel Ball.** I. L'auteur tire grand profit de « Bibliography of the younger Pliny », 4 ; recours à cet ouvrage : I. 9, 562, II. 502, 503, 504, 505, 506, 507, 512, 515, 544, 610, 618, 668, 669, 670, 673, 674, 676, 679, 693 ; recours à « Sélection from the Letters of the younger Pliny », I. 462, 482, 517, 570 et II. 96, 191, 192, 389, 404, 508. III. Rappel de ses travaux sur P. J., 515, 516.

* **Platon.** II. Cité par Valère Maxime et Robert, par P. J. et au sujet de P. J., 134, 275, 316, 635. III. Messalla (« Dialogue des Orat. ») dit que P. donnera à l'orateur « altitudinem » ; P. J. dit d'Euphrate : « platonicam illam sublimitatem et latitudinem effingit », 79 ; ceux-là seuls sont grands qui ont pu goûter Homère et P. (Plutarque), 152 ; Marsile Ficin fonde à Florence une académie platonicienne et donne la première traduction latine de P. auquel il voue un culte religieux, 320 ; cité par Pasquier, Voltaire, Quintilien, 328, 329, 354, 492.

Plaute. II. Poète comique, cité par P. J. au sujet de Pompeius Saturninus, 203 ; les comédies de Virginius Romanus doivent être classées « inter Plautinas », 209, 210 ; « opus est ut.... », 313. III Les lettres de Pompeius Saturninus (ou celles de sa femme) sont, dit P. J., du Plaute « metro solutus » [Qu'avait-il — ou qu'avait-elle bien pu écrire ?], 86, 403 ; les mœurs grecques dans ses « Comédies », 172 ; sa langue pastichée par Fronton, 233 ; comme Saturninus (ou Saturnina), Virginius Romanus est suivant P. J., l'émule de P., 250.

Plautianus (et non Flavianus). II. Aurait été, suivant quelques érudits, l'assassin du dauphin d'Hippone, 406.

Plautus, Rubellius. I. Petit-fils de Drusus, protégé d'Agrippine, égorgé sur l'ordre de Néron, 245, 246.

Plessis, F. et Poirot [Calvus. Klinczieck, 1896]. I. Calvus et Cicéron, 564, 565. II. Calvus et Catulle, 203, 204 ; Calvus (poète) et Cicéron (poète), 204 ; ce qui nous reste, ce que nous avons perdu de l'antiquité, 275 ; la vanité de Cicéron, 381.

* **Pline l'Ancien.** I. Frère aîné de Plinia, 24 ; la date de son retour d'Espagne, 25 ; adopte son neveu, l'élève par cette adoption à l'ordre équestre, surveille son éducation, lui laisse sa fortune, 26, 27, 37, 39, 41, 49, 51, 66, 67 ; le lieu de sa naissance, son « Cursus honorum » (d'après l'opinion la plus répandue), ses premières relations avec la famille de Tacite, sa mort (1), 27, 28, 232 ; son

---

(1) Omission aux « Addenda » — Le rideau du théâtre de Côme représente la mort du savant.

« Cursus honorum » d'après A. Chapot, 39, 66, 244 ; le port de la barbe chez les vieux Romains, 42 ; les affranchis, 51 ; les chevaliers, 51 ; ses économies, 69 ; la Culture servile, 85 ; flétrissure tardive de Néron, 154, 155 ; sa carrière sous Galba, Othon, Vitellius, Vespasien, 170, 185, 189 ; dédie à Titus son « Histoire naturelle », 186 ; la réhabilitation des Vestales, 216 ; reste chevalier [Pline était chevalier et excessivement glorieux de l'être, car dans le courant de « l'Histoire naturelle », il nomme dix fois « con amore » les chevaliers, tandis qu'à peine il est question des sénateurs bien plus nobles certes que les chevaliers, mais dont Pline ne faisait pas partie. — Traduct. « Hist. Nat. », Panck, t. I, p. 349], 291. II. Se faisait lire pendant les repas (l. III, 5), 115 ; Caton, prophète, 122 ; « studiorum otiosi », 150 ; aurait chargé P. J. de publier ses « Histoires », 208 ; écrivait toujours et ne lisait jamais rien « quod non excerperet ...... », 212, 215, 216 ; ébauche en 45 « De jaculatione equestri », 217 ; cité par Tacite (« Ann. », I, 69 ; XIII, 20 ; XV, 53 ; « Hist. », III, 28), 219 ; sceptique et superstitieux, 236 ; Caii Plinii Vita (14 lignes) attribuée à Suétone, 238 ; rappel de ses travaux, 275, 283 ; sa mort, 291 ; son « Histoire naturelle », 338, 463 ; cité par Collignon, 388 ; la source intermittente de Côme, 396 ; le dauphin d'Hippone, 404, 405, 406, 407 ; « dicere solebat nullum esse librum tam malum ut non aliqua parte prodesset », 463 ; manuscrit de P. J. faisant suite à l'un de ses manuscrits, 500 ; cité par Schwartz, 573 ; l'oraison funèbre de L. Metellus, 607 ; confondu avec son neveu, 630. III. Cité par Duruy, 3, 500 ; né à Vérone, 53, 125 ; deux phénomènes (le fils d'Euthymème et le fils de Cornelius Tacite), 81 ; sa vie, ses ouvrages, sa mort, 109-118, 150 ; ce que pensait des Grecs, Caton « cujus auctoritati triumphus atque censura minimum conferunt », 169 ; « honos imaginum », 192 ; cité par Sidoine Apollinaire, 263 ; exerce peu d'influence sur son neveu, dont il n'a pas la santé morale, 490, 491, 492, 493 ; est un Romain, 502 ; sa statue sur le portail de la cathédrale de Côme, 505, 506.

Pline le Jeune. Pour la première, la deuxième, la troisième parties et la Conclusion, voir les « Tables analytiques des Matières. » Pour les liens qui qui rattachent P. J. à ses héritiers (4e partie), voir notamment III. 229, 230, 231, 233, 234, 239, 241, 242, 243, 244, 246, 248, 249, 250, 251, 252, 253, 254, 255, 256, 258, 259, 260, 261, 262, 263, 264, 265, 266, 267, 268, 269, 274, 275, 277, 278, 281, 282, 283, 286, 288, 289, 290, 297, 298, 300, 301, 305, 307, 308, 309, 312, 313, 315, 316, 319, 320, 321, 324, 325, 326, 327, 328, 329, 330, 331, 334, 335, 337, 338, 342, 350, 351, 352, 355, 356, 362, 363, 364, 367, 368, 370, 376, 377, 379-401, 402, 403, 405, 406, 407, 409, 413, 415, 417, 421, 422, 427, 437, 439, 440, 444, 450, 453, 454, 456, 459, 460, 461, 462, 463, 464, 465, 467, 468, 471, 479, 482.

Pline Paterne. I. Parent maternel de P. J. ; les relations des deux cousins, 49. II. Reçoit quatre lettres de P. J., 288 ; Péter fait, pour sa chronologie, état d'une de ces lettres, 477. III. P. J. lui envoie ses « Hendécasyllabes », 396.

Plinia. I. Sœur cadette de Pline l'Ancien, femme de Lucius Cæcilius, mère de P. J., 24 ; choix de nourrice, 32 ; élève P. J. « in gremio », 37 ; paraît n'avoir jamais quitté son fils, 39, 41 ; sa santé, sa mort, 43, 49 ; sa classe sociale, 51 ; sous le règne de Néron, 152 ; douce, tendre et molle, 155. III. Voit la première l'éruption du Vésuve, dangers qu'elle court pendant ce cataclysme, ce qu'elle fait, ce qu'elle dit, comment son fils la protège, son âge le 24 août 79 — 207 ; ce que P. J. lui devait, 494.

Plotia. II. Lex agraria, 377.

Plotine, (Pompeia-Plotina,) impératrice, épouse de Trajan. I. Son affection pour Adrien [Elle mourut vers 129. Hadrien qui lui devait l'empire, rendit de grands honneurs à sa mémoire et lui fit décerner l'apothéose. — De la Berge, p. 303], 452. II. Dans le « Pan. » ; une brochure (1724) sur elle, 544, 545. III. Ne peut être la « Plotina, sanctissima femina » que l. IX, 28, mentionne P. J., 26.

---

(1) Lodovico Dolce [que nous avons lu à Fribourg (Suisse), Bibl. Univ., n° 1405] débute par P. J. (p. 1-30) et [après Pétrarque, Pic de la Mir., Barbaro, Donato, Ficin] finit par Politien (p. 157-163).

achevée par les mœurs grecques, 167 ; trop lié avec l'élite romaine pour ne
point devenir « intellectuellement » romanophile (v. « Addenda »), 175.

Polyclète. I. Affranchi de Néron, objet de l'exécration publique ; Trajan fait
allusion à son souvenir, 324.

Polyénus. Voyez « Polyænus. »

Polyeucte [Voir Surius. « Vita sanctorum », t. I, 9 Janvier], saint fanatique
du III° siècle. I. 407 ; II. 643.

Pomerius, rhetor. III. Correspondant d'Ennodius, 299.

* **Pompée le Grand.** I. Fonde à Côme une colonie militaire, 23 ; ancêtre de
Licinianus Pison, 165 ; s'en rapporte à Cicéron sur les questions juridiques,
238 ; place la Syrie sous le protectorat romain, 242 ; choisit son questeur,
257 ; enrichit le Trésor public par ses conquêtes, 305 ; se joint à César pour
obtenir de Cicéron de plaider les causes de Vatinius et de Gabinius, 588.
II. Ne fut point ménagé par les orateurs (« Dial. des Orat. », 40), 52 ; « primus, tertio consulatu, adstrinxit, imposuitque veluti frenos eloquentiæ »
(« Dial. des Orat. », 38), 88 ; cité, notamment par Cicéron, 367, 374, 377, 378,
379, 608 ; Cicéron célèbre ses nobles et sublimes vertus, 610. III Ses deux
Histoires (Frédéric le Grand), 352 — [Voir Addenda] — le Cirque de P., 399.

Pompée. II. Le premier, mais non le plus brave des « sodiales » d'Horace
(« Odes », l. II, 7), 147.

* **Pompeia Celerina.** I. Veuve de C. Fabatus junior, mère de Calpurnia Plinii,
41, 43, 47, 48 ; appuie les ambitions de son cousin Cœlius Clemens, 49.
II. P. J. lui écrit une lettre, 288 ; est, pour Dupré, la mère de Calpurnia, 487.
III. Voir, notamment, dans « Calpurnia et sa famille », 181, 183, 190, 191, 201,
220, 221.

Pompeianus, Claudius, second mari de Lucille, fille de Marc-Aurèle. II. Ce
que Renan [Marc-Aurèle, 38, 39] dit de ce mariage, 112.

Pompeien. Voyez « Pompeianus Claudius. »

Pompeius Collega. Voyez « Collega, Pompeius. »

Pompeius Falco. Voyez « Falco, Pompeius. »

* **Pompeius Festus,** auteur du « De Significatione verborum ». I. Etymologies
de « quæstor », de « prætor », 253, 280 ; la répression du maraudage dans
les lois de Laurente, 483. II. « Nuces flagitantur nuptis et jaciuntur pue-
ris.... », 136. III. « Mæniana appellata sunt a Mænio censore, qui primus in
Foro ultra columnas tigna projecit, quo ampliarentur superiora spectacula »,
423.

Pompeius Saturninus. Voyez « Saturninus, Pompeius. »

Pomponia, sœur d'Atticus, femme de Quintus Cicéron. II Trouble-famille,
368, 369.

Pomponia Gratilla. I. Veuve avec un fils (Assudius Curianus), remariée à
Rusticus Arulenus (mariage sans enfants), exilée par Domitien, meurt en
exil, deshérite son fils au profit de P. J., Sertorius Severus et autres, 68, 113,
114, 199, 287. 474 [Cf. Mommsen, « Index », p. 412 et « Addenda », p. 432
qui renvoie à Tacite « Agric. », 45, « Hist. » III, 69].

* **Pomponianus,** ami de Pline l'Ancien, habitait Stabies. III. Son rôle dans
l'éruption du Vésuve [Voir les commentaires de Catanæus au nom « Pomponianus », Edit. 1519, p. 112], 117, 118.

Pomponius Lætus, Julius. I. Sa lecture (Romæ, 1490) d'un texte douteux de
P. J., 524. II. Son édition des « C. Cæcili Plini Secundi junioris épistolæ »
[Cf Notitia litteraria, Lemaire, p. 414, 415 et Platner p. 2, n° 6], 502, 509.
III. Accusé de conspiration contre le Saint-Siège, puis de philosophisme, 320 ;
auteur (entre autres publications), d'éditions de Salluste et de P. J., de
« Vita Statii poetæ et patris ejus » et peut-être de « Modesti Libellus de
vocabulis rei militaris », 320 ; correspondant de Politien, 320, 323.

Prévontais de la Renardière. III. Nobliean de Touraine raillé par Courier, 370.

Présens, Brutius. Voyez « Præsens, Brutius. »

Preuss. Voyez « Engelmann. »

Prévost-Paradol (L.-A.). II. La Bruyère, 468. III. Ses « Lettres politiques » (recueil, avec préface, d'articles parus dans le « Courrier du Dimanche »), jugées par Doudan, 377.

Prichard, C.-E. et Bernard, E.-R. [« Select Letters. With notes for the use of Schools. » Oxford. 1899]. Recours ou renvois à cet ouvrage. I. 474, 518, 520 et II. 132, 387, 389, 397, 399, 404, 406, 472, 507, 508. III. Rappel de leurs travaux sur P. J., 513.

Prieur (D²), bibliothécaire de l'Université de Besançon. I. L'auteur reconnaissant de son accueil, 15.

Prima, Furia. I. Dénonce à P. J. un crime de Flavius Archippus, 387, 388.

Primus, Antonius. I. Légat légionnaire de Vespasien, écrase les Vitelliens à Bédriac, 175.

Priscilla. I. Femme d'Abascantius, pleurée par Stace, 203.

Priscus ou **Priscinus, Corelius.** I. Consul ordinaire en 93 avec Pompeius Collega, 496.

Priscus. I. Les six Priscus de la correspondance de P. J. Cornelius, le consul ; Javolenus, le jurisconsulte ; Marius, le proconsul d'Afrique ; Stillonius, le commandant de cohorte ; Vectius, le protégé de Fabatus ; Neratius, le Conseiller d'État, 494, 495.

Priscus, Cornelius [ne pas le confondre avec « Priscus » ou « Priscinus » Cornelius, consul en 93]. I. Emule de P. J. dans le « Cursus honorum », proconsul d'Asie (120), 494, 495 ; P. J. lui (?) adresse l'oraison funèbre de Fannia, 466. II. Orateur, 107 ; son vote dans l'aff. Varenus, 44 ; P. J. lui annonce la mort de Martial, 44, 265, 266, 267, 269.

Priscus, Javolenus. II. Jurisconsulte, 108 ; raillé par P. J., 99, 493 ; réponse d'Heineccius à ces railleries, 99 ; cité, 103. III. La lettre P. J., 1, VI, 15 roule beaucoup plus sur lui que sur Passienus Paulus, 11 ; P. J. doute de ses facultés mentales au sujet d'une distraction « ridicule et scandaleuse », 26, 27 ; jurisconsulte illustre de l'école sabinienne, successeur de Cn. Arulenus Cælius Sabinus, professeur de Salvius Julien, 28, 30 ; défendu contre les suppositions injurieuses de P. J., 32 ; protestations d'Heineccius contre ces suppositions, 32.

Priscus, Marius. I. Proconsul d'Afrique, dénoncé au Sénat par ses administrés, condamné sur plaidoiries de P. J. et de Tacite, 573-576, 601. II. Rappel de son procès (accusation, plaidoiries, délibéré, verdict, date), 31, 38, 39, 84, 89, 282, 292, 305, 320, 450, 476, 540, 594. III. Tacite commis avec P. J. comme avocat-poursuivant dans son procès criminel, 68, 95 ; extraits du récit de P. J., 96 ; P. J. s'explique très longuement sur le procès, très longuement sur son rôle, très brièvement sur Tacite, 97.

Priscus, Neratius, Marcellus. I. L'un des Conseillers d'Adrien, 322 ; son « Cursus honorum », ses relations avec P. J., 494 ; P. J. lui présente Pompeius Saturninus, 507, 508 ; consulté avec Ariston par Trajan qui adopte l'avis émis, 519. II. Chargé par P. J. de l'aff. Crescens c/ Maxime, 72 ; avocat et jurisconsulte, 98, 99, 108, 225 ; P. J. le traite cavalièrement, 99 ; état que fait Schultz, pour sa chronologie, d'une lettre à lui envoyée par P. J., 479, 480 ; menaces que lui adresse P. J., 493. III. Le jurisconsulte, 28, 75, 132 ; P. J. lui recommande Voconius Romanus, 6, 7, 10, 60, 61, 64, 65 ; comment P. J. le traitait, 30, 60 ; l'aff. Crescens c/ Maxime, 13, 132-136.

Priscus, Stillonius, « tribunus cohortis ». I. Co-accusé de Classicus, 579 ; banni de l'Italie sur plaidoirie de P. J., 584.

Priscus, Tarquitius. I. Condamné sous Néron pour concussion, à la requête des Bithyniens, 589.

Priscus, Vectius ou **Vettius** [inconnu]. P. J. accepte, sur la recommandation de Fabatus, de plaider pour lui devant les Centumvirs. I. 601, 603 et III. 219.

Probus, Bæblus. I. Complice de Classicus, exilé pour cinq ans, 579, 584.

Probus, empereur (M. Aurelius Valerius Probus). III. Renvois au parag. 2, [Adde 1] de sa « Vie » par Vopiscus, 513.

Probus. « Vir illustris, solers ingenio, carmine doctiloquus. » III. Correspondant d'Ennodius, 299, 303, 304.

Procope. I. [« Histoire Secrète, 26 »], les frais du consulat au temps de Justinien, 313. III. [« Histoire de son temps »], raconte (en indiquant le motif) que Théodoric défendait aux Goths d'envoyer leurs enfants aux écoles, 310.

* **Procula Serrana.** I. Padouane, prodige d'austérité, mère de P. Acilius et de Serrana, junior, 129.

Proculus. II. Jurisconsulte, sous Néron, donne son nom à l'Ecole des « Proculéiens » qui avaient pour rivaux les « Sabiniens » ou « Cassiens », 98.

Proculus. III. Poète « rival d'Homère, égal de Virgile » et père de famille trop rigoureux ; Sidoine Apollinaire réédite à son intention totalement la lettre I, IX, 21, de P. J. et partiellement I, IX, 24, — 268.

Proculus, Julius. II. Descendant des rois d'Albe, tige de la gens « Julia », ami de Romulus ; l'ombre de Romulus [humano major] lui apparaît, 397.

Proculus, C. Julius. II. [Martial, I. XI, 36], patricien, protecteur de Martial qui envoie son livre « ad Proculi nitidos lares », 257, 258.

Proculus, Silius. I. Ami de P. J., poète débutant, 120, 130, 131. II. Soumet ses poésies à P. J., 205, 206, 283, 291. III. Lit ses vers « suavissime et peritissime » ; pour les lire lui-même P. J. dérobera à ses études une partie de son loisir, 85, 394 ; rappelé au sujet des correspondants d'Ange Politien, 320.

Proculus, Vectius, ou **Vettius,** préfet du Trésor, consul, proconsul d'Asie entre 103 et 117. I. Beau-père de la première femme de P. J., 44, 48 ; voir aussi p. 130. II. Orateur, 109 ; son vote dans l'aff. Certus, 33, 34, 35, 37. III. Cité dans « Calpurnia et sa famille », 181.

* **Properce.** II. Imité par son descendant Passienus Paulus, 201, 202, 287. III. Le Clitumne, 20 ; Passienus Paulus qualifié par P. J. de « vera soboles [Propertii]eoque simillima illi in quo ille præcipuus », 26, 85, 250 ; Philippe Béroalde l'Ancien donne une édition annotée de ses œuvres, 320.

Ptolémées (les). III. Fondent à Alexandrie l'immense bibliothèque qui compta plus de 700.000 volumes, 316.

Publicius Certus. Voyez « Certus, Publicius. »

Publicola, Valerius, P., l'un des fondateurs de la République romaine. I. Crée deux questeurs pour la garde du Trésor, 253. II. Prononce l'oraison funèbre de son collègue Brutus, 606. III. Premier consul de la République avec Lucius Junius Brutus ; son consulat rappelé par Mamertin le Jeune, 440.

Publilia [Voir Boissier, « Cicéron », p. 103, 104]. II. Jeune pupille de Cicéron qui l'épousa après son divorce d'avec Terentia et la répudia après la mort de Tullia, 384.

Publius. II. Avocat aveugle cité par Valère-Maxime, 133.

Publius, Valerius. Voyez « Publicola Valerius. »

Pudens, centurion de deuxième classe dont Martial chante les turpitudes. II. 254 et III. 400.

Pudens, Aulus. I. Demande à Martial de corriger lui-même à son intention un exemplaire des « Epigrammes », 491.

Puteanus, Claudius (Claude du Puy). II. Ses notes utilisées par les « XIV Panegyrici » de Gruter, 669.

Puteolanus, Franciscus. II. Édition princeps du « Pan. de Trajan », 668 ; une leçon douteuse du « Pan. », 668

Pylade, prince de Phocide, ami-suiveur, puis beau-frère d'Oreste [Voir sur la nature et l'attitude de son amitié, la citation de Gallenga dans « Les moralistes italiens » par P. J. Martin. Bruxelles, Meline, p. 20]. II. 267.

Pyrrhus, roi d'Épire. II. Rêve de ranger sous ses lois tout le vaste hémisphère pour prendre ensuite du bon temps ; ce que répond un conseiller très sensé à ce roi très imprudent (Boileau), 471. III. Aurait, suivant Symmaque, insuffisamment récompensé son maître Cynéas, 247.

* **Pythagoras.** I. Affranchi, épousé par Néron, 147.

Pythagore, le fondateur de l'école italique. II. Ses longs voyages d'instruction rappelés par Valère-Maxime, 134.

Q

* **Quadratilla, Numidia** ou **Ummidia**, aïeule de Numidius ou Ummidius Quadratus. II. Sa vie, ses mœurs, sa mort, son testament, 73-75, 286, 301, 302.

Quadratus. I. Disciple des Apôtres, remet à Adrien un mémoire en faveur des Chrétiens, 407.

Quadratus, Aulus. I. Consul ordinaire (en 105), 496.

Quadratus, Numidius ou **Ummidius**, petit-fils de Quadratilla, « intra quartum et vicesimum annum maritus », beau-frère de Marc-Aurèle (?), consul suffectus en 118. I. P. J. s'entretient avec lui d'Helvidius et de Thraséas, 479 ; Adrien s'acharne après lui « graviter insequutus est », 497. II. Reçoit à ses débuts oratoires les conseils de P. J., 15, 72, 75, 77, 108, 453 ; son portrait, son héritage, 73-75, 165, 338, 481, 642, 643 ; notice biographique, 76, 78, 643. III. Imite le talent oratoire de P. J ; la joie de P. J. en l'entendant plaider, 139, 140.

Quadrigarius, Claudius. III. Antique historien romain [Havercamp a publié, à la suite de Salluste, les fragments de ses « Annales »] cité une vingtaine de fois par Aulu-Gelle, 239.

Quart (de). Voyez « Coardi de Quart »

Querquifinen (de). Seigneur d'Ardivilliers. III. L'un des correspondants les plus assidus de Pasquier, 334.

Quesnay de Beaurepaire, Jules. I. Une conversation avec Challemel-Lacour, [« Revue du Palais », 1er Avril 1897, p. 230], 534.

Quicherat, L. III. A souvent trouvé dans les poésies de Sidoine Apollinaire « un heureux reflet du langage de la bonne époque », 257.

Quieta. III. Femme d'Hypatius, mère de Palladia, ses rapports avec son gendre Salvien, 251, 252.

Quietus, Avidius, personnage d'arrière-plan qui vivait encore sous Nerva (P. J., I. IX, 13), et était mort quand P. J. écrivit I. VI, 29. I. Confident de Thraséas, ses relations avec P. J., 475, 478 ; discussion de son « Cursus honorum » proposé par Mommsen (Index), 475. II. Paroles de Thraséas qu'il rapportait à P. J., 15 ; orateur, 107 ; son vote dans l'aff. Certus, 34, 35, 37.

Quinctianus Afranius. II. Ce qu'en dit Tacite (Ann. XV, 49, 56, 57, 70), 403, 404.

Quinctianus ou **Quintianus Pompeius.** II. Lettre de condoléance que P. J. écrit à Colonus au sujet de sa mort, 292, 402, 403 ; sa généalogie, suivant Cataneus et Gesner [non suivis par Mommsen], 403.

Quintiliana. Voyez « Fabia. »

* **Quintilien** (M. Fabius Quintilianus). I. L'éducation et la vertu des nourrices, 31 ; le cycle scolaire chez les Romains, 32 ; le « prætextatus » républicain, 33 ; l'éducation privée et l'éducation publique, 34 ; son passé, 39, 40 ; professeur

PLINIUS RICHTET DIE CHRISTEN. X.Buch XCVII.Brieff.

de P. J. 40, 506 ; la lettre l. VI, 32, que lui adresse P. J. au sujet des fian-
çailles de sa fille, 113, 114, 119. [Cette lettre où Dodwell, Demogeot, Robert,
Lebaigue voient l'auteur de « l'Institution oratoire », concernerait un
homonyme suivant Gesner, Mommsen, Waltz, Collignon. Consulter les
raisons données par ces deux derniers auteurs, p. 150 ; p. 136]. Sa pauvreté
et sa richesse, 113, 114, 211 ; le bénéfice qu'il retire du règne de Galba, 170 ;
les éloges dont il comble Domitien, 198, 202, 205, 206, 209 ; le récit de la mort
de Patrocle, dans l'Iliade, 213 ; « petere tanquam Cæsaris candidatus », 239 ;
les trois années de rhétorique, 539 ; l'année supplémentaire, 530, 540 ; la
méthode d'enseignement, 540-541, 545, 552, 553, 556 ; le tribunal des Centumvirs, 555 ; plus professeur qu'avocat, 558. II. Sa patrie, son enseignement,
sa carrière, 111, 112, 115, 116, 243, 338, 356 ; professeur de P. J., 339, 581 ; ce
que Martial dit de lui, 215, 269, 274 ; P. J. ne parle pas de ses écrits, 273 ; on
lui a attribué le « De viris illustribus Urbis Romæ », 279 ; recours ou renvoi à
son « Institution oratoire », 137, 164, 225, 340, 387, 464, 573, 630 ; La Harpe
surnommé Le Quintilien français, 576. III. P. J. fait à sa fille un cadeau de
noces, 2, 87 ; son grand ouvrage est autant un livre d'éducation que de rhétorique (Duruy), 2 ; né à Calahorra, 54 ; professeur de P. J., 75, 175, 490, 492,
493, 494 ; se moque des complimenteurs, 82 ; remercie Domitien de ses faveurs, 94 ; P. J. aurait pu le choisir comme arbitre dans son débat avec
Tacite sur l'éloquence, 99 ; les juges né sont pas des intellectuels, 101 ; il faut
se retirer pour travailler non dans le calme des bois, dans la profondeur des
forêts, mais dans un lieu d'où l'on ne puisse rien entendre, ni rien voir,
103, 104 ; se préoccupe des mœurs du professeur, 203, 204 ; Aulu-Gelle ne
le cite point, 239 ; « circulatoria volubilitas », 381 ; sotadisme et demi-
sotadisme, 393, 394 ; comparé à P. J., 500, 502 ; a une rare correction (Duruy),
502.

Quintius, Publius. I. Négociant de Narbonne pour lequel plaide Cicéron, 558.

R

Rabelais. III. Cité par Chamfort, 408 ; ses joyeusetés folâtres servent de cadre
à une œuvre très sérieuse et parfois fort ennuyeuse, 408.

Racine, Jean. I Bérénice, 185. II. Renvoi à ses « Plaideurs », 246 ; cité par
Bouillier, J. Pierrot, Grasset, 433, 531, 579. III. Qualifié par Doudan de cousin
de Sophocle, 229 ; le libretto du « Temple de la Paix », 346 ; Mithridate joué
à la Cour de Frédéric le Grand, 358 ; Boileau et d'Alton-Shée comparés par
Doudan à J. R., 376.

Radecki, A. « Quatenus ex epistolis plinianis litterarum Romanorum status
jam senescentium cognosci possit, quæritur. » Programm. 1892 (1).

Rahir. II. Acquéreur du P. J. de Veenbusius relié aux armes de du Fresnoy,
512.

Rambouillet (Catherine de Vivonne, marquise de). III. « Précieux » et « pré-
cieuses » à l'hôtel et au château de Rambouillet, 25, 280 ; métamorphosée en
rose par Voiture, 341, 342 ; lettre que lui écrit Godeau, évêque de Vence, 341 ;
mariée trop jeune, de santé chancelante, de petites manies, 341, 342.

Rambouillet (Mlle de). Voyez « Montausier (Duchesse de). »

Rameau, Jean, neveu. II. Qualifié par Charles Asselineau, [« Le Neveu de
Rameau », 1862. Paris, Poulet-Malassis, p. iv.], 110. III. Type « des croque-
« notes, des parasites, des va-nu-pieds, des proxénètes, des goinfres qui
« personnifient les appétits, le dérèglement moral de leur temps », 172, 381.

* **Ramorino, Felice.** II. Ses opinions sur la chronologie mommsénienne, 483,
486 ; « le Mediceus et le Riccardianus », 498, 499, 500. III. Article dans « la

---

(1) Voyez la note sous « Weichselmann. »

12

Cultura », Juillet 1809 — les neuf lettres de P. J. à Maximus, 14; chronologie
des lettres, l. II, 14, 1. VIII, 19, 130; commentaire de l. VI, 11, 140.

Ramsay. W. R. Les lettres de P. J. sur les Chrétiens. [p. 196 et suiv., de « The
Church in the Roman Empire »], 1893. New-York. — Pour mémoire.

Rapin, (Le Père René) qui « servait Dieu et le monde par semestre ». III. Correspondant de Bussy-Rabutin, 346.

Ratin. II. « Tout farci de latinité et d'ancienne Rome, mais bonhomme au
demeurant et plus harangueur que sévère, etc. », dans R. Toppfer. « La
Bibliothèque de mon oncle », 196.

Raulin. III. L'un des correspondants habituels, [82 lettres, 21 nov. 1835-
30 août 1850] de Doudan, 378.

Rayanus, Hermannus. II. « Commentarii, in Panegyricum C. Plinii Secundi,
nunc primum in lucem editi ac Indice plenissimo illustrati. Ad generosos
clarissimosque Guadaneos fratres », 1554. [Lugduni. (Corradi) Lugd.-« Batav. »
(Platner)], 670, 672.

* **Reclus, Elysée.** III. Le Clitumne, 20.

* **Rectina,** femme de Bassus ou de Tascus, propriétaire d'une villa au pied du
Vésuve. III. Appelle Pline l'Ancien à son secours, 116.

Régnard, Jean-Franc, le poète comique. II. Lebrun achète sa maison de
campagne, 223.

Régnier-Desmarais (L'Abbé Franç.-Séraphin). II. De Sacy signe son acte de
décès, 681.

Régnier, Mathurin. II. Vers 57. Sat. II, « Les Poètes », 161.

Regulus, M. Atilius. II. Plutarque rend hommage à ce héros légendaire du
patriotisme, de l'honneur et du courage, 129.

* **Regulus, M. Aquilius.** I. Appelle P. J. Secundus, 29; sa fortune, 77, 606;
P. J. dédie à quatre transpadans ses biographies vengeresses du délateur,
125, 128; ses délations sous Domitien, 199; cause de la mort de Nerva, 224;
Nerva le soustrait à la répression, 227; admis au chevet de Verania malade,
460; raillé par Hérennius Sénécion, 474; le réquisitoire de Montanus, 476,
477; appelé par Modestus « bipedum nequissimus », 561; dangers qu'il fait
courir à P. J. dans l'aff. Arionilla, 561, 562. II. Encore lui, 10, 12, 33, 38, 40,
52, 53, 54, 55, 56, 58, 67, 71, 78, 79, 80, 81, 82, 96, 107, 109, 236, 253, 269,
282, 292, 300, 314, 346, 384, 385, 386, 387, 388, 389, 478, 493. III. Cité par
Duruy, 3; appelé par P. J. tantôt Regulus, tantôt M. Regulus, 12; tente
de se réconcilier avec P. J., 35-52, (passim), 150; une des rares antipathies de
P. J., 31, 148; son éloquence louée par Tacite, 100; Séronat « Catilina seculi
nostri » joue dans la correspondance de Sidoine le rôle de A. R. dans celle
de P. J., 267; a composé la biographie de son fils et écrit : « publice ut a
decurionibus eligeretur vocalissimus aliquis ex ipsis qui legeret librum
populo », 386; la haine que lui vouait P. J., 489.

Regulus, Memmius. II. Consul ordinaire en 63 avec Virginius Rufus, cité par
Friedlænder parmi les protecteurs des « Lettres », 243.

Reich, Jean. III. Découvre que : « Calpurnia (Plinii) a été elle-même une
» femme savante, que non seulement elle aida son mari dans la composition
» de ses ouvrages, mais qu'elle remplissait quelquefois les fonctions d'avocat
» et allait plaider devant les juges les procès de ses amis » [Voir Lemaire,
t. I, p. LXVIII, LXIX], 182.

Reid, Thomas, philosophe écossais. III. Théodore Jouffroy traduit ses œuvres
(1828-1836. 6 v. in-8°); un article de Doudan sur cette publication, 371.

Reifferscheid, Auguste. I. Un commentaire de P. J. « [Zu Plinius Briefen.
Rh. Museum », t. XV, p. 635, 636; étudiant quatre passages de P. J. « Epist. »
l. IV, 15; l. VI, 31; l. VIII, 12; l. VIII, 14], 504. II. Extrait de son article :
« Zwei litterarhistoriche phantasmata. » [Deux paragraphes : 1° « Der Gram

matiker Petronius » — 2° « Cæcilius Balbus. de nugis philosophorum » —
« Rh. Museum », 1861, p. 1-26 — Platner (p. 14, n. 181) inscrit cet article
sous le nom de Ruffe], 518. III. Rappel ses travaux sur P. J., 514.

Reinach, Joseph. II. Diderot, 135, 212, 215.

Reinach, Salomon. I. Le prix de l'hectolitre de blé, 296. Pour les recours à
« Minerva » (Hachette, 1890), voir Gow (Dr) dont M. S. Reinach a adapté le
« Companion » aux besoins des Ecoles françaises. II. « Manuel de Philologie
classique », 2 vol. 8° v., Hachette ; renvoi (Collignon) à cet ouvrage, 14u.

Reinesius, Thomas. I. Calpurnia, seconde femme de P. J., Pompeia Celerina,
sa mère, 44, 47 ; les derniers mots de Titus, 185 ; P. J. Curateur de la Voie
Emilienne, 333. III. Le Calpurnius Fabatus de Tacite est l'aïeul de Calpurnia,
182.

Remi (S.), évêque de Reims. III. Sa correspondance révèle un homme d'Etat,
297.

Rémy, Ed. II. « De subjunctivo et infinitivo apud Plinium minorem. Dissert.
philol. », 307. III. Rappel de ses travaux sur P. J., 515.

Remus. III. Ovide et Mamertin l'ancien rappellent son débat avec Romulus
pour la fondation de Rome, 418.

Rémusat (Cte de), préfet du palais et 1er chambellan de Napoléon Ier. III. Cité
par Joubert, 366.

Renan, Ernest. I. La réponse de Trajan à P. J. (sur les chrétiens) encourage
l'apostasie [« Les Evangiles », p. 481], 413 ; c'est à Amisus que P. J. a écrit la
lettre 97, K. 96 (l. X), 428, 442 ; Amastris, centre du christianisme dans le
Pont, 428 ; l'authenticité de la Correspondance Pline-Trajan sur les chrétiens,
445 ; le rescrit d'Adrien sur les Chrétiens, 484 ; l'égoïsme idéalisé, 448, 449,
526, 528, 529. II. Recours à pages 33, 38, 39 de « Marc-Aurèle » (Paris, Lévy,
1883, 5e Edit.), 110, 112 ; le paragraphe deuxième de l'Etude que lui consacre
Bourget « Essais de psychologie contemp. » est intitulé : « du dilettantisme »,
182 ; une pensée, 444 ; article sur Amiel, 685 ; défend l'authenticité des lettres
Pline-Trajan, 692. III. Son « Saint-Paul » jugé par Doudan, 377 ; rappel de
ses travaux sur P. J., 515.

Rendall, G.-H., « Life of Pliny » en-tête des « Pliny's Letters » (Book. III) de
J. E. B. Mayor. II. Sociabilité de P. J., 299 ; les lettres de Cicéron collec-
tionnées par Tiron, influence de ce fait sur leur rédaction, 366 ; lettres de
P. J. comparées à celles de Cicéron, 382 ; son opinion sur la chronologie
mommsénienne, 485, 486.

Renouard, Antoine-Augustin, libraire et bibliographe. II. Extrait d'une lettre
que lui adresse Courier, 683.

* **Restitutus, Claudius** [sans renseignements]. II. Avocat, 107 ; plaidé pour
Hispanus et Probus contre P. J. qui le désarçonne, 84, 91 [Alde, Schaeffer lui
attribuent l. VII, 1, donnée par Catanæus et Keil à Geminius ou Geminus].

* **Rezzonico (Cte Anton. Giuseppe, della Torre di)** [Disquisitiones plinianæ].
I. L'origine comasque de Pline le Naturaliste, 27 ; « la Tragédie » et « la
Comédie » provenaient à P. J. de la succession de son oncle, 66, 67 ; « Mediolanensis Ambrosiana inscriptio », 141, 142. III. Où Calpurnia alla se rétablir
à la suite de son accident, 194 ; confusion séculaire entre les deux Pline,
309 (1) ; Sidoine arrache les « Lettres » de P. J. à l'oubli dans lequel elles
tombèrent du IIe au XIIe siècles, 309.

---

(1) Note omise dans les « Addenda. » Sur l'époque de la mort de P. J.,
Rezzonico écrit au début de son premier livre : « Quamvis verus [Plinii]
mortis annus nos lateat, Trajani imperium excessisse minime videtur : cum
hoc Cæsare quoque regnante Plinii vitæ tempora nos fugiunt ; neque ex illius
epistolis, neque ex veterum testimoniis ullum apparet indicium unde Trajani
ævum superasse conjiciamus. »

Rhenanus, Beatus, « Panegyrici quotquot ex vetustate conservati sunt. Basileæ, per Jo. Frobenium, mense Decembri 1520 » [Voir « Addenda » à la page 688]. II. Un texte douteux du Pan., 570.

Ricard, Dominique (l'abbé). J. Emprunts à sa traduction des « OEuvres morales » de Plutarque [Edit. Paris, Lefèvre, 1844], 483, 484. III. Renvoi à cet ouvrage, 152.

* **Rich, Anthony**. I. L'auteur tire grand profit de son « Dictionnaire des Antiquités romaines et grecques », 14; « servus compeditus », 85; « stola », 213; « ala » (n° 5), 240; « calceus, luna, lunatus », 264; « sella curulis », 276; « calculator », « tabula » (n° 5), 565. II. « Pænula, togatus, moriones, nani, pumiliones, cubicula, tunica, cinctus, clavus, laticlavius, angusticlavius, synthesis, pullus cucullus, bibliopola, libellus, lacerna, tunicæ, ampulla, scrinium, lectulus, gremium, genius, spoliarium, contus », 88, 96, 114, 153, 157, 207, 229, 244, 248. 250, 251, 256, 388, 395, 401, 440, 522, 523, 537, 573, 574; emprunts de MM. Piovano et Longhi, 508. III. « Stigma », 39; « bustuarius », 136; « tabella » (n° 4), 141; « gymnasiarchus, virga », 273; « mapalia », 279; « auditorium », 380; « stemma », 445; « sacrarium », 246; « calx, linea », 448.

* **Richard** [« Côme — Son Lac et Ses Vallées »]. I. Les origines de « Novum Comum », 23. II. Renvoi aux pages 20, 21 de son ouvrage [la curieuse source de la « Villa Pliniana »], 396. III. Les droits de la villa Carové à revendiquer « la Comédie », 509.

Richelieu (le Cardinal de). I. Ses échafauds, 190; les hésitations de sa parole, 535. II. Homme d'Etat lettré (Janin), 128; Corneille lui dédie sa Tragédie d'Horace, 632. III. Fonde l'Académie française dont Balzac est l'un des premiers membres, 332; éloges que lui décerne Voiture après « le dernier miracle qu'il vient de faire » (la reprise de Corbie sur les Espagnols) et les conseils de clémence qu'il y joint, 338.

Richter, Guil. « De gloriæ laudisque studio Plinii jun. quid sit censendum ? » 1808-1809, Guben. — Pour mémoire.

Rigoli, conservateur de la bibliothèque riccardienne. II. Cité par Ramorino, 500.

Rittershusius, Conradus [« Liber commentarius in epistolas Plinii et Trajani. Accessit Francisci Balduini Commentarius in Plinii consultationem et Trajani rescriptum de Christianis. Ambergæ », 1609], ses notes dans le « Pan. » d'Arntzenius et dans les « Epist. » de Cortius-Longolius. I. 8, 12. II. « Reliquiæ conjecturarum in Panegyricos veteres, 1604. Insulæ » [Adde : « Optimus princeps Trajanus in lucem productus, 1608, Ambergæ »], 668, 670, 672; un texte douteux du « Pan. », 573.

Rivarol (Antoine, Comte de). II. Ronsard, 194.

Rivinus. A. II. « Plinii epistolæ et Panegyricus cum XII aliorum Panegyricis c. varr. lectt. et notis Variorum. 1650. Francof. ad Viadrum », 504.

* **Robert, Léon**. I. L'auteur tire grand profit de ses « Lettres choisies de Pline le Jeune », 14; l'adoption testamentaire de P. J., 26; Calpurnia, seconde femme de P. J., Pompeia Celerina, sa mère, 45; l' « atrium Vestæ », 466; la crainte des espions sous Domitien, 470; la statue de Sosius Sénécion, 483; le rescrit d'Adrien sur les Chrétiens, 484. II. L'éloquence au temps de P. J., 31; Metius Modestus, 99; Tacite, Juvénal, P. J., la littérature d'amusement, 181; la carrière équestre, 206; Terentius Junior et ses imitateurs, 207; Martial, 265, 266; Juvénal, P. J., les petits poètes grands personnages, 274; la fin de son « Introduction », 275, 276; recours ou renvois à ses « Lettres choisies » de P. J., 385, 386, 396, 400, 404, 406, 508; la chronologie mommsénienne, 482, 485. III. Les huit Maximus de P. J., 14; « Les Derniers jours de Pompéi » de Bulwer Lytton, 122; les lectures publiques; 384; rappel de ses travaux sur P. J , 515.

Rosebery (Lord). II. Recours à son ouvrage : « Napoléon. La dernière phase », 631.

Rosseeuw Saint-Hilaire. III. Emprunt d'une traduction de Sidoine à son « Histoire d'Espagne » (t. I, p. 172 et suiv.), 282.

Rossi, Pellegrino. III. Doudan consacre un article au cours du professeur, 371.

Roth. II. (Edit. Suétone. 1858), un texte douteux de Suétone, 229; Suétone en Bithynie, 234.

Rothius, Alb.-Christ. II. « Index Platner » : « Epistolæ, 8° Lipsiæ. 1694. » — « Notitia litteraria. Lemaire » : « 1695. Halæ. Sax, 8. C. Plinii Cæc. Secundi Epistolæ ex recensione Jac. Thomasii : ut et Panegyricus Plinii accurate resolutus, et notis necessariis instructus opera et studio Alb. Christ. Rothii — Notæ Rothii haud magni momenti sunt. In plerisque secutus est Kirchmajerum, cui inde et ea tribuit quæ tribuere debuerat Lipsio », 504.

Rousseau, J.-J. I. La mère doit allaiter son enfant, 29, 30. II. Apprend insensiblement la musique en l'enseignant, 110; Thérèse. 263; Samuel Formey (1), « L'Esprit de Julie », 1763. Berlin. Jasperd, 431; une pensée, (Nouv. Héloise), 438; à Montpellier (Grasset), 579; ses disciples politiques (Contrat social), 657. III. Son amour pour la nature retrouvé dans Doudan, 376.

Rouville (Stéphane de). III. Renvoi à sa Traduction d'Eunape, 168.

Royer-Collard, Pierre-Paul. III. Le philosophe et le doctrinaire jugé par Doudan, 375.

Ruben de Couder. II. Recours à son « Manuel de droit romain » pour interpréter « ..... biennium transisse omniaque me usucepisse (P. J., l. V, 1), 347.

Rufin, ministre de Théodose le Grand et d'Arcadius. III. Correspondant de Symmaque, 241.

Rufinus, Cæcilius. I. Chassé du Sénat par Domitien, 196.

Rufinus, Fabius ou **Fadius.** III. « Vir egregius » de province, propos qu'il tient à table, 179.

Rufinus, Trebonius, duumvir de Vienne. I. Poursuivi devant le Conseil impérial pour avoir supprimé sans autorisation un concours de gymnastique; acquitté, 322, 328. II. Lettre que lui écrit P. J. [conjecture vraisemblable de Lemaire; mais l. VIII, 18 porte seulement comme suscription « Rufinus »], 407-412. III. Cité par Duruy, 3.

Rufon. II. [« J. Pierrot » : « l. IX, 19 est la seule lettre que Pline lui ait adressée, et la seule fois que son nom se rencontre dans tout l'ouvrage. » — Mais le texte est douteux, car si Catanæus et Schaeffer lisent « Rufoni », Alde et Keil lisent « Rusoni »] blâme Virginius Rufus, loue Frontin, et demande à P. J. son opinion « de utroque », 407, 497.

Rufus. II. « Ad Rufum. » Epigr. Martial (l. V, 51), 247.

Rufus, Acilius, L. II. Orateur, 107; comment il intervient dans l'aff. Varenus, et comment P. J. juge cette intervention, 44, 301.

Rufus, Asinius, « prætorius, consularium propinquus. » I. Ami de Fabatus, junior (?) de Tacite, de P. J.; sa nombreuse et honorable famille, 120, 128, 503. II. P. J. appuie son fils Asinius Bassus, 151. III. Rappel de l'amitié de Tacite et de P. J. et de l'appui donné à son fils, 68, 104; Fabatus senior songe à s'adresser à lui (?) pour trouver un intendant; réponse de P. J., 212.

Rufus, Cadius. I. Proconsul de Bithynie, condamné sous Claude pour concussion; réhabilité par Othon, 589.

Rufus, Calvisius, C., « decurio comensis » [nommé : Calvisius Rufus l. III, 19; C. Calvisius, l. IV, 4; Calvisius, l. I, 12; l. II, 20; l. III, 1; l. V, 7; l. VIII, 2; l. IX, 6]. I. Légataire avec P. J. de Saturninus, 67, 101-103; P. J., le consulte sur l'achat d'une terre, 70; P. J. lui raconte un de ses traits de

---

(1) P. S. — Nous avons consulté (1897) son « philosophe païen » à la bibl. S. Geneviève, Paris. M. Asher nous annonce aujourd'hui (15 Septembre 1902) l'envoi de : « Formey. Der Heydnische Philosoph od. Gedanken d. P. mit gelehrten u. moral. Betrachtgn. A. d. Franz. M. 3 Titelbildern. Frkft. 1761.

Rufus, Varenus. I. Avocat des Bithyniens dans l'aff. Bassus; nommé proconsul de Bithynie, prévarique à son tour, est dénoncé par ses administrés, 352, 353, 590, 592; P. J. plaide sa cause 592-597, 601. II. Incidents de la poursuite que lui ont intentée les Bithyniens, 31, 44, 45, 92, 98, 284, 286, 334, 338.

Rufus, Virginius, ou **Verginius. L.** I. Originaire de Milan, tuteur testamentaire de P. J., son « Cursus honorum », 25, 26, 37, 63, 64, 120, 153, 156, 164, 165, 166, 167, 169, 170, 222, 271, 314; l'appui qu'il accorde à P. J. dans sa Carrière 334, 449, 450, 451; Admiration et reconnaissance de P. J., 454, 455. II. Son oraison funèbre par Tacite, 45, 46, 49, 282, 478, 606; ses poésies, 211, 285; dialogue avec Cluvius Rufus, 218, 219; sa villa d'Alsium, 311; grandeur de son souvenir, 321, 322, 326; son inscription funèbre, 285, 497; son portrait (J. Martha), 588. III Cité, 3 (par Duruy), 6, 7, 9, 75, (par Sacy), 76. (par Bender), 86 et 392 (par P. J. comme poète grivois); ses relations avec P. J. et son influence sur lui, son caractère, ses funérailles, son tombeau, 33, 34, 35, 68, 69, 95, 220, 221, 490, 491, 494.

Ruricius. III. Héritier de P. J., 343 [vraisemblablement originaire de Provence (« Epist. », I, 1, 2), valétudinaire (« Epist. » II. 32.]; parvient sans efforts à l'épiscopat, 252; biographie et épistolographie, 256; correspondant de Sidoine Apollinaire qui (« Ruricii, Epist. » I, 7-10) faisait copier ou corrigeait pour lui ses pieux ouvrages, et de Leontius d'Arles, Lupus de Troyes, Faustus de Riez, 283, 284, 287; biographie et épistolographie, 284-286, 288, 289, 301.

Ruson, Cremutius. II. Jeune et noble avocat protégé par P. J., 71, 107; Alde et Keil lui attribuent l. IX, 19 — 107.

Rusticienne, fille d'Orfitus, femme de Symmaque l'épistolier [Voir Morin, p. 16]. III. Tenait, dit Sidoine, « candelas et candelabra » à son mari pendant que ce grand homme lisait et méditait, 266.

Rusticus, Arulenus, L. Junius. I. Frère de Mauricus, 199; anecdote caractéristique racontée par Plutarque, 472; sa vie, sa mort, 472, 473; veuf, remarié à Pomponia Gratilla, ne laisse des enfants que de sa première union, 474; ses relations avec P. J., 478, 561; P. J. marie sa fille et cherche un précepteur pour ses fils, 474, 519, 520, 523, 525. II. Régulus s'acharne après sa mémoire, 81; suit les cours de Plutarque, 119; journaliste, 199; l'une des victimes de Domitien, 383. III. P. J. reproche sa mort à Régulus, 38, 52; Causes de sa mort, 49; ses relations avec P. J., 49; son souvenir conservé par P. J., 51; cité par Sacy, 75.

Rusticus, Fabius. II. Historien plusieurs fois cité par Tacite (« Ann. » et « Agric. » 10), 219; est-il le destinataire de l. IX, 299, 219, 220, 275.

Rusticus, Junius. III. Philosophe stoïcien [Voir Pierron, p. 54], professeur de Marc-Aurèle, 240; ce qu'il fait comprendre à son élève, ce dont il le détourne, lui prête les commentaires d'Epictète, 240; son éloge par Capitolin, 240.

Rutilius, P. III. Lieutenant de Métellus dans la Guerre de Numidie, consul en 105 av. J.-C., exilé à Smyrne (où enseignait Opilius), reproche d'ingratitude que lui adresse indirectement Symmaque, 247.

S

Sabbadini, R. « Sallustius, Ovidius, Plinius, Germanicus, Claudianus, cum novis codicibus conlati atque emendati » Museo italiano di antichita classica, vol. 3, punt. I. « Contains discussion of the MSS. in Ambrosian Library » (Platner, p. 14, n° 183) — Pour mémoire (1).

Sabina, petite-fille de Marciane (la sœur de Trajan), fille de Matidie senior,

---

(1) Voir aussi notre Index, sous Guarino.

sœur de Matidie junior, épouse d'Adrien, maltraitée puis empoisonnée (?) par ce prince. I. 126. II. 545.

Sabine. I. Institue P. J. héritier avec Sabinus, 68 ; P. J. exécute un de ses legs qui est caduc, 102.

Sabinien (Sabinianus). Correspondant de P. J. (2 lettres) qui lui demande de pardonner à un affranchi contre lequel il est irrité, puis le félicite de sa mansuétude. I. 523-525, 526. III. 268.

Sabinus. I. Consul en 84 avec Domitien, 314, 496.

Sabinus, Arulenus-Cœlius, consul en 69, jurisconsulte, professeur et prédécesseur de Javolenus Priscus. II. 99. III. 30, 32.

Sabinus, senior. I. Epoux de Vespasia Polla, père de Flavius Sabinus senior et de Vespasien, 173.

Sabinus, Flavius, frère aîné de Vespasien. I. Mis à mort par les Vitelliens, 173. II. On lui fait des funérailles censoriales après avoir traîné aux Gémonies son corps mutilé (Tacite, « Hist. » III, 74 ; (V, 47), 33 ; il ouvre des négociations avec Vitellius sur la paix et les moyens de déposer les armes par un accommodement (« Hist. » III, 64, 65), 218.

Sabinus, Flavius, fils du précédent. I. Consul en 82 avec Domitien, 314, 496 ; mis à mort par ce prince, 200.

Sabinus, Julius, gaulois du pays des « Lingones » (pays de Langres). I. Mis à mort par Vespasien avec sa femme Eponine, 178.

Sabinus, Masurius. II. Jurisconsulte contemporain de Tibère, élève d'Ateius Capito, chef de l'école des Sabiniens, prédécesseur de Cassius, 99, 350.

Sabinus, Statius. I. Institué par Sabine, héritier avec P. J., 68, 102 ; P. J. accepte sur sa demande (?) de plaider pour les Firmiens ses compatriotes, 601, 602. II. Prié (?) P. J. de lui écrire souvent et longuement « in-castris », 382, 383. III. Demande (?) à P. J. (l. IX, 2) « epistolas non solum plurimas, verum etiam longissimas », 244.

Sacrovir, Julius, dit le « dernier des Eduens. » III. Soulève contre Tibère la partie occidentale et méridionale de la Gaule, est tué près d'Autun, 423.

Sacy (de) I. Ses modernismes, 6 ; l'auteur tire grand profit de sa traduction de P. J., 14 ; recours à cette traduction, 24, 33, 74, 114, 129, 157, 211, 212, 249, 327, 350, 364, 368, 377, 381, 388, 394, 407, 409, 423, 466, 486, 488, 491, 492, 494, 500, 505, 513, 520, 574, 604 ; Calpurnia, seconde femme de P. J., Pompeia Celerina, sa mère, 44 ; P. J., propriétaire à Tusculum, Tibur, Préneste, 58 ; P. J. Curateur de la Voie Emilienne, 333. II. Aime, admire, comprend, P. J. 180, 510 ; recours à sa préface, 267, 296, 366, 382, 425, 614, 626, 631 ; recours à sa traduction, 73, 74, 76, 81, 104, 157, 165, 198, 199, 200, 206, 207. 210, 212, 233, 234, 270, 272, 385, 387, 388, 389, 391, 397, 398, 401, 402, 403, 404, 407, 409, 410, 411, 460, 518-532, 535, 545, 546, 552, 567, 583, 611, 612, 617, 619, 635, 636, 644, 658 ; jugements sur les deux parties de son œuvre, ses éditions, ses reviseurs, son Eloge par d'Alembert, notice biographique, 205, 468, 512, 515, 556, 577, 651, 658, 674, 675, 676, 677-682. III. Une erreur commise dans sa préface, 28 ; « amici senes », 34 ; « in prætoris officio, 40 ; les relations de P. J. et de Tacite, 74, 75, 81 ; attribution à Tacite d'une lettre de P. J., 103 ; « prætextatus », 105 ; « studiosi tres », 110 ; recours à sa traduction, 116, 117, 145, 191, 192, 193, 196, 197, 202, 216.

Sade, (Alph.-François, Marquis de). II. Enfermé à Charenton par la royauté et par l'Empire, bénéficie seul sous la Terreur — parce que démagogue — de la liberté de la presse, 49.

Saint-Aignan (François-Honorat de Beauvilliers, duc de) III. Correspondant de Bussy-Rabutin, 345, 346.

Saint-Evremond. II. Trois pensées, 365, 450, 573. III. Héritier de P. J., 343 ; correspondant de Bussy-Rabutin, 346 ; biographie et épistolographie, 350-352 ; ses pâles émules, 364.

monii castigatio » (Symmaque), **248** ; édité, avec notes, par Pomponius Lætus, **320** ; compris par Doudan dans sa bibliothèque des Burgraves, **377** ; Asinius Pollion lui reprochait dans un livre perdu son obscurité et ses pillages du vieux Caton, **380** ; cité par Ausone, **444**.

Salluste (Sallustius, Lucullus). I. Légat de Bretagne, mis à mort par Domitien, **199**.

Salluste (Sallustius Saturninus, dit Secundus) [Voir Ammien Marcellin, coll. Nisard, p. 393]. III. Préfet du prétoire sous Julien, président nominal de la commission mixte de Chalcédoine, **435**.

Sallustius, Lucullus. Voyez « Salluste, Lucullus. »

Salonius, évêque, fils d'Eucher, évêque de Lyon. III. Élève et correspondant de Salvien, **254** ; commençait à être « le guide des fidèles » lorsque Eucher lui dédia (ainsi qu'à Veranus) un pieux ouvrage, **255**.

Salvianus. Voyez « Salvien. »

Salvien. III. Héritier de P. J., **343** ; biographie et épistolographie, **251-256, 286** ; cité par Schaedel parmi les descendants de P. J., **305**.

Salvius Ooccelanus. I. Neveu d'Othon, mis à mort par Domitien, **199**.

Salvius Julianus. Voyez « Julianus Salvius. »

Salvius Liberalis. Voyez « Liberalis Salvius. »

Sancho Pança. II. Ce qu'il dit [« Don Quichotte », partie 2, c. 45] en quittant son gouvernement de l'île de Barataria, **622**.

Sand, George. III. Allusion à son roman « Les Beaux Messieurs de Bois-Doré », **280** ; qualifiée par Doudan de providence fantasque, **376**.

Santi Consoli. I. Le sens de « eranus » (1), **377, 378** ; l'étymologie et le sens de « districte », **524**. II. Auteur de « De C. Plinii Cæcilii Secundi rhetoricis studiis », 1897, Catinæ (épuisé) et de « Il neologismo negli scritti di Plinio il Giovane. Contributo agli studi sulla latinità argentea », **307, 692** ; recours à ce second opuscule, **308, 309, 539, 569, 570, 571, 572, 573, 574**. III. Rappel de ses trav. sur P. J, **516**.

Sapho, la « dixième Muse. » III. Imitée par Catulle, **393** ; sa naissance, ses poésies, **393**.

Sarcey, Francisque. I. Sa chronique théâtrale dans le « Temps », **4, 5**. II. Rappel d'un de ses articles du journal « Le XIXᵉ Siècle », **223**.

* **Sardus** [sans renseignements]. II. Intellectuel, envoie un de ses ouvrages à P. J. qui lui répond (l. IX, 31), **203**.

Sarisberiensis, Joannes. Voyez « Jean de Salisbury. »

Sarmate III, roi du Bosphore. I. Ses difficultés avec Lycormas, affranchi de Trajan, **422-424**.

---

(1) Cf. « Nouveau Larousse Illustré » (t. IV) : « A l'origine, l'érane (du grec éranos) était simplement un repas d'amis où chaque convive payait son écot. Plus tard on désigna sous le nom d' « éranes » de véritables sociétés, des associations de plaisir vivant de leurs revenus propres, du produit des legs et des cotisations mensuelles des membres qui s'appelaient « éranistes. » On désignait la cotisation sous le nom de « phora » ou d' « eisphora » ou d' « éranos. » Le Président de l'association et des banquets était l' « éranarque » ou « archiéraniste. » Ces sociétés étaient nombreuses dans la Grèce du vᵉ et du ivᵉ siècle avant notre ère ; elles se multiplièrent surtout à l'époque macédonienne et au temps de la domination romaine. Tout en conservant les mêmes formes extérieures, la plupart devinrent des sociétés de bienfaisance ou de secours mutuels, souvent même des associations politiques qui inquiétèrent les empereurs romains. Les éranes des derniers siècles avaient donc des visées assez différentes. Mais ils conservaient les deux traits caractéristiques des éranes primitifs : les repas communs et un culte commun. »

Satrius Rufus. Voyez « Rufus, Satrius. »

Saturius. I. Premier valet de chambre de Domitien, l'un des meurtriers de ce prince, 201.

Saturius, Firmus. I. Ami de P. J., gendre d'Asinius Rufus ; le connaître, c'est l'aimer, 120, 128.

Saturnin. Voyez « Saturninus, Sex. Julius. »

Saturninus, Antonius. I. Descendant du trumvir, soulève contre Domitien deux légions de Haute-Germanie, est massacré par les troupes d'Aquitaine, 195.

* **Saturninus, Pompeius.** I. Comasque, ami de P. J., l'institue son héritier avec Calvisius Rufus et la Villle de Côme, 67, 101, 102, 120 ; P. J. lui soumet un cas de conscience, sa réponse, les remercîments de P. J., 123, 124 ; signale à P. J. le talent littéraire de Sempronius Rufus, et l'état désespéré de Julius Valens, 125, 126 ; présenté par P. J. à Neratius Priscus, 507, 508 ; son génie multicolore, 526, 606. II. Cité par Morillot, 10 ; l'un des aigles du barreau, 78, 108 ; « ingenium varium, flexibile, multiplex », 155, 247, 282, 291 ; sa vie active, 155, 156 ; ce que P. J. lui dit au sujet des fonctions publiques et de la vie d'affaires, 179, 186 ; ce que devait être sa littérature, 203 ; présente à P. J. les œuvres de Sempronius Rufus, 204 ; cité par Robert, 276 ; son legs caduc, à Côme, 288 ; Schultz fait état pour sa chronologie de deux lettres que lui a adressées P. J., 480. III. L'intellectualité de sa femme, 3, 403 ; recommandé à Neratius Priscus, 61 ; P. J. le célèbre comme historien et comme poète, 86 ; rappelé au sujet des amis de Politien, 320 ; héritier de P. J. dans « la grivoiserie bourgeoise », 402, 403, 406 ; lègue à Côme 70.000 francs, 499.

Saturninus, Sex.-Julius, empereur (280). III. Renvoi à sa Vie (p. 431, 432, Edit. Panck.) par Vopiscus, 362.

Saumaise, Claude, (le Prince des Commentateurs). III. A laissé 80 ouvrages imprimés, et 60 ouvrages manuscrits, 334.

Sauppe, H. II. « Plinius Panegyricus (c. 26, 36, 92). In : Philologus, 30 » (1870) (p. 134-136), 673. III. Rappel de ses travaux sur P. J., 515.

Savaron, Jean. III. L'authenticité du Xᵉ livre de P. J., 262 ; renvoi à son édition annotée [voir Grégoire et Collombet, Sidoine, t. I, p. xxxv, xxxvi] de Sidoine Apollinaire, 267.

Savelli (Princesse). Voyez « Julia de Vivonne. »

Scævola, C. Mucius, le héros légendaire de la guerre contre Porsenna. II. Cité par Martial, 246.

Scævola, Q. Mucius, surnommé l'« Augure », célèbre jurisconsulte. II. Professeur de Cicéron, 19, 24 ; cité par Valère-Maxime, 131.

Scævola, Q. Mucius, le poète qui promettait l'immortalité au « Marius » de Cicéron (« De Leg. », 1) [cf. Mommsen, « Index », Lemaire, t. I, p. 275 et v. Duruy, « Tables analytiques », p. 712]. III. P. J. lui attribue des vers grivois, 392.

Scaliger, Joseph—Juste. II. Un texte douteux du « Pan. », 571 ; ses notes dans les « Pan. » de Gruter, 669. III. Citation de ses « Commentaires » sur Ausone, 248.

Scaurus, M. Æmilius, consul, 115 av. J.-C., prince du Sénat, construit la Voie Emilienne de Pise à Dertona. II. Loué par Plutarque, 129.

Scaurus, Marcus, Æmillus. II. Défendu par Cicéron (« Dial. des Orat. », 39) qui le fait absoudre du crime de concussion, 51.

Schaedel, Ludwig. I. L'auteur tire grand profit de sa brochure « Plinius der jüngere u. Cassiodorus Senator. Kritische Beiträge zum 10. Buch der Briefe. 1887, Darmstadt », 14 ; l'incapacité de P. J. légat de Bithynie, 429 ; 431 ; les « deux amis » P. J. et Trajan, 429, 430 ; l'histoire du Xᵉ livre de P. J., 436 ; jugement sur Semler, 439 ; authenticité de la Correspondance Pline-Trajan,

445. II. Le X° livre de P. J. apothéose du despotisme éclairé de Trajan, 471 ;
sa publication, 471 ; son désordre chronologique, 484, 485. III. Les descendants
de P. J. épistolographe, 305 ; Cassiodore gai et de bonne humeur, patriote,
digne de toute notre estime, 306, 307, 316 ; l'intérêt historique des « Mélanges »
de Cassiodore, 307 ; les « Mélanges » ne sont qu'une maladroite retouche du
X° livre de P. J. ; le rhéteur y fait fréquemment passer l'homme d'État au
second plan, 308, 309 ; jugement sur le P. J. de M. Schöntag, 495 ; rappel de
ses travaux sur P. J., 515.

* **Schaeffer** ou **Schaefer, G.-H.** [« Epistolarum Libri X et Panegyricus cum
notis Gesneri, Heusengeri, Schaefferi, notis et observationibus Ernesti »,
1805, Lipsiæ], recours et renvois à cet ouvrage. I. Textes douteux de P. J.,
58, 64, 84, 88, 89, 92, 251, 327, 361, 395, 401, 408, 410, 419, 469, 482, 493, 501,
504, 506, 515, 517, 524 ; commentaires de P. J., 93, 250, 282, 324, 368, 406, 488.
II. Textes douteux de P. J., 31, 75, 107, 160, 166, 192, 193, 194, 198, 308, 357,
385, 391, 392, 400, 402, 403, 408, 411, 454, 456, 550, 570, 571, 572, 611 ; quelques
commentaires, 212, 390, 406 ; numérotation de deux lettres, 480 ; origine,
date, valeur, utilisation par Lemaire de son édition, 505, 506, 511, 687, 691 ;
jugement sur le « Pan. », 629, 632, 650. III. Textes douteux de P. J., 6, 7,
13, 63, 103, 205, 208, 222, 225 ; commentaires, 116, 193, 197 ; le « Pan. » de
Trajan, 456, 465 ; rappel de ses travaux (xix° s.) sur P. J., 513.

* **Schaeffer** ou **Schaefer, M. J. A.** (1) II. Epistolarum libri X ad excitandum
sanioris præparationis studium, 1807, Anspach », 506 ; une note d'un de ses
élèves, 454 ; « Plinius. Lobrede übersetzt, 1784, Anspach », 674 ; « Progr.
Observat. miscell. in Plinii Panegyricum, 1782, 1783, 1785, Anspach », 673 ;
« Observat. ad aliquot Plinii jun. Taciti et Horat. locos, 1826, 1831, Anspach »,
306 ; textes douteux de P. J., 34, 385, 391, 392, 400, 402, 403, 408, 411, 456.
III. Renvoi à « 4 Progr. Anspach, 1786-1791 ueber d. charakter des jüng
Plinius », 82 ; rappel de ses travaux (xix° s.) sur P. J., 513, 514.

* **Schanz, Martin.** I. L'auteur utilise sa « Littérature romaine » pour la bibliographie de P. J., 4.

Scheffer, Jean, bibliothécaire de l'Université d'Upsal, propriétaire du « Codex
Upsaliensis », édite (1668) le « Pan. » de Pacatus, a laissé [« Lect. acad. »,
1675, Hambourg] des notes « in Plinii epist. libro decem. » [Il serait décédé,
suivant le dictionnaire de Ladvocat, le 26 mars 1679, Cf. Süster, p. 24]. I. 12 ;
II. 664.

Schegkius, Jacq., philosophe, médecin, théologien, etc. I. Commentateur de
P. J., 12.

Scheidlus, Christianus-Ludovicus, « in Academia Hafniensi Juris naturalis
Gentium et publici professor ordinarius. » II. Relève pour Schwartz « lectiones
variantes » du « Codex Parisiensis qui ex libris Augusti Thuani in biblio-
thecam Regiam pervenit », 662.

Schelhas, Geo. Lud. « Pristina Christianæ rei facies a Plinio (l. X, 97) repræ-
sentata, 1738, Ienæ. » — Pour Mémoire.

Schikedanz (Jo. Gottfr.) « Progr. I, II quibus confessionem, quam Christiani
ad tribunal Plinii rapti ediderunt, illustrat » (Platner) 1769, 1770. « Dessaviæ. »
— Pour mémoire.

* **Schinkel.** III. Rappel de ses travaux sur P. J., 514.

Schirren. C. III. Cité par Teuffel (au sujet de Cassiodore), 309.

Schmidt, Thomas. II. Traducteur danois des lettres de P. J., 266, 515.

Schneither, Jul.-Aug. II. Sa « Diss. inaug., 1827, Groningæ », 344. III. Rappel
de ses travaux sur P. J., 514.

Schnelle, Karl (D°). I. Recours à la page 3 de « Kritisches zu C. Plini et
Traiani épistul. » (1882, Zittau, Menzel), 64 ; recours à p. 27 de « Kritisches
Zum Panegyricus », Meissen, 1879 [Cf. p. 8 de l'opuscule précité, 1882], 308.

---

(1) Nous avions espéré trouver à Fribourg (catalo. n° 1392) : « C. Plinii Opera.
Briefe. übersetzt — von A. Schäfer. Wien. », mais cet ouvrage confisqué (1847)
a été restitué (1858) aux Pères Liguoriens.

II. Platner ne mentionne que son Programm de Meissen, 693. III. Rappel de ses travaux sur P. J., 515.

Schoell, Max-Fred. I. Calpurnia, seconde femme de P. J., Pompeia Celerina, sa mère, 44. II. Les mimïambes, 210 ; le tombeau de Virgile, 222 ; les « lettres » de P. J. sont en général de véritables lettres, 291 ; le « Pan. » de P. J., 577, 579, 582. III. Défend Mamertin le Jeune contre le soupçon de malversation, 468.

Schoenberger, F.-X. II. « Opera Plinii. Viennæ », 1814, 1820 [Platner], 506. III. Rappel de ses travaux sur P. J., 513.

Schomberg (Armand-Frédéric de), maréchal de France. III. Correspondant de Bussy-Rabutin, 346.

Schonovius, Ant. II. Ses notes dans le « Pan. » de Gruter, 669.

Schöntag [Plinius der jüngere, ein Charakterbild aus der röm. kaiserzeit, 1876. Hof. Programm »]. I. Intérêt de la Correspondance de P. J., 3 ; l'auteur tire grand profit de son Etude sur P. J., 14 ; la bonté de P. J. envers ses esclaves, 110 ; les relations de P. J. avec les sommités sociales, 496. II. On trouve dans les « Lettres » de P. J. l'histoire littéraire du temps, 267. III. P. J. est sans talent poétique, 390 ; l'erreur de P. J. poète grivois, 397 ; conserve son estime à P. J. poète grivois, 401 ; P. J. et Wieland, 402 ; son portrait de P. J. et ce qu'en pense M. Schaedel, 485, 495 ; résumé des mérites et des vertus de P. J., 495, 496 ; rappel de ses travaux sur P. J., 515.

Schoor (Van). II. Lebrun lieutenant-général en Hollande, 224.

Schopenhauer. II. Comparé à Pline l'Ancien, 338. III. « Der weltschmerz » chez lui et chez Pline le Naturaliste, 114.

Schott (Le Père André). II. Ses notes dans le « Pan. » de Gruter, 669.

Schramm, Geo. Wilh. Fd. A commenté P. J. l. I, 15 [Le menu de l'invitation oubliée], 1746. Ienæ — Pour mémoire.

Schubert, J. II. Sa gravure reproduite page suivante, 456.

Schultz. I. L'auteur tire grand profit de sa thèse sur P. J, 15 ; la chronologie des plaidoyers de P. J., 557. II. La chronologie mommsénienne, 473, 479-482, 483, 484, 486, 487, 490, 491, 692. III. Rappel de ses travaux sur P. J, 516.

Schluze, Jos.-Dan. « C. Plinii Cæcil. pædagogica », 1810. Lubennæ — Pour mémoire.

Schurener de Bopardia. I. Sa lecture d'un texte douteux de P. J., 524. II. La deuxième édition [Rome 1474] des lettres de « C. Plinii Secundi veronensis oratoris clarissimi et consularis » [Voir Platner, p. 1], 502, 509.

Schwartz, Christ.-Got., « Observationes ad loca quædam Panegyrici pliniani illustranda quas moderante Christiano Gotlibio Schwarzio..... in circulo academico...... ventilandas proponit Justinus Goetsch. Altorfii », 1729 (36 pages) ; Spicilegium observationum ad Panegyricum Plinii quod sub præsidio Christ. Got. Schwarzii....., in circulo disputantium..... ad disquirendum proponit Michel Christianus Hirsch. Altorfii », 1732 (28 pages) ; Spicilegium novum observationum......quod præside Christ. Got. Schw...... in circulo disserentium......ad disquirendum exhibet Johannes Andreas Michel Nagel, Altorfii », 1733 (40 pages) ; « Spicilegium novissum observationum..... exponit Gustavus Philippus Haecker, Altorfii », 1734 (42 pages) ; « Corollarium observationum... exponit Nicolaus Schwebel. Altorfii » 1735 (40 pages) [ces cinq fascicules « Observationum ad Panegyricum Plinii » ont été groupés dans une même brochure] ; « Panegyricus cum observ. Schwarzii », 1737, Gottingæ ; « Panegyricus ex XII codd.... », 1746 ; « Observationes criticæ ad Panegyricum Latini Pacati » [Voir de la Baune, 1728], I. 8 ; II. 523, 669, 670, 671, 672, 688 ; recours ou renvois à ses Commentaires et à ses Indices, 522, 572, 584, 648, 662, 663, 664, 668, 687 ; textes douteux de P. J., 521, 523, 539, 543, 550, 570, 571.

Scipion, P. Cornelius, dit le « Premier Africain. » I. Spirituellement opposé par P. J. à son descendant le promoteur des honneurs à décerner à Pallas,

157. II. Ne fut pas ménagé par les orateurs (« Dial. des Orat. », 40, 51 ; condamné à l'exil, se retire en Campanie dans sa villa de Literne, 65.

* **Scipion, P. Cornelius, Æmilianus**, dit le « Numantin » ou le « Second Africain ». I. Spirituellement opposé par P. J. au promoteur des honneurs à décerner à Pallas, 157. II. Cicéron l'appelle « divinum hominem », 124 ; intellectuel, 127 ; ses délassements avec son ami Lélius, 131.

Scipion, P. Cornelius. I. Propose avec Soranus de décerner à Pallas des honneurs exceptionnels, 150, 158 [Voir « Addenda »].

* **Scolari, Felice** (le Professeur), sous-bibliothécaire de la ville de Côme (1). I. L'auteur très reconnaissant de son accueil, 15 ; sa lecture de quelques mots effacés dans l'inscription de P. J., rue des « Maestri Comacini », 136 ; invoque à plusieurs reprises l'autorité de Suster, 556. II. Une assertion de Léonard Bruni l'Arétin, 9, 238 ; qualités et défauts de P. J. orateur, 18 ; les traducteurs italiens des « Lettres » de P. J., 515 ; fac-similé d'une inscription de P. J., 665 ; une édition de P. J. en projet, 673. III. Renseignements généalogiques sur J.-B. Jove, 505 ; ses opinions sur l'attribution à P. J. d'un fragment de statue antique et sur l'emplacement de la « Comédie », 505, 509 ; rappel de ses travaux sur P. J., 516.

Scribonianus, Furius, Camillus. I. Fomenté en Dalmatie des troubles contre Claude, échoue, est tué par un soldat (Volaginius), 461.

Scrooge. II. Dans les « Apparitions de Noël » (Dickens), 398, 399.

Soudéry (Madeleine de). I. Rapprochement de l' « Illustre Bassa » et des « Controversiæ et Suasoriæ », 546, 552.

Scudéry (Madame de) III. Correspondante de Bussy-Rabutin [Voir Addenda]. Comment à l'apparition de « la Princesse de Clèves », elle jugeait « le doux commerce du cœur et de l'intelligence. » de Mme de la Fayette et de la Rochefoucauld, 346.

Secundus, affranchi de Lucens. II. Copiste de Martial, 280.

Secundus, Julius, célèbre avocat (d'élocution difficile), l'un des interlocuteurs du « Dialogue des Orateurs. » Aper (23) loue son éloquence qui mêle, à la profondeur des pensées, l'éclat et le poli de l'expression, III. 100.

Segner, Joa. Andr. « De Fonte Pliniano. Programm, 1737, Gottingæ. » — Pour mémoire.

Séguier (le Chancelier Pierre). III. Sa réponse aux félicitations (1656) des magistrats du Châtelet après sa reprise des sceaux, 465.

* **Seibt, Ign.** [Epistolarum libri x ad optimas editiones collati]. I. Voit Dion Chrysostôme dans Cocceianus Dion, 392 ; la philanthropie de P. J., 419 ; « Tabellarius Sauromatæ », 423 ; les « scholastici », 492. II. Son édition « mit deutsch. anmerkungen », 506, 507 ; quelques commentaires, 233, 234, 272, 387 ; textes douteux de P. J., 385, 391, 392, 400, 408, 411 ; une gravure de Schubert, 456, 457. III. Rappel de ses travaux sur P. J., 514.

Seignelay (J.-B. Colbert, Marquis de). III. Reçoit Louis XIV au château de Sceaux, 346 ; comment Bussy-Rabutin pleure la mort prématurée de la Marquise, 349.

Séjan. II. La réaction après sa disgrâce, 32, 71, 387 ; la lettre de Caprée qui le renverse, 46 ; son ami Julius Africanus, 71 ; raillé par Phèdre, 143, 144 ; Suétone parle à peine de lui, 240 ; les deux Blésus, 387.

Semler, Jean-Salomon, ses études « ueber die aechtheit der Plin. Briefe X, 96, u. 97 » [voir Plätner, p. 15] où il conclut à une falsification. I. 439 et II. 355.

---

(1) M. Scolari a bien voulu utiliser, pour son « Plinio il Giovane oratore », notre « Pline le Jeune avocat » (1899, Besançon, Millot). Nous le remercions des gracieux souvenirs de son Introduction (p. 10, 11).

Sempronius, Cælianus, tribun militaire ou préfet de cohorte. I. Envoie à P. J. légat de Bithynie, deux esclaves trouvés parmi les recrues, 378, 381.

Sénécé (Ant. Bauderon de). III. Écrit des « Nouvelles » (1695) des « Satires », des « Epigrammes » qui font parfois penser aux grivoiseries de P. J., 408.

Sénécion, Herennius, « natus in Bætica. » I. Entre dans la Carrière sous Vespasien, 189 ; mis à mort par Domitien, 199, 286, 287, 483 ; l'aff. Massa et ses suites, 226, 474, 570-573 ; ses relations avec P. J., sa fausse bravoure, 474, 475, 478. II. Victime de Carus, 58, 383 ; Massa l'accuse et P. J. fait cause commune avec lui, 62 ; avocat, 71, 108 ; son bon mot sur Régulus, 71, 79 ; pamphlétaire et poltron, 196, 199. III. Dispute entre Régulus et Carus au sujet de sa condamnation, 39 ; cité par Sacy, 75.

Sénécion, Sempronius. I. Chevalier romain, dénoncé à Trajan par les héritiers de Julius Tiro, comme auteur d'un faux, 324.

* **Sénécion, Sosius, Q.** I. Deux fois consul ordinaire (99, 107), gendre de Frontin, beau-père de Pompeius Falco, ami des lettres, correspondant de P. J., 483, 495 ; « huic Plutarchus inscripsit Vitas parallelas et Quæstiones convivales, aliaque complura » (Mommsen, Index Keil), 483 ; ne doit pas être confondu avec Herennius Sénécion, 483 ; paraît avoir échappé à l'épidémie stoïcienne, 483, 484 ; sa carrière sensiblement supérieure à celle de P. J. son émule, 497 ; P. J. lui recommande Calvisius Nepos, 501. II. Protecteur de Plutarque [Voir Gréard, « Morale de Plut. » p. 17, 21], 116 ; rappel de son premier consulat ordinaire, 646.

Sénèque le rhéteur. I. Nicétès Sacerdos, 41, 544, 545 ; le recueil des « Suasoriæ » et des « Controversiæ », 544. II. Renvois à ses « Suasoriæ et controversiæ », 29, 355, 356 ; cité par Ussing, 356. III. Originaire de Cordoue, 53.

* **Sénèque le philosophe.** I. S'incline devant l'aristocratie républicaine, 55 ; le Villeroy de Néron, 146 ; le début du « De Clementia », 146, 147 ; les combats de gladiateurs, 282 ; citation par Hardy d'un passage (d' « Epist. » 88), 398. II. Passienus Crispus [voir Mommsen, Index], 72 ; cité par Catanæus, 106 ; cité par Boissier, 115, 226 ; vita otiosa, vita ignava, 139, cité par Giesen, 147 ; ses « Lettres à Lucilius », 156 ; répond par anticipation à P. J., 173, 178 ; cité par Bender, 182 ; ce qu'il disait aux dilettanti, 183, 184 ; son Balbillus, 203 ; son ami Fabius Rusticus, 219 ; ce que Tacite pensait de lui, 226 ; protecteur des lettres (Friedlænder), 243 ; cité par Charpentier, 273 ; son style 338 ; cité par Grasset, Ussing, Collignon, 340, 356, 388 ; quelques vers de Mécène, 411 ; ses « Pensées choisies », 431 ; Bouillier cite les Tragédies qu'on lui attribue, 433 ; une pensée, 443 ; spoliarium, 573 ; cité par La Harpe, 576. III. « De Morte Claudii Cæsaris Ludus (Apokolokyntosis), 31 ; originaire de Cordoue, 53 ; citation d'un passage de « Consolatio ad Helviam », 163 ; se fait ouvrir les veines, 200 ; renvois à ses lettres : « De morte ultro appetita, de morte, de contemnenda morte, se... morti... esse.. omnino paratum », 201 ; les lettres à Lucilius qualifiées de « Journal intime » de S., 230 ; on ne lit plus de son temps les archaïsants, 233 ; « si vales, bene est ; ego valeo », 288 ; cité par Politien, 322 ; lectures publiques et lectures privées, 381, 387 ; cité par P. J. comme poète grivois, 392 ; le bienfait silencieux, 499.

Sentius. I. Ami de Vespasien, membre du triumvirat « Justice et Vérité » (Thraséas, Soranus, Sentius), 189.

Sentius, ou **Serius, Augurinus, C.** II. Sa carrière, ses relations, ses poésies, 204, 284, 291, 292, 481. III. Louange que P. J. décerne à ses « Poematia », 85 ; rappelé au sujet des amis de Politien, 320 ; héritier (prudent) de la grivoiserie bourgeoise de P. J., 397, 403, 406.

* **Septicius Clarus, C.** I. Ami de P. J. qui lui dédie son recueil épistolaire, 120, 126 ; inconvénients de cette dédicace, 126 ; Suétone lui dédie ses « Césars » [Voir Mommsen, « Index, Keil » et Robert, « Vocabulaire historique »], 126 ; ses mérites, sa famille, sa Carrière sous Trajan et Adrien, 126, 497. II. Renseignements sur lui, reproche qu'il adresse à P. J. et réponse de ce dernier, 211, 212, 296, 472, 488, 491, 494 et III. 5, 258, 301, 321, 328, 387.

---

(1) Au cours d'une polémique courtoise, mais vive, avec un pasteur de Montbéliard sur la définition du « cléricalisme », M. Beauquier, le savant député radical du Doubs, vient d'écrire [le Réveil des Campagnes de Franche-Comté, 12 Juillet 1902] « Calvin, le fondateur de la religion réformée en France fut un despote d'une intolérance poussée jusqu'à la férocité...... Il fit brûler vif le malheureux Servet, uniquement coupable de ne pas penser tout à fait comme lui. »

495 ; émule de P. J. dans le « Cursus honorum », sa Carrière, sa disgrâce, 495, 497. II. P. J. lui conte les maladies de Titus Ariston et de Passienus Paulus et lui dépeint les deux malades, 104-106, 202, 203, 481 ; invite à dîner P. J. qui fait son menu, 438 [Voir aussi 392, 613].

Severus, Curius. II. Lu par Keil et Mommsen, l. III, 18 de P. J., 613, 620.

* **Severus, Herennius.** II. Demande à P. J. de lui procurer les portraits de Cornelius Nepos et de Titus Cassius, 208, 391.

Severus, Julius. On lui a attribué P. J., l. IV, 28 — 392

Severus, Sertorius « prætorius vir. » I. L'un des héritiers avec P. J. de Pomponia Gratilla, 114, 474.

* **Severus, Vibius.** I. L'auteur lui attribue, l. IV, 28 ; l. V, 1 — 120 ; Véronais ami de P. J., 114, 120, 130. II. P. J. le charge de faire copier deux portraits de véronais illustres, 391, 392.

Seveste (Sabostius). III. « Curialis poenali consumptus ferro » pour avoir fomenté l'insurrection d'Aquilée, 435.

* **Sévigné** (La Marquise de). I. Sa fortune et son train, 95, 96. II. Sa correspondance avec Mⁿᵉ de Grignan, 280, 361 ; comparée à Voltaire et à P. J., 338, 361, 362 ; ses lettres circulent de mains en mains, 494. III. Comparée à Cicéron, 342, 352, 363 ; cousine et correspondante de Bussy-Rabutin, 346, 347, 348, 349.

Sextus (II. 376). Voyez « Herennius Sextus. »

Sextus. II. Nom qui revient souvent dans les « Epigr » de Martial (l. II, 3, 13, 44, 55, 87 ; l. III, 38 ; l. IV, 68 ; l. V, 5, etc.) — l'épigr. l. V, 5 adressée à « palatinæ cultori Minervæ », 253 ; l'épigr. l. III, 38 adressée à un provincial qui veut habiter Rome, 256.

Sextus, de Chéronée, neveu de Plutarque. III. L'un des maîtres de Marc-Aurèle ; ce qu'il enseigna à son élève (« Pensées », l. I, 9), 178.

Sèze (Raym. de). II. L'un des défenseurs (26 décembre 1792) de Louis XVI, 30.

* **Sforza (Les).** III. 319, 510.

Shakespeare, William. III. Cité par Doudan, 376.

Sichardus, Jean. Ses éditions des « Epîtres » de P. J., II. 503 ; trois textes douteux de P. J., I. 524, II. 570, 573.

Sichel, David. II. « Le vieux rabbin, le plus grand arrangeur de mariages qu'on ait jamais vu dans ce bas monde. » (Erckmann-Chatrian, « L'Ami Fritz », 154.

Sidoine Apollinaire. Voyez « Apollinaire, Sidoine. »

* **Sienkiewicz, H.** II. Emprunts à son roman « Quo vadis », 60, 64, 68.

Sigismond (S.). III. Converti par Avitus, son secrétaire, 296 ; élève Avitus au rang de chancelier, 296 ; ce qu'Avitus lui fait écrire à l'empereur Anastase, 296, 297 ; roi en Bourgogne, comte à Constantinople, 299.

Sigonius (Carolo Sigonio). III. Cité par Coupé, 418.

Silanus, Junius-Lucius, neveu de Decimus Junius Silanus Torquatus et de Lepida femme de Cassius, accusé d'aspirer à l'Empire et d'entretenir avec sa tante des relations adultères, exilé par le Sénat, tué à Barium (en 65) par ordre de Néron [Voir Tacite, « Ann. » XV, 52 ; XVI, 7, 8. 9] ; Capiton lui éleva sur le forum une statue dont il reste peut-être encore l'inscription [Voir Mommsen, Index Keil, p. 446]. II. 282 ; III. 181.

Silène. II. Le père nourricier de Bacchus, dans les « Césars » de Julien, 622, 625.

* **Silius, Caius,** fils du lieutenant de Germanicus et de Sosia Galla, époux de Junia Silana, amant de Messaline. II. Consul désigné, porte-paroles de la majorité sénatoriale [la politique, c'est ce qu'on ne dit pas (Fiévée) ou plus

exactement c'est le contraire de ce qu'on dit] dans le débat [Tacite, « Ann. », XI, 5, 6] contre la « perfidie d'avocat », 28 (1).

* **Silius Italicus.** I. Ses éloges de Domitien, 202, 204, 209. II. Sa vie, ses œuvres, sa mort, le jugement de P. J., 154, 220-225, 273, 275, 283, 293, 301, 302, 337, 474, 648; ami (?) de P. J., 267; rencontré souvent chez Martial [rapprocher notamment « Epigr. », l. XI, 48, 49 de P. J., l. III, 7], 269, 274. III. Originaire du Samnium ou de la Bétique, 54; Sacy en fait un ami de P. J., 75; cité par le Recteur John, 77, 78; ce que P. J. dit de son œuvre, 87; les éloges qu'il décerne à Domitien, 94; se laisse mourir de faim, 200; ses lectures, 384; comparé à P. J. et à Delille, 500, 501.

Silius Proculus. Voyez « Proculus, Silius. »

Silo, Gavius [Voir Sénèque, Edit. bipont., 1810, « Controv. », 31, 32, 33, 34 et Præf. lib., 5]. II. Cité par Ussing, 355.

Silvanus, Cæsennius, parent de Suétone qui le recommande à P. J. pour le tribunat militaire. I. 500; II. 231, 474.

Silvanus, Pompeius. II. Consul suffectus sous Claude, 217.

Simon, Jules. III. Renvoi [notamment à p. 86, 87, 101 103] à son Etude sur Victor Cousin, 1887, Paris, Hachette, 230.

Simonide, le rival de Pindare, 558-468 av. J.-C., « sauvé par Castor et Pollux » d'une maison prête à tomber. » II. Cité par Valère-Maxime et Filon, 135, 413.

Simplicianus, jeune avocat. III. Correspondant d'Ennodius, 299.

Sinarius (le Cte). III. Cousin et correspondant d'Ennodius, 299.

Sinon. II. Le Grec perfide qui introduisit à Troie le cheval gigantesque rempli de ses compatriotes, 142.

Sirey, J.-B. II. Jurisconsulte, rédacteur du « Recueil général des lois et arrêts » depuis 1800 — 50.

Sirmond, Jacques (le Père), ses notes utilisées par les « Epist. » de Cortius et de Longolius et par le « Pan. » de Gruter, I. 12; II. 669. III. Heureux rival de Savaron; renvoi à ses commentaires [cités une soixantaine de fois par Grégoire-Collombet] de Sidoine Apollinaire, 267; recours à son édition d'Ennodius, 297, 301; une indication rapide [Voir Olleris, p. 14] sur le Cursus honorum de Cassiodore, 303.

Skutsch, F. II. « Der jüngere Plinius über Herodas », 192.

Smith, Geo. II. « Panegyric translated », 674.

* **Socrate.** II. Cité par Valère-Maxime, 134.

* **Solers** ou **Sollers, Bellicius.** « vir prætorius. » [Une inscription (Henzen, n. 6912) trouvée à Antioche de Pisidie donne son « Cursus honorum : triumvir monetalis, tribunis legionis XXII, quæstor Cretæ et Cyrenaicæ, ædilis curulis, prætor, præfectus frumenti dandi, legatus legionis XIII, legatus Augusti pro prætore provinciæ Galatiæ Pisidiæ »]. I. Son procès avec les Vicentins au sujet de l'établissement d'un marché, 269, 270.

Solon, législateur d'Athènes et l'un des sept sages de la Grèce II. Cité par Valère-Maxime, 135. III Lamotte-Fouqué lui compare Frédéric, 357.

Sophocle. II. Cité par Valère-Maxime, 135. III. Doudan appelle Racine son cousin, 229; Doudan le juge une nourriture plus saine que Balzac, et trouve, en regard de lui, Boileau barbare grossier, 375, 376.

Soranus, Barea. I. Condamné à mort par Néron, 147; propose avec Scipion de décerner à Pallas des honneurs exceptionnels, 150, 158; aurait été très lié avec Vespasien, 189.

---

(1) L. 8, l. 25 et n. l. 2, c'est Silius et non Suilius qu'il faut lire — Voir infra Suilius Publius.

consul, poète de salon (dont les œuvres ont péri), chanté par Martial et par
Stace qui lui dédia le premier recueil de ses « Silves. » II. 253, 254, 274.
III. 126.

* **Stendhal.** I. L'empereur Domitien ancêtre de son Julien Sorel, 193 ; place sa
diplomatie improvisée au-dessus de sa littérature professionnelle, 355. II.
Etude que lui consacre Bourget, 182 ; le monde divisé en deux moitiés inégales, 186 ; cosmopolite, 186 ; Cicéron, être fort plat, 363 ; comparé à Mérimée
(J. Lemaître), 427. III. Voir « Addenda » de p. 464.

Stéphane, évêque. III. Correspondant d'Ennodius, 300.

Stéphanie, sœur de Faustus. III. En relations d'amitié avec Ennodius, 300.

Stephanus. I. Affranchi, l'un des assassins de Domitien, 201.

Sterne, Lawrence. III. Le « côté sentimental » de son talent a quelquefois
fait songer aux « Silves » de Stace, 501.

* **Stier.** III. Rappel de ses travaux sur P. J., 514.

Stilicon, général et favori de Théodose. III. Correspondant de Symmaque,
241 ; chanté par Claudien (« De laudibus Stilichonis ») en trois chants et
douze cents vers, 472.

Stobbe, H.-F. « Zur chronologie der Briefe des Plinius » : I. 577, 578. II. 303,
304, 305, 473, 474, 478, 483, 484, 485, 486, 491, 619, 691, 692. « Zur chronologie der « Epigr. » des Martialis : I. 217 ; II. 265. III. Rappel de ses travaux
sur P. J., 515.

Stockhausen. Voyez « Gellert et Stockhausen. »

Stockher (Joh.-Jac.) (Stockherus). II. Son édition du « Pan. » [Voir Lemaire,
« Notitia litteraria », p. 433, 434], 668.

* **Strabo,** dit le « Géographe. » III. Le Romain anti-artiste, la destruction de
Corinthe, le Bacchus d'Aristide, l'Hercule du temple de Cérès, 167.

Strabo, C. Cæcilius. Appelé par P. J. Cæcilius Strabo (l. IV, 12) et C.
Cæcilius (l. IV, 17) ; avocat, consul désigné en 104 ; son avis et son succès
dans l'affaire du greffier de Marcellinus ; son (?) procès contre Corellia Hispulla ; ce que Gallus dit et ce que P. J. publie sur lui. I. 502, 603. II. 70 ; 107,
301. III. 12, 204.

Strabon. Voyez « Strabo. »

Stratonice. I. Fille d'Epigone, femme de Chrysippe ; P. J. demande pour elle
à Trajan « civitatem », 509.

Suard, J.-B. Antoine. II. Le style épistolaire, 338.

Suburanus. I. Commis par Trajan pour instruire une requête en revision,
598 ; P. J. plaide devant lui et obtient gain de cause, 598, 601 ; voir aussi
510, 563, 598.

Suétone, père (Suetonius Paullinus). I. Partisan d'Othon, ne se rallie qu'en
apparence à Vitellius, 169, 170. II. Recherches sur lui, 228, 229.

* **Suétone,** fils (Suetonius Tranquillus). I. La notice « Caii Plinii vita » lui
est attribuée par erreur, 27 ; la première barbe de Caligula et sa prise de toge
virile, 41, 42 ; les Chevaliers, 51 ; la moyenne des loyers urbains de l'Italie
sous César, 61 ; la gloutonnerie de Vitellius, 99 ; les deux faces de son Néron,
148 ; Claude et Pallas, 161 ; les services qu'Othon rendait à Néron, 165 ; l'hon-
nêteté et la pénurie de Vespasien, 174 ; pourquoi Néron arrêta son choix sur
Vespasien pour réprimer l'insurrection juive, 175 ; le courage de Vespasien,
comment est salué son succès, 175 ; Cénis, 176 ; les débuts de Titus, 182, 183 ;
fonctionnaires et bénéficiaires, 183 ; Titus, les délices du genre humain, 190 ;
les affranchis et les Chevaliers sous Domitien, 197 ; les confiscations d'héritages par Domitien, 199 ; Epaphrodite, 200 ; comment fut accueilli l'assassinat
de Domitien, 201, 202, 210 ; les chansons militaires, 208 ; « Destitutus », 211 ;
la Vestale Cornelie, 215 ; les incestes des Vestales, 216 ; l'âge du Décemvirat
« stlitibus judicandis », 434 ; renseignements sur l'armée romaine, 240 ; le

____

(1) Voir la note sous Silius, Caius.

merveilleuse — Fantômes et revenants), 392, 395, 396-402 ; comparaison de l. IX, 22, P. J. et l. VII, 47 Martial, 203 ; une légende absurde qui courait sur son compte, 622.

Sura, Palfurnius. II. Délateur sous Domitien. [Voyez Cucheval, « Eloq. après Cicéron », t. II, c. 20], 52.

Suranus. I. Consul ordinaire en 104 (suivant Masson), 496.

Suster, Guido. « De Plinio Ciceronis imitatore » : I. Le « Panégyrique de Trajan » et le « Pro Marcello, 556. II. Les hors-d'œuvre du Pan., 468 ; emprunts de P. J. au « Pro Marcello », 630 ; comparaison du « Pro Marcello » et du « Pan », supériorité du premier, 630 ; « Notizia e classificatione dei codici continenti il Panegyrico » et « Nuovi emendationi al Panegirico », recours à ces deux ouvrages, 658, 660, 661, 662, 663, 664, 667, 668, 672, 673, 691, 693. III. Rappel de ses travaux sur P. J., 515.

Sylla, le dictateur. I. Porte à 20 le nombre des questeurs, 253, 254 ; la réforme du tribunat, 273 ; aime les jeunes talents, 558. II. N'a pas été ménagé par les orateurs, 52 ; cité par Martial, 246 ; jeu de mot de P. J. sur le surnom qu'il s'était donné, 325 ; sa lute avec Marius, 367 ; cité par les commentateurs du « Pan. », 641 ; cité par Alfieri, 654, 655, 656. III. Enlève à la Grèce ses derniers trésors, 153

Symmachus, Lucius Aurelius Avianus. Voyez « Symmaque père. »

Symmachus (Le Cte (1) Q. Aurelius Anicius). Voyez « Symmaque fils. »

Symmaque, père, préfet de Rome. III. Ammien Marcellin vante sa modestie (douteuse) ; le peuple incendie son palais, 240, 242, 243.

Symmaque, fils du précédent. I. Son inscription funèbre, 230, 314, 335. II. Son éloquence, 20 ; sa physionomie, sa lutte contre S. Ambroise, son discours pour le rétablissement de la statue de la Victoire, 20-22 ; la gen^{de}elettrerie « viri litterarum », 150 ; sa prose métrique et les travaux de M. Havet, 330, 332, 334, 692, le palimpseste de Bobbio, 667. III. Héritier de P. J., 231, 305, 322, 343 ; Comparé par Macrobe à Cicéron, Salluste, P. J., Fronton, 239 ; cité par Sidoine dans sa Préface, 256, 258, 259 ; Sidoine le fait « éclairer » par Rusticienne, 266 ; comment il parle de ses domaines, 268 ; non traduit en français, 269 ; [« Adde » Grégoire-Collombet. Sidoine t. I, p. 369] loué par Colerus, 309 ; cité par Politien et Pasquier, 321, 328 ; panégyriste, 413 ; biographie et épistolographie, 240-251, 252, 262, 281, 289, 448, 493.

Symmaque, descendant des deux précédents. III. Beau-père de Boëce, consul en 522, correspondant d'Ennodius, 299 ; mis à mort (525 ou 526) par Théodoric, 310.

Symmaque (S.) (Cœlius Symmachus), pape canonisé, prédécesseur d'Hormisdas. III. Correspondant d'Avitus, et d'Ennodius ; le patrice Festus lui oppose l'Archiprêtre Laurent ; Ennodius confie à Faustus les tristesses que lui cause ce schisme ; S. envoie Ennodius en ambassade auprès de Théodoric qui se prononce en sa faveur ; accusé de divers crimes, est absous par plusieurs conciles ; Ennodius fait l'apologie de ces décisions, 294, 297, 298, 300, 472, 474.

Synesius, sophiste et épistolier grec devenu évêque de Ptolemaïs. [C. Martha, « Etudes Morales », p. 328, 329 : « Il est le Pline le Jeune du ve siècle, sachant faire les honneurs à sa personne, mais à la grecque, c'est-à-dire avec une circonspection moins méticuleuse et un amour-propre plus ingénu »]. I. Façonne l'orateur avant sa naissance, 539. III. Est comme beaucoup d'autres

---

(1) Note omise dans les « Addenda. » « Un grand nombre de personnages de cette hiérarchie [celle qui fut achevée par Constantin] sont qualifiés de Comtes (comites), c'est-à-dire compagnons du prince ; on pourrait traduire conseillers. » (Grande Encyclopédie, p. 973, colonne 2, au mot « Empire. »

élu (malgré lui) évêque par les comices chrétiens, non pour sa foi actuelle, mais pour son énergie, 473.

T

Tabarin. II. Paillasse et écrivain burlesque très en vogue à Paris de 1620 à 1630 — 210.

* **Tacite** (C. Cornelius Tacitus), l'historien. I. Les lettres qu'il reçut de P. J., 3, 4 ; la prise de la robe virile, 27, 33 ; ses premières relations avec P. J., 28 ; Nicétès Sacerdos, 40 ; « pars populi integra, plebs sordida », 50 ; Affranchis et Chevaliers, 51 ; « Equites illustres », 52 ; discours de Sénèque à Néron, 55 ; légataire avec P. J, 58 : Néron traite Rome comme son domicile particulier, les fêtes de l'étang d'Agrippa, 147 ; les deux faces de son Néron, 148, 149 ; la bourgeoisie provinciale sous Néron, 152 ; ses acrimonies et ses exagérations, [« Ce grand esprit n'est pas le modèle de l'histoire et des historiens » — Napoléon], 155 ; propos qu'aurait tenu Tibère à Galba, 162 ; sa carrière sous Galba, Othon, Vitellius, 168 ; confond toujours « République » et « Liberté », 169 ; ses préférences pour Galba, 169, 170 ; le proconsulat d'Afrique de Vespasien, 174 ; comment fut accueilli le succès de Vespasien, 175 ; Vespasien commence sa carrière, 189 ; les éloges qu'il décerne à Vespasien, 189 ; ses réquisitoires contre Domitien, 209, 210, 226, 266 ; sa fausse impartialité 209 ; Nerva le nomme consul, 222, le Vingintivirat, 237 ; renseignements sur l'armée romaine, 240 ; l'armée de Syrie en 55 — 242 ; la questure de Brindes, 254 ; l'inexpérience des questeurs-trésoriers, 257 ; borne ses conceptions républicaines à l'omnipotence du Sénat, 274 : Vitellius en appelle au tribun du peuple, 275 ; Curtius Rufus, 279 ; les « Augustalia », 281 ; farde la vérité sur un point du Cursus honorum de son beau-père, 286 ; la date du décès d'Agricola, 287 ; les Praefecti Ærarii Saturni, 304, 305, 308 ; Masson interprète un de ses textes, 310, 311 ; Polyècte, 324 ; Julius Tutor, 363 ; Frontin, 453, 454 ; le pronunciamento de Scribonianus, 461 ; les derniers mots de Thraséas, 463, 464 ; Rusticus Arulenus, 472 ; Curtius Montanus, 475 ; Thraséas et consorts jugés par Cossutianus, 481 ; Veiento, 499 ; recommande Nason à P. J., 506, 507 ; Junius Mauricus, 516 ; l'usage qu'il fait d'un discours sténographié de Claude, 536 ; les « Suasoriæ » et les « Controversiæ », 545 ; son éloquence, 558 ; Bæbius Massa, 569 ; lettre que lui écrit P. J. relativement à un incident greffé sur le procès Massa, 569 573 ; plaide avec P. J. dans l'affaire Priscus, 573, 574, 576 ; Cadius Rufus, Tarquitius Priscus, 589 ; les avocats, 605. II. Le génie du préjugé, 28 ; ce qu'il appelle la liberté, 32 ; sa vérité d'ensemble, 52 ; veut l'omnipotence des proconsuls, 59 ; républicain entiché de noblesse, 60 ; dissimule sa partialité, 97 ; accepte l'Empire, 185 ; l'Univers appartient à Rome, 186 ; amicissimus de P. J., 267, 268, 286, 291, 653 ; on lui attribue le « De Viris illustribus Urbis Romæ », 279 ; « inglorius, inturbidus », 308, 570 ; Constans étudie sa langue, 309 ; légataire d'admirateurs, 532 ; traduit par Burnouf, 535, 577 ; injuste et ingrat, 640 ; orateur et avocat, 10, 39, 45, 46, 49, 84-89, 107, 606 ; écrivain, 52, 225-227, 237, 240, 241, 275, 291, 329, 606 ; dans la correspondance de P. J., 160, 163, 209, 210, 407 ; cité par Froment, La Roche-Flavin, Cucheval, Boissier, Adérer, Mommsen, Morillot, Bender, Robert, Charpentier, Nissen, Duruy, Pellisson, Hild, Constans, Taine, Accarias, Dupré, Church et Brodribb, Collignon, Joubert, Schultz, Hernegger, Lipse, Schoell, Grasset, Alfieri, Coardi de Quart et autres, 19, 26, 27, 28, 29, 30, 32, 45, 46, 49, 50, 52, 53, 54, 55, 57, 58, 59, 60, 61, 63, 64, 69, 70, 71, 78, 79, 90, 101, 144, 146, 156, 157, 180, 181, 187, 190, 208, 209, 216, 217, 218, 219, 225, 227, 228, 229, 237, 240 273, 294, 338, 339, 345, 348, 383, 386, 387, 397, 398, 403, 407, 408, 409, 426, 430, 441, 481, 482, 487, 488, 523, 530, 547, 582, 630, 654, 676, 677. III. Cité par Duruy, 2 ; l'avocat qui se rit du droit civil, 30 ; prononce l'oraison funèbre de Virginius Rufus, 34 ; Rusticus Arulenus, Crassus, Camerinus, Regulus, Fabius Justus, Spurinna, Mauricus,

Veiento, Lepida, Vulcatius Tullinus, Marcellus Cornelius, Calpurnius Fabatus,
38, 39, 52, 181, 182 ; né à Interamne, 54 ; Tibère enlève l'Achaïe au Sénat,
155 ; les mœurs nationales corrompues « studiis externis » — nunc colimus
externos et adulamur ! » (Thraséas), 169 ; n'est point cité par Aulu-Gelle,
239 ; Sidoine Apollinaire lui fait donner le conseil à P. J. d'écrire l'histoire,
265 ; Sidoine qualifié de : Tacite du moyen-âge, 281 ; rappelé au sujet des
amis de Politien, 320 ; son édition par Béroalde est protégée par un bref de
Léon X, 325 ; Pasquier constate et explique la difficulté de le traduire, 331 ;
Doudan juge son œuvre et la traduction de Burnouf, le place dans sa bibliothèque des Brugraves, 371, 375, 377.; les lectures publiques, 383, 384 ; la
répression de l'insurrection de Sacrovir, 423 ; décroissance du luxe, 452 ;
sa phrase à double-sens retrouvée chez Ammien Marcellin, 468 : ce qu'il
pensait et comment il parlait des chrétiens, 487 ; ses gémissements républicains, 490 ; les déclamations ampoulées et pédantesques, 493 ; manque de
santé, 495 ; relations et comparaison de T. et de P. J., 4, 67-123, 137, 140,
150, 178, 500, 502, 510 ; est un Romain, 502 ; dernier représentant de l'école
historique du roman oratoire, 513.

Tacite (M. Claudius Tacitus), empereur. I. Septuagénaire que le Sénat élit
(275) pour ses vertus, assassiné après six mois de règne, 221. III. Comment
peut s'expliquer sa prétention de descendre de l'historien, 95.

Taine. II. Thomas-Graindorge, 114 ; entomologiste (Le Prince Napoléon), 240 ;
comparé à Suétone, 241, 242 ; son parti-pris imperturbable et artificieux
(J. Lemaître), 242 ; les vérités moyennes, 328, 468 ; les qualités de Tacite, ses
défauts expliqués, 338, 339 ; Dickens, 341. III. Ses « notes sur l'Angleterre »
jugées par Doudan, 377.

Talbot, Eugène, recours à sa traduction des « Vies illustres » de Plutarque.
I. 211, 212, 213. III. 152. — Comparaison de P. J. et de Symmaque [« Histoire
de la littérature romaine », Paris, Lemerre, 1883, p. 405], 250.

Tallemant des Réaux (Gédéon). III. Ses « Historiettes » rappelées au sujet
de P. J., 488.

Talleyrand-Périgord (Ch. Maurice de), prince de Bénevent. I. Son improbité financière, 150. II. Sans fidélité, sans loyauté, sans honneur politiques,
63.

Talma, Franç.-Joseph. II. Le plus grand tragédien français, 203.

Talon, Omer, avocat général au Parlement de Paris. III. Cas que Balzac faisait de ses louanges, 334.

Talon (l'abbé). III. Correspondant (14 juillet 1640, 25 septembre 1644, 4 janvier 1645) de Balzac, 333.

* **Tanzmann, J.-J.** I. L'auteur tire grand profit de sa thèse sur P. J., 15 ;
la mort de Lucius, père de P. J., 21 ; P. J. prend la toge virile, 38 ; la santé
délicate de P. J. [Cf. « Plinii vita, auctore Cellario, in fine »], 44 ; Calpurnia,
seconde femme de P. J., Pompeia Celerina, sa mère, 44, 45 ; P. J. héritier de
son oncle, 66 ; le décès de P. J., 144. II. Qualité principale de P. J. orateur,
18. III. Lettres à attribuer à Voconius Romanus, 7 ; la reconnaissance de
P. J. pour son oncle, 109 ; comment P. J. défendit ses petits vers, 398 ; après
deux courtes notices (p. 1-11) sur « vie publique, vie privée » de P. J., étudie
(11-36), « ingenium et mores Plinii » [Libéralités amicales et patriotiques —
Grande fortune, mais ne peut être comparée aux richesses de Pallas, Narcisse, Epius, Marcellus, Régulus, etc. — Ses recommandations — Les causes
dont il se chargeait — Reconnaissant, sensible, bienveillant, ignore la jalousie — assidu aux lectures publiques, admirateur de tout lettré — Explication
de l'excès de ses compliments — Equité, justice, douceur, clémence et pardon — Sa haine légitime c/ Régulus — Bon époux, bon ami, bon maître,
ni morose ni grincheux, mais d'aimable humeur et gai — Circonstances
atténuantes réclamées pour sa vanité. — Croit sincèrement aux Dieux, les
honore, leur élève des temples — Place l'immortalité dans l'éternité de la

---

(1) C'est évidemment X qu'il faut lire « carmenque Christo, quasi deo, dicere
secum invicem. » [On retrouve encore « invicem » dans l. IV, 1, 15 ; l. VII, 20 ;
l. VIII, 18 et Pan. 6 Rapprochement intéressant à faire].

« Pan. », 548, 555 ; consul, 610, 613, 656. III. Cité par Duruy, 3 ; trésorier de Saturne, 187 ; recommande à P. J. de soigner ses yeux malades, 188 ; ce que Corellius dit de lui à son lit de mort, 200.

Tesmar, Jo. « De Plinii ep. » 97, 1. X, 1681. Marpurg. — Pour mémoire.

Tetricus, P. Pivesus ou **Pesuvius.** III. Usurpateur qui ruina Autun et livra, dans les champs catalauniques, ses soldats à Aurélien, 424.

* **Teuffel.** I. L'auteur tire grand profit de son « Histoire de la littérature romaine (1) », 4, 15 ; la fortune de P. J., 74 ; la promptitude d'intelligence des Romains, 535 ; Cicéron, idéal de P. J., 556 ; Cicéron avocat criminel, 556, 557. II. Cité par Scolari, 9 ; ce qu'il pense des avocats, 11 ; P. J. ennemi de la concision, 18 ; P. J. jurisconsulte, 20 ; la célèbre « relatio » (Autel de la Victoire) de Symmaque, 21 ; deux citations de Bender, 181 ; cité par Collignon, 225 ; P. J. peint par ses lettres, 299 ; patriotisme de Pline l'Ancien, 442. III. Comment les destinataires sont indiqués dans les lettres de P. J., 12 ; date de la naissance de Tacite, 88 ; Tacite sans enfants lors de la publication d' « Agricola », 95 ; Tacite éprouve peu de sympathie pour Thraséas et Helvidius, 102 ; P. J. ne fut pas le collaborateur de son oncle, 114 ; la Planta dont P. J. parle (1. IX, 1), 147 ; la langue de Symmaque, 243, 252, 289 ; le caractère de Sidoine Apollinaire, 281 ; Ruricius imitateur de Symmaque, 284 ; cite Schirren, 309 ; les poésies de Cicéron, 390 ; la double influence subie par les panégyristes gaulois, 415.

Thalassius. III. Deuxième mari de la fille d'Ausone, différent d'Euromius, 248.

Thamin, Raymond. II. Une pensée, 184. III. Dégager cette inconnue : « le devoir » [p. 34, 35, etc. « Un problème moral dans l'antiquité » 1884, Paris-Hachette], 135.

Theiesinus. II. Ami que Martial trouve peu généreux, 58, 253.

Thémistocle. II. Cité par Valère-Maxime, 135, 575.

Thenard, L. Jacq. (Bᵒⁿ). I. Sa lettre à Le Canu, 528.

Théodat. III. Roi des Ostrogoths, déposé par Vitigès, eut Cassiodore pour secrétaire, 306.

Théodore. II. Musicien ou auteur qui aurait écrit sur la musique [Voir Juvénal, Panck. t. II, p. 36, 37], 110.

Théodoric II, Roi des Wisigoths de Toulouse. III. Son portrait par Sidoine Apollinaire, 282.

* **Théodoric III,** dit le Grand, roi des Ostrogoths. III. Résumé biographique ; les relations d'Avitus et d'Ennodius avec le prince ou sa cour, le cursus honorum et l'épistolographie de Cassiodore sous son règne, 289, 294, 297, 299, 302, 305, 307, 308, 309, 310, 311, 312, 313, 314, 315, 472, 473, 474.

* **Théodose,** empereur. I. Le nombre des secrétaires et porteurs de dépêches au temps de ce prince, 348. III. Correspondant de Symmaque, 241 ; un impôt impopulaire, 419 ; résumé biographique, panégyrique de Pacatus, souvenirs de la postérité, 414, 418, 450, 451, 455, 466, 468, 470, 471, 472, 481.

Théophane. I. Député des Bithyniens dans l'affaire Bassus, 590 ; les inquiétudes que lui fait éprouver une motion de Paullinus, 591. II. Reproche que P. J. lui adresse, 91.

Théophane, annaliste grec mort vers l'an 817 ap. J.-C. III. Prétend dans sa

---

(1) Nous avons adopté la traduction de 1879, la croyant seule familière aux lecteurs pour lesquels nous écrivions. Mais parfois elle est fort infidèle et toujours elle fait traîner l'aile à une œuvre de haut vol. Souhaitons aux générations futures, qui ne sauront plus le latin, d'apprendre du moins l'allemand dont l'enseignement, en dépit des programmes, demeure radicalement nul.

« Chronique » que Théodoric avait retiré, de son séjour à Constantinople durant dix années de jeunesse, une très forte instruction, 310.

Thérèse Le Vasseur. II. Servante d'auberge, maîtresse, puis femme de J.-J. Rousseau, 263.

Thierfeld, Ed. II. Ses traductions des « Lettres » et « Pan. », Munich (Fleischmann), 1828, 1829, 2 vol., 512, 674 ; sa notice intéressante sur P. J., ses nombreuses notes, 512 ; recours à sa traduction des Lettres, 397, 401, 408, 411 ; les dates qu'il attribue aux lettres du livre premier, 472. III. Rappel de ses travaux sur P. J., 514.

Thiers. II. Homme d'État intellectuel, 128 ; rival de Guizot, 148 ; cité par Mérimée, 417.

Thomas, Ant.-Léonard. II. Cite un mauvais bon mot sur le « Pan. de Trajan », 618 ; ses jugements sur le Pan., 575, 576, 629. III. Les relations de P. J. et de Tacite, 75 ; les énigmes du panégyrique d'Ennodius, 299 ; panégyriques et panégyristes gaulois, 456, 459, 465, 470 ; Ausone qualifié d'esclave agenouillé, 468 ; les panégyriques en tous pays, 474 ; les panégyriques sous Louis XIV, 475 ; son « Essai sur les éloges », jugé par Fontanes, 475, 476 ; le bonheur de l'Angleterre, 481, 482.

Thomas, Émile. II. Son article sur les « lettres choisies » de Kreuser, 508, 509.

Thomas d'Aquin (S.). II. Explique la rédemption de Trajan, 625.

Thomasius, Jac. II. Ses éditions de P. J., 472, 504 ; le désordre chronologique des « lettres », 472, 473, 490, 491.

Thomassin (M. et Mme). III. Correspondants de Courier, 370.

Thomsen, G. II. Notes sur le « Pan. » (Dansk Maanadskrift), 516, 673. III. Rappel de ses travaux sur P. J., 514.

Thorismond. III. Roi des Goths, intellectualisé et humanisé par Avitus, le futur empereur. Veut mettre le siège devant Arles ; Aétius trop faible encore n'ose se présenter pour le combattre ; il n'en coûte qu'un dîner à Ferréolus pour le détourner de son projet, 279.

Thraséas, Pétus. Voyez « Pétus Thraséas. ».

Thrasimond. Voyez « Trasimond. »

Thrasyllus « mathematicus. » II. Ce qu'il dit à Tibère (Suétone, « Caligula », 19), 235.

Thuan, Auguste. II. Propriétaire du « codex parisiensis », 661, 688, 693.

Thucydide. II. Cité par Joubert et P. J., 430, 464.

Thureau-Dangin, académicien, successeur (1793) de La Mesnardière (XIe fauteuil). II. 517.

Thyeste, fils de Pélops, frère d'Atrée. II. Séducteur d'Europe, 380.

* **Tibère,** empereur. I. Déteste Caligula, 42 ; réglemente l'ordre équestre, 53, 54 ; propos que, suivant Tacite, il aurait tenu à Galba, 162 ; consulte les devins sur l'avenir de Galba, 162 ; les « Spintriæ », 166 ; su nommé [Suétone, 43] « Caprineus », jeu de mots sur « Capreæ » (Caprée) et « Caper » (bouc), 172 ; abus de centralisation, 180 ; ses « Mémoires », 201 ; ses amis, 201 ; son gouvernement, 217 ; sa valeur, 259 ; sa questure, 260 ; ses économies, 305 ; accroissement de la compétence du « Curator alvei Tiberis », 329. II. 26, 27, 28, 32, 46, 52. 75, 131, 140, 143, 144, 145, 216, 220, 228, 235, 239, 240, 387, 409, 523, 530, 549, 605, 616, 628, 638, 644, 650, 655. III. Les jurisconsultes patentés, 28 ; sénilité lubrique et sanguinaire, 31, 172 ; rattache l'Achaïe aux provinces impériales, 135 ; l'empereur préféré de M. Duruy, 160 ; la révolte de Sacrovir, 423.

* **Tibulle.** II. Cité, 330.

Tigellin, Sophonius. I. Beau-père de Cossutianus Capiton, préfet du prétoire de Néron, s'associe à Poppée pour pousser ce prince dans « la voie sanguinaire » [condamné à mort par Othon], 147.

* **Tillemont** (Sébastien Le Nain de). [« Histoire des empereurs des six premiers siècles », et « Mémoires à l'appui]. II. La chronologie partielle des « Lettres » de P. J., 487. III. Considère (tome II, « Hist. » Trajan, n. 9), comme contemporaines les lettres P. J., l. 1, 6, l. IX, 10, 104 ; démontre (t. V, « Hist. », p. 726) que Thalassius et Euromius étaient deux personnages différents, 248 ; estime (tome XVI « Mém. », p. 199) que la lettre l. V, 17 de Sidoine à Eriphius est la plus ancienne du recueil de cet épistolier, 260 ; Pacatus (t. V, « Hist. », p. 303) proconsul d'Afrique, 449 ; les derniers vestiges de l'Institution alimentaire de P. J., 502.

Timarchus, Claudius, crétois. I. Mis en jugement pour outrages au Sénat, 555.

* **Tiraboschi, Girolamo** (Le Père jésuite). « Storia della Letteratura italiana. » III. Estime (t. V, l. 1, c. 2, art. 3-4) que le destinataire de Cassiodore « Var. » l. IX, 24 n'est pas le même personnage que celui dont est parlé l. I, 4 — 305. [« Adde » sur l'inscription ambrosienne de P. J. Storia... t. II, l. III, c. 1, art. 9 et pour la discussion de ses conjectures, se reporter à Boari. « Testamentaria Inscriptio », § VIII, IX, XIV (p. 58), XVII, XVIII, XX, XXI, XXII, XXIII, XXIV, XXX (p. 95), pp. 101-106].

* **Tiro, Calestrius.** I. Ami de P. J., ses relations avec lui, sa fortune, ses opinions, son « Cursus honorum », 119, 131-134, 249, 251, 286, 291, 292, 327, 482. II. Conseils que donne P. J. au nouveau gouverneur de la Bétique, 451. III. Le service qu'il rend à Fabatus, 217, 218 ; l'Avitus de Sidoine correspond au Tiro de P. J., 267.

Tiro, Julius. I. Procès auquel donnent lieu ses codicilles, 324, 327.

Tiron (Tullius Tiro). I. Affranchi et secrétaire de Cicéron, fort aimé de son maître, 110, 111. II. Lettres que lui écrit Cicéron, 331 ; a collectionné et peut-être publié les « lettres » de Cicéron, 366. III. Asinius Gallus lui prête des relations inavouables avec Cicéron, 389.

Tissot, Ernest. III. L'âme italienne a perdu le sens des nuances, 464.

* **Tite-Live.** I. Faire des extraits de ses discours, entraîne la mort sous Domitien, 199 ; la réhabilitation des Vestales, 216 ; l'armée romaine, 238, 239, 240 ; Quintilien recommande particulièrement sa lecture aux futurs orateurs, 542. II. Objet des travaux de Machiavel, 27 ; cité par P. J., Gréard, Lion, 165, 166 ; l'Univers appartient à Rome, 186 ; P. J. ne songe pas à le comparer à Tacite, 210 ; ne pouvait pas parler beaucoup de lui-même, 294 ; sa langue, 311, 314, 317, 318, 329 ; cité par Lebaigue, 394 ; un habitant de Gadès vient à Rome uniquement pour le voir, 447 ; cité par Quintilien, les commentateurs du « Pan. », Juste Lipse, 464, 525, 539. III. Compris par Doudan dans sa bibliothèque des Burgraves, 377 ; P. J. (l. VI, 20) lit et « excerpit » ses œuvres pendant l'éruption du Vésuve, cite (l. III, 24) une anecdote le concernant, imite son vocabulaire poétique, 488.

* **Titianus, Cornelius** (sans renseignements). III. Paraît avoir été lié avec Titinius Capito ; P. J. lui a écrit l. I, 17, et (?) l. IX, 32 — 265.

Titianus, Julius, senior. III. Contemporain des Antonins, auteur de : « Provinciæ vel Chorographia. » [On distingue assez mal le père du fils. Cf. Edit. Panckoucke. Capitolin, p. 363, 364 ; Ausone, p. 433, 434 ; et Traduction Sidoine, Grégoire-Collombet, p. 79, 80], 258.

Titianus, Julius, orator. III. Fils du précédent, professeur de Maximin le Jeune, auteur de « Lettres » où il pastichait « assez mal » (Sidoine), Cicéron, [Adde. Politien, Epist. I, 1, et Pétrarque. « Epist. » Præf.], 231, 258.

* **Titien** (Tiziano Vecelli dit Le). III. Cité par Bussy-Rabutin, 347.

Titius Ariston. Voyez « Ariston Titius. »

Titius Caius, orateur célèbre. II. Le tableau qu'il fait des juges de son époque dans sa harangue au peuple pour l'inviter à établir la loi « Fannia », 96.

Titinius Capito. Voyez « Capito Titinius »

Titus, empereur. I. Fils aîné de Vespasien, 176 ; son enfance, sa jeunesse, son règne, sa mort, 181-185, 189, 190, 197, 198, 216, 244, 453 ; sa consécration, 233 ; Pline l'Ancien lui dédie son « Histoire naturelle », 185, 186. II. 46, 90, 91, 254, 264, 587, 590, 605, 622, 640. III. Ses poésies grivoises invoquées par P. J., 392 ; l' « amour du genre humain » rappelé par Pacatus, 451.

* **Titze, F.-N.** I. La santé délicate de P. J., 44 ; Calpurnia seconde femme de P. J., Pompeia Celerina sa mère, 45 ; textes douteux de P. J., 515, 517 ; le courage de P. J., 568. II. Ses travaux sur P. J., 501, 502, 506 ; textes douteux des « Epist. », 34, 199, 385, 391, 392, 400, 402, 403, 408, 411, 454, 456 ; son classement des lettres de P. J. ne concorde pas avec celui des autres éditions, 486. III. Rappel de ses travaux sur P. J., 513.

Tongilius. II. L'un des charlatans du barreau [Juvénal, « Sat. » VII, vers 129 et suiv.] [le même que le goinfre de Martial, « Epigr. », l. II, 40 ?], 94.

* **Torquatus (Les).** III. Lemaire écrit : « nempe L. Torquatum, a. U. C., 689, consulem, in dicendo elegantem et prudentem, ejusque filium L. Torq. Epicureum. » Mommsen (Index) : « quinam fuerint ignoratur. » [Lire dans cet Index tout le paragraphe consacré à « Manlii Torquati » et Duruy, t. III, p. 12], 392.

Tostat, Alphonse. II. L'évêque d'Avila dont l'épitaphe porte : « Hic stupor est mundi qui scibile discutit omne » — Son opinion sur la rédemption de Trajan et la supplique de Grégoire le Grand, 625.

Trachalus Galerius. Voyez « Galerius Trachalus. »

* **Trajan**, empereur. I. Bienveillant à l'égard de la noblesse, 53 ; les Caisses alimentaires, 103, 104 ; un aperçu de son règne, 101, 227-230, 259, 329, 357. II. 9, 10, 19, 28, 29, 37, 67, 70, 75, 76, 88, 89, 90, 97, 98, 100, 103, 104, 115, 138, 146, 160, 161, 173, 179, 183, 184, 186, 190, 195, 199, 208, 209, 222, 226, 232, 234, 238, 239, 240, 241, 242, 245, 257, 261, 267, 268, 273, 274, 279, 280, 283, 285, 302, 303, 304, 305, 334, 352, 353, 354, 355, 356, 357, 359-362, 383, 384, 428, 468, 471, 475, 478, 479, 480, 487, 493, 501, 512, 515, 517, 518, 519, 521, 522, 523, 524, 529, 536, 544, 547, 548, 549, 551, 552-554, 556, 559, 564, 568, 569, 570, 571, 577, 579, 580, 582, 583, 584, 585, 586, 587, 588, 589, 590, 591, 593, 594, 595, 596, 597, 598, 599, 600, 601, 602, 603, 604, 605, 610, 612, 616, 618, 619, 621, 622, 625, 626, 627, 628, 629, 630, 632, 633, 634, 635, 636, 637, 638, 640, 641, 642, 643, 644, 645, 646, 647, 648, 649, 650, 651, 652, 653, 654, 655, 656, 657, 658, 663, 667, 672, 673, 674, 675, 677, 692. III. Cité, 6, 7, 8, 19, 26 (sanctissimus), 30 (les jurisconsultes), 38, 41, 58, 59, 60, 62, 63, 64, 65, 86, 93, 94 (sous Domitien), 109, 127 (Maxime), 132 (Priscus), 139, 147, 149, 152 (Plutarque), 155 (l'Achaïe), 167 (le Bas-Empire), 188, 196, 197, 219, 222, 223, 225 (la poste), 232, 256, 266, 288, 297, 308, 309 (la « Chronique » de Cassiodore), 319, 356 et 362 (Trajan et Frédéric), 386, 387, 413, 421, 447 (courtois -- Ausone), 451 (éloigne les frontières — Pacatus), 456, 459, 461 (tout grand qu'il fût, etc. — Fénelon), 462, 464, 470, 471, 472, 475, 479-481-482 (comparé à Napoléon), 487, 490, 495, 506, 515 (esquisse de Van Hall sur son règne).

Trasimond, roi des Vandales, en Afrique, arien persécuteur des catholiques (496-522). III. Ennodius compatit aux souffrances des évêques exilés et correspond avec Tr., 298, 299 ; Tr. « vir illustris » à Constantinople, 299 ; correspondant de Cassiodore, 299.

Trebatius Testa, jurisconsulte, grand partisan de César et d'Auguste qui le consulta sur la validité des codicilles [voir le genre de conseils qu'il donnait à son ami Horace, Sat. l. II, 1]. II. Cité par Demogeot, 386.

Trebonius Rufinus. Voyez « Rufinus Trebonius. »

Treilhard, J.-B. I. La justification du divorce, 548.

U

traduire et expliquer le grec de P. J., 354 ; conteste l'authenticité de toutes les
réponses impériales qu'il attribue à un faussaire ignorant du xv⁰ siècle, 355,
359 ; sur le nombre des lettres échangées entre le légat et l'Empereur, 356 ;
le « charabia » du soi-disant Trajan, 357-359 ; portrait moral, intellectuel,
administratif de P. J., 360 ; ses travaux sur la correspondance Pline-Trajan
[Voir Platner, p. 15, nᵒˢ 223, 224], 515. III. Rappel de ses travaux sur P. J.,
514, 515.

V

Vaillant, E., l'un de ces philanthropes qui ne peuvent s'assurer des partisans
« qu'en ajoutant le mobile de la cupidité à celui de la haine. » III. Le retour
de l'âge d'or et du siècle d'Astrée, 223. [Voir sur ses prédécesseurs (Saint-
Just et autres) : Vilate, « Causes secrètes de la Révolution », coll. Lescure,
pp. 227, 228, 238, 241, 288].

Valbusa et Zippel. III. Recours et renvoi à leur traduction de J. Burckhardt :
« La Renaissance en Italie », 319.

Valens. III. L'un des trente tyrans (264), « vir militaris, simul etiam civilium
virtutum gloria pollens », proconsul d'Achaïe sous Gallien [voir Treb. Pollion. « Gallien », 2 ; Valens, 18 ; Pison, 20], 149.

Valens, sic : Alde, Gesner ; « Fabius » Valens, Catanæus, Keil [Mommsen,
Index, ne fournit pas de renseignements sur ce personnage. Catanæus voit
le 2⁰ consul ordinaire de 96 ; mais le collègue d'Antistius Vetus se nommait
soit « Fulvius » (Masson), soit « Manlius » (Mommsen. « Étude P. J. »,
p. 111) Valens. Lemaire ne serait pas éloigné soit de partager l'avis de
Catanæus, soit de trouver dans le destinataire de l. IV, 24 un parent du légat
de Germanie, Fabius Valens que Vitellius avait fait consul par reconnaissance
(Tacite. « Hist. » I, 52) en restreignant « aliorum consulatus » (Tacite,
« Hist. » II, 71) et que les soldats de Valerius Paullinus mirent à mort à
Urbinum. Si on ne juge point acquise la leçon « Fabius », on pourra songer
au Julius Valens de P. J., l. V, 9]. I. P. J. ne lui a écrit que l. IV, 24,
« anno 97 (?) » où « fragilitatis humanæ admonetur, quum nullos in qua-
» druplici judicio, quos juvenis in eodem habuerat, socios vidisset », 602.

Valens, Flavius. III. Empereur (de 364 à 378), 443 ; son édit du 29 Avril 370,
[avec Valentinien et Gratien] : « medicis et magistris Urbis Romæ sciant
omnes immunitatem esse concessam », 479.

Valens, Fulvius (Masson) ou **C. Manlius** (Mommsen). I. Consul ordinaire en
96 avec C. Antistius Vetus, 498.

Valens, Julius ou **Silvius** [sans renseignements]. I. Ami de P. J. et de Saturninus ; comme il est atteint « inexplicabili morbo », P. J. juge sa mort une
délivrance, 120, 126, 127.

Valentinien Iᵉʳ, empereur, proclamé par l'armée, s'associe à son frère Valens,
nomme Ausone précepteur de Gratien et lui accorde les titres de Comte et de
questeur, rend un édit en faveur des médecins et professeurs, laisse pour
successeurs ses deux fils Gratien et Valentinien. III. 404, 443, 469.

Valentinien II, empereur. II. Après s'être adressé à Gratien, Symmaque s'adresse
à lui pour obtenir le rétablissement au Capitole de la statue et de l'autel de
la Victoire, 20. III. Correspondant de Symmaque, proclamé par l'armée
d'Illyrie, Gratien son frère consanguin ratifie le choix et lui donne la préfec-
ture d'Italie ; Théodose prend sa défense contre Maxime, et Pacatus l'en félicite, 241, 404, 443, 448, 450, 455.

Valentinien III, empereur (424-455), fils de Constance III, législateur [Voir
Demangeat, « Introd. au dr. romain », p. 106, 107]. III. 29 ; le général Méro-
baudes poète sous son règne, 472.

Valère-Maxime. I. Le cilicien Chrysippe, 40, 41 ; le crible de Tuccia « virginis

Vestalis, incesti criminis reæ », 216 ; P. Claudius envoie boire les poulets
sacrés qui ne veulent pas manger, 322. II. Renvoi à son ch. « De Luxuria et
Libidine in Romanis », 122 ; De Studio et Industria Romanorum, de Studio
et Industria externorum (Græca industria) », 123, 131-135, 138, 139, 142, 147 ;
le sens qu'il donne à « reformare », 575. III. Explication du proverbe : « C'est
une Afrania », 184 ; « dea Viriplaca, (sacellum in Palatio) », 221 ; « .... quod
ars adumbrare non valuit, casus imitatus est », 245 ; Metellus Pius se fait
en Espagne dresser des autels et brûler de l'encens, 463.

* **Valerianus, Julius** [Keil lit ainsi la suscription de l. V, 4 que Catanæus,
Alde, Gesner attribuent seulement à « Valerianus », comme l. II, 15 et l. V,
11 suite de l. V, 4]. I. Ami vicentin (?) de P. J. [sans renseignements précis.
Voir la note de Catanæus], 120 ; ses goûts changeants, 130.

Valerianus Pollius, Quintus. II. Dans Martial, « Epigr. », l. I, 114, « Ad lec-
torem ubi libri sui venales », 250.

Valerius Antias, historien latin, contemporain de Sylla, fanfaron, romancier
et surtout rhéteur [Voir Pichon, « Litt. rom. », p. 144, 145, 318]. III. Cité une
dizaine de fois par Aulu-Gelle, 239.

Valerius Flaccus C., auteur du poëme « Argonauticon » dédié à Vespasien
(vers 70). II. Martial lui conseille de laisser la poésie pour le barreau, 245,
246 ; Martial paraît lui avoir adressé « Epigr. », l. I, 77 ; l. IX, 56, 91 ; l. XI,
80 ; l. XII, 74 et parle de lui l. X, 48 — 274 ; P. J. ne parle pas de lui, 274 ;
crée « frenator », 573, 574. III. Né à Sétia ou Padoue, 54 ; comparé à P. J.,
500, 501, 502.

Valerius Licinianus. Voyez « Licinianus Valerius. »

Valerius Paullinus ou Paulinus. Voyez « Paullinus ou Paulinus Valerius. »

Valerius Varus [inconnu]. III. Débiteur d'Attilius, laisse Maxime pour son
héritier, 13, 132.

Valla, Lorenzo (1406-1457). II. Une lettre de lui à Guarino, 661.

Valmajour. Premier tambourinaire de la Provence, dans le « Numa Roumes-
tan » d'Alphonse Daudet. II. 404.

Vanderbilt, « l'un des cent. » I. Propos qu'on lui prête, 95.

Vannetti, Clementino (1754-1795). II. Indiqué comme traducteur partiel de
P. J. par Scolari qui nous donne (9 Mars 1902) ce renseignement complémen-
taire : « De Clementino Vannetti, Opere italiane e latine, Venezia, 1827.
« Vol. II, j'ai vu 28 lettres choisies traduites en italien » [Cf. Corradi, 1889,
« Observationes », p 56], 515.

Vardes (le Mis de). III. Son oraison funèbre par Bussy-Rabutin, 349.

Varenus Rufus. Voyez « Rufus Varenus. »

Variola ou **Viriola**, **Accia** ou **Attia**, son procès plaidé par P. J. devant les
« Centumvirs », chambres réunies ; P. J. envoie son plaidoyer à Voconius ;
admiration de P. J. et de Sidoine Apollinaire pour l'éloquence de l'avocat.
I. 562-565, 601 ; II. 9, 345 ; III. 10, 32, 33, 266.

Variot, Joseph. I. L'auteur tire grand profit de sa thèse sur P. J., 15 ; la
rédemption de Trajan, 419 ; les motifs de Trajan pour donner à P. J. la légation de Bithynie, 430, 431 ; le manuscrit perdu du Xe livre de P. J., 433,
434 ; l'impertinence de Semler, 439 ; l'authenticité des lettres Pline-Trajan
sur les chrétiens, 441 ; date de la lettre de P. J., 442 ; la Conversion de P. J.,
446, 447, 448. Rappel de ses travaux sur P. J., II. 295, III. 515.

Varius. II. Ami d'Horace et de Virgile, l'un des reviseurs de l'Enéide après
la mort du poète ; rencontré à Sinuesse avec Plotius et Virgile dans le voyage
à Brindes, 114

Varonilla. I. Vestale incestueuse, 196, 216.

* **Varron** (M. Terentius Varro). I. La vie de l'homme divisée en cinq périodes,
42 ; ne parle point du métayage dans son « De re rustica », 81 ; le personnel

d'une exploitation rurale, 90 ; les questeurs « publicas pecunias conquire-
bant », 253. II. Cité par Gesner, Valère-Maxime, Santi-Consoli, Müntz, 75,
132, 308, 392. III. « ...Venit ad nos Pantulæius Parra. Narrat ad tabulam,
quum diriberent, quemdam deprehensum tesserulas conjicientem in locu-
lum », 143 ; cité par Sidoine, 263 ; P. J. lui attribue des poësies grivoises,
[Cf. les 34 lignes de Catanæus, 1519 et les trois lignes Index, Mommsen],
392.

Varron. (P. Terentius Varro Atacinus). III. Poète narbonnais, 82-37 av. J.-C.,
cité par Sidoine, 263.

Vatinius, Publius, accusé par Cicéron (aff. Sextius), puis par Calvus deux ans
plus tard (à sa sortie de la préture) et défendu par Cicéron. [« Dial. des
Orat. », 21, 34, 39]. I. 588 ; II. 51.

Vatinius. II. Le boulanger-avocat (Martial, Pellisson), 69.

Vauvenargues. II. Ses « Réflexions et Maximes », 328 ; quelques citations,
127, 436, 442, 446, 452.

Vectenius. II. Proposition qu'il fait à Cicéron créancier de Méton, 378, 379.

Vectius Priscus. Voyez « Priscus Vectius. »

Vectius Proculus. Voyez « Proculus Vectius. »

Vectius. III. « Vir illustris », descendant (?) du martyr lyonnais S. Vectius
Epagathus ; Sidoine lui a écrit l. IV, 13, et reproduit (l. IV, 9) pour le célébrer,
la lettre (l. III, 1) de P. J., 268.

Veenhusius, Johannes. II. « Epistolæ » de P. J. « ex officina Hackiana »,
504 [voir Errata] ; un exemplaire relié aux armes de Du Fresnoy, 511, 512,
513 ; textes douteux de P. J., 385, 392, 400, 408, 411.

Végèce. I. L'armée romaine d'après les « Institutions militaires », 240 ; l'âge,
la taille, la complexion des nouveaux soldats, 382. III. Pourquoi les Romains
sont devenus maîtres de l'Univers, leur infériorité vis-à-vis des Grecs
« artibus, prudentiaque », 170.

Veiento, A. Fabricius. I. Pamphlétaire sous Néron ; Mauricus s'indigne de la
place d'honneur que Nerva lui donne à sa table, 227 ; l'accusation que lance
contre lui Talius Geminus, 499. II. Son apologie de Certus, 34, 37 ; tente
de répliquer à P. J., 35 ; on lève la séance dans des conditions inconve-
nantes pour lui, 36 ; qualifié de « délateur », 52, 53, 55 ; cette qualification
est injuste, 53, 66, 67 ; qualifié de « vir clarissimus (1) », 64 ; renseignements
sur ce personnage, 63-67 ; comment il finit, 67 ; orateur, 108 ; ce que P. J.
écrit de lui, 300, 301. III. L'insulte que lui fait Mauricus, 50 ; renvois pour
sa biographie à Pétrone, Tacite, P. J., 52.

Velius Cerealis. Voyez « Cerealis Velius. »

Velleius Paterculus. I. L'ordre équestre, 51 ; la questure, 239 ; Tibère
questeur à 19 ans, 260 ; préteur-candidat de César, avec son frère, 279. III.
Quelques lignes de l. I, § 8 (tronqué) de son « Histoire romaine », 416.

---

(1) « Note omise dans les Addenda » : Ce « clarissimat » provoque une étude
intéressante. La hiérarchie de Dioclétien et de Constantin ne fut pas une
création, mais une codification des traditions séculaires, car elle se trouve déjà
en germe dans le dictionnaire mi-partie officiel, mi-partie mondain des Epîtres.
Les clarissimi (Veiento, Ferox, Salinator, candidats privilégiés, IX, 13, X, 19,
K. 87, « Pan. » 69), sanctissimi ou sancti (II, 9, 11 ; III, 3 ; IX, 28 ; X, 1,
K. 1), spectatissimi (V, 1), monstrabiles (VI, 21), splendidi (VI, 15), egregii
(IX, 23), etc. sont les ancêtres des nobilissimi (princes du sang) illustres (hauts
fonctionnaires effectifs) spectabiles (employés supérieurs de la Cour) clarissimi
(sénateurs, gouverneurs de province) perfectissimi (chefs de bureau) egregii
(chevaliers) honorati (fonctionnaires in partibus), etc. En constatant ce qu'un
siècle d'Empire avait fait des Romains, on touche du doigt le non-sens politique
des rêveurs de la restauration républicaine.

Venantius. III. Patrice, correspondant d'Ennodius, 299.

* **Venator** [sans renseignements, une seule lettre de P. J.]. I. Comment P. J. vendange, 91.

Vence (l'Abbé de), commentateur de la Bible (22 vol. 1738-1743, 27 v. 1827 et années suivantes). III. Doudan a laissé plusieurs articles sur sa publication dite « Bible de Vence », 371.

Vennonius. III. Historien médiocre cité par Cicéron [Voir aussi « De leg. » I, 3], 378.

Verania Pisonis, veuve de Licinianus Pison. [Elle racheta sa tête aux assassins qui l'avaient conservée pour la vendre et inhuma son mari avec l'autorisation d'Othon Tacite, « Hist. » I, 47] ; sa superstition ; reçoit Régulus dans son intimité et teste en sa faveur. I, 459, 460. II. 236, 301, 302, 321, 385, 386.

Veranie. Voyez « Verania. »

Veranus, évêque, fils d'Eucher (évêque de Lyon). III. Élève et correspondant de Salvien, 254 ; commençait à être « le guide des fidèles » lorsqu'Eucher lui dédia [ainsi qu'à Salonius] un pieux ouvrage, 255.

Vercellius, Jo. « Plinii Epistolæ » [voir l'annotation de Platner, p. 2, n° 5 et Lemaire, « Notitia », p. 414]. II. 502.

Verger, Victor, l'un des traducteurs de Martial, Panck. II. Recours à sa notice sur Martial, 248, 249 ; recours ou renvois à ses notes, 257, 258.

Vergier, Jacques, poète, auteur de Chansons, de Contes, d'Épigrammes, de Parodies, etc. III. Héritier de P. J. grivois, 408.

Vernhet, E. II. « Pline, Trajan et les Chrétiens » (article de Revue cité p. 57 par Corradi : « In Plinium observationes », 673. III. Rappel de ses travaux sur P. J., 515.

* **Verus.** Cultivateur qui fait valoir la terre donnée par P. J. à sa nourrice, (l. VI, 3).

Verus, L. Celonius Commodus, Gendre de Nigrinus. II. Adopté par Adrien (135) — 44.

Verus, Lucius Aurelius, adopté par Antonin et empereur avec Marc-Aurèle. II. Soupçonné d'avoir fait empoisonner Libon, 41 ; époux de Lucille, fille de Marc-Aurèle, 112. III. Élève et correspondant de Fronton (2 livres), 232.

Verus, M. Annius, nommé après son avénement « M. Aurelius Antoninus ; Voyez « Marc-Aurèle. »

Verus. III. Correspondant de Salvien, 251.

Vespasia Polla. I. Épouse de Sabinus senior, mère de Sabinus junior et de Vespasien, 173.

* **Vespasien**, empereur. I. Le traitement de Quintilien sous son règne, 40 ; bienveillant à l'égard de la noblesse, 53 ; veut élever Minucius Macrinus au rang prétorien, 130 ; ses origines, son passé, son règne, 168-181, 216, 213, 453, 464, 465 ; très lié, du vivant de Néron, avec Soranus, Sentius, Thraséas, garde, une fois empereur, ses sympathies à « la Ligue des Droits de l'homme », 169, 464. II. 46, 56, 59, 60, 61, 73, 75, 89, 90, 98, 143, 145, 146, 156, 157, 194, 217, 218, 219, 221, 227, 229, 243, 254, 273, 274, 391, 587, 590, 596, 600, 605. III. Cité, 38, 43 (Spurinna), 49, 110 (Pline l'Ancien), 114, 122, 118, 169 (âme fiscale), 452 (vit et s'habille « more antiquo »).

Vespignani. III. L'auditorium de Mécène [voir Joanne, « Italie », p. 258 et Baedeker, p. 163, « Ital. cent. »], 380.

Vestorius. II. Banquier de Pouzzoles cité par Cicéron, 380.

Vibullius, préteur. I. Son conflit avec Antistius, tribun du peuple, 274.

Victorius, évêque de Grenoble. III. Correspondant d'Avitus, 294.

Vieux-Bois (Mr). I. Dans l'un des Albums de R. Töpffer, 78.

---

(1) Tout s'arrangera en France (disait un girondin de 1848) lorsque cette formule constituera un axiome politique : Les Jacobins ne sont pas des républicains. [De même tout se serait arrangé dans la Rome impériale, si républicain était devenu synonyme d'aristocrate, et stoïcien, de tartufe].

taires et traductions de P. J., 466, 485, 491, 492, 493, 499, 510, 570; le barreau
romain au temps de P. J., 558; dates des procès Priscus, Classicus, 575, 578.
II. La lettre P. J., l. IX, 26 est une profession de foi littéraire, 14; P. J. orateur, 19; Metius Modestus, 99; P. J. protecteur des lettres, 146, 147; P. J.
amant de la nature, 168; Arrius Antoninus, le grec du vieux consulaire, les
exagérations de P. J., 193; ce que P. J. dit de Martial, 267; son jugement
sur l'œuvre de Lagergren, 306; Pline se recommande aux historiens, aux
poètes, aux siècles futurs, 437; motif qui doit faire pardonner à P. J. sa
passion pour la louange, 446; disciple lui-même, P. J. exerce une sorte de
principat sur la jeunesse, 453, 454; P. J. prédicateur, 469; son opinion sur
la chronologie mommsénienne, 483, 486; renseignements sur les manuscrits
de P. J., 499, 501; son choix de lettres de P. J. et sa traduction de ce choix,
404, 508, 512; recours à ses traductions, 64, 81, 82, 165, 200, 205, 270, 271,
272; recours à ses commentaires, 192, 232, 266, 437; recours à ses « Remarques
sur la langue et le style de P. J. », 309, 310, 314, 317, 318, 322, 334, 339.
III. Tacite et P. J. co-légataires, 108; le beau-frère de Corellius, 205; qualités
et mérites de P. J., 496; rappel de ses travaux sur P. J., 515.

Weichselmann, Adolf. 1° La Vie et le caractère de P. J. d'après ses « Lettres »;
2° Les sentences des Epîtres et du « Pan. » Programm. (en allemand), 1853.
Eger (1).

Weinkauff, Frz. « De Tacito Dialogi auctore » [La Préface traite de l'attribution à P. J.] « New. ed. in-8°, Coloniæ Agrip. 1881. Roemke. » (Platner) —
Pour mémoire.

Weinrich, Jo. Fr. II. Ses éditions des Lettres et du « Pan. », 504.

* **Weise, C.-H.** I. Lectures de textes douteux de P. J., 482, 493, 504, 524;
influence des succès oratoires de P. J. sur son « Cursus honorum », 553.
II. Ses éditions de P. J., 506, 509; textes douteux de P. J., 34, 75, 103, 107,
192, 198, 205, 388, 391, 392, 408, 411, 454, 456; P. J. ami intime de Martial,
267, 269; intérêt des œuvres de P. J. et d'Aulu-Gelle, 294. III. Rappel de ses
travaux sur P. J., 513, 514.

Weiss, J.-J. l. Ses panégyriques des moustiques et de la pluie, 545.

Welser, ou Velser, Marc (1558-1614). II. Ses excerpta du Codex Bertinensis,
666, 667.

Wensch, Guil.-Ferd. III. « Lexici Pliniani » (Program.), 306. III. Rappel de
ses travaux sur P. J., 514.

Werusdorf, Em.-Frid. « C. Plinius Sec. exemplum sapientis liberalitatis. »
1779. Vitembergæ. — Pour mémoire.

---

(1) Lorsque nous avions sur le chantier « Le Studiosisme, Les Sévérités de
Joubert », et les pages 564-568 de notre futur second volume, nous attachions
un intérêt spécial à posséder « — Weichselmann : auswahl von sentenzen
aus den Briefen und der Lobrede [C. Plinii] derselben » et l'opuscule de
Radecki [voir ce nom]. A cette fin, nous avions demandé à MM. Les libraires
Asher, de Berlin, et Lorentz, de Leipsig, de vouloir bien faire les recherches
nécessaires, lesquelles n'aboutirent pas. En abordant l' « Index nominum »,
nous tentâmes un dernier effort qui ne fut pas plus heureux. *Lorentz* :
« Nous recevons confirmation que le programm 1853 du gymn. d'Eger, et
l'opuscule de Radecki sont épuisés; nous n'avons pu nous les procurer. »
Asher (8 janvier 1902) : « Impossible trouver Weichselmann; quant à la
la brochure de Radecki, nous venons seulement d'apprendre (ce que n'indi-
quait point votre extrait de la bibliographie Platner) qu'elle avait été publiée
en Roumania; nous tâcherons (elle est épuisée) d'en trouver un exemplaire
d'occasion et nous espérons pouvoir vous donner des nouvelles en peu de
temps. » (6 février, 10 mars, 9 Août) : « Nous avons le regret de vous informer
que nous n'avons pas réussi à trouver le Radecki d'occasion. »

Westcott, J.-H. I. Les défauts de P. J., 6 ; P. J. attractif, 6 ; l'auteur tire grand profit de ses « Selected Letters of Pliny », 15 ; P. J. déplorablement précoce, 38 ; les mariages de P. J., 45 ; Pompeia Celerina, 45 ; P. J. propriétaire à Tusculum, Tibur, Préneste, 58 ; les réquisitoires de P. J. contre les « malhonnêtes gens », 115 ; commentaires de textes, 409, 410 438, 485, 487, 492 ; les divers Priscus de la Correspondance de P. J., 495. II. Renseignements sur son ouvrage daté de Princeton, 1898, édité en 1899, à Boston, 404, 508 ; commentaires de P. J., 232, 387, 389, 398, 403 ; Pliny's Style, 306, 315, 316, 320, 341 ; son opinion sur la chronologie mommsénienne, 484, 486 ; renseignement sur les manuscrits de P. J., 499. III. P. J. gentleman patriote et heureux, 496 ; rappel de ses travaux sur P. J., 516.

Whittington, Richard. II. Marmiton légendaire devenu Lord-Maire (sous Henri V) [Voir Dickens. « Historiettes et Récits du Foyer ». Trad. Pichot, Hachette, 1868, p. 96-110], 110, 111.

Wiegand, D.-L. II. Traduction annotée du « Pan. » (Leipsick, Schwickert), 674.

Wieland, Christophe-Martin, le « Voltaire de l'Allemagne. III. Invoqué par Schöntag à la défense de Pline grivois, 402.

Wilde, J. I. Le codex bodleianus, 437 ; l'authenticité du X⁰ livre de P. J., 438, 446 ; le verdict sénatorial dans l'aff. Priscus, 576. II. Le destinataire de l. IX, 29, P. J., 220 ; ses deux désaccords avec Mommsen, 483, 485 ; une pensée de Cobet, 499. III. Rappel de ses travaux sur P. J., 515.

Willems, P. I. L'auteur tire grand profit de son « Droit public romain », 15 ; « Municipalis Curia, decuriones », 51 ; fonctionnaires et bénéficiaires, 183 ; « templum divorum, sodales...... », 233 ; les insignes de la questure, 253 ; questeurs impériaux, questeurs consulaires, 257 ; les vingt questeurs, 257 ; « quæstor candidatus principis » synonyme de « quæstor Augusti », tous les quæsto:es Augusti étant en même temps candidati principis, 259 ; « l'adlectio inter consulares », 263 ; « Ejurare magistratum », 275 ; les dépenses imposées à l'Empereur beaucoup plus élevées que les recettes publiques qui entraient dans le fisc, 304 ; durée des fonctions des trésoriers militaires, 310 ; le consulat sous l'Empire, 312, 313 ; « Consiliarii Augusti », 321 ; « Collegium Curatorum », 330 ; les Dieux protecteurs de l'Etat, 335 ; « Di patrii, Di peregrini », 335, 336 ; procurateurs et légats d'Auguste, 346 ; même pour les provinces sénatoriales, l'Empereur est le juge d'appel, 347 ; la compétence criminelle du Sénat, la procédure, la décision, les peines, les restitutions pécuniaires, dernier ressort et intercession, 555, 556, 568 ; « patroni municipii », 557 ; les sessions ordinaires, les sessions extraordinaires, le lieu des séances du Sénat, la présence de l'Empereur, 566, 575 ; les « Concilia provinciæ », 579 ; perte de la dignité sénatoriale, 591 ; « tempus legitimum » des plaidoiries, 598. II. Renvoi à son « parag. » (p. 341, 342) « Des Avocats et des Avoués », 23, 94 ; Domitien réunit les pouvoirs censoriaux au pouvoir impérial, 35 ; renvoi à son chapitre « des séances du Sénat », 538. III. Renvoi à son ouvrage (notamment aux p. 515, 519, 520, 546, 581, 582), 167.

Willmanns, G. [« Exempla inscript. latin. », 2 vol., Berol., 1873]. III. Cité par Duruy, 415.

Winchler, Toble. II. Propriétaire du Codex Schwarzianus (Codex Caroliruhensis, Codice Durlacese), 663.

Winding-Prorson, Ant. II. Son édition du « Pan. », 671.

* **Winnefeld.** Rappel de ses travaux sur P. J., 515.

Woelfflin, Edouard. II. « De nugis philosophorum, auctore Cæcilio Balbo », 518.

Wolf, F.-A. II. Une page (p. xiii) d'étude critique sur le « Pan. » de Trajan dans son ouvrage, 1802, Berlin, Lagarde, 610. III. Rappel de ses travaux sur P. J., 513.

X

Xénophon. II. Général intellectuel (Janin), 128; Cité par P. J., 443; la Cyropédie, son Télémaque, 633. III. Cité par P. J., 218.

Xerxès Ier, roi de Perse. II. Jette un pont de bateaux sur l'Hellespont pour franchir ce détroit, 235; cité par P. J., 436.

Xiphilin, Jean [Abrégé de l' « Histoire romaine » de Dion Cassius]. I. Cénis, 176; Domitien chasse les eunuques, 196. II. Cité par Livineius, 519.

Y

Young, Edouard, poète anglais. III. Comparé à Stace, 501.

Z

Zacharie, Franciscus Antonius [Le Père jésuite Zaccaria]. Consulter sur l'inscription ambrosienne de P. J. : « Litterarii excursus per Italiam », p. 98 (Epist. II, Annibali de Abbatibus Oliviero); « Opusculorum collectiones Calogerianæ », t. 41 (Epist. Francisco Gorio). [Voir Boari. Testamentaria Inscriptio, pp. 27, 28, 51 et la Tabula finale]. — Pour mémoire.

Zacharie. III. Le plus obscur des petits prophètes, commenté par S. Jérôme, 229.

Zeller, Jules. « Les Empereurs Romains » (2e Edit. Paris. Didier, 1863). I. La démagogie militaire (p. 144-165) 169; le retour des délateurs sous Domitien, 194, 195; les deux morales de Domitien, 196. II. Les vieilles fictions républicaines, 227; l'activité physique de Trajan, 599; c'est une nécessité pour les empires fondés par la guerre de conquérir toujours, et pour les gouvernements militaires, d'occuper les soldats. Cette double fatalité pesa particulièrement sur Trajan..., 605. III. Attribue à Eumène le panégyrique de Constantin, 414; renvoi au début du § 4, troisième partie : « Cinquante Empereurs ou tyrans. Anarchie politique et morale de cinquante ans », 471. « Entretiens sur l'Histoire. Antiquité et Moyen-âge » (Paris, Didier, 1865) : Renvoi au premier chapitre : « L'Orient, les castes et le despotisme. » III. 167.

* **Zénon.** II. Fondateur du stoïcisme, fait ses cours sous le « Pécile », portique d'Athènes, 116.

Zénon l'Isaurien (empereur d'Orient, 474-491). III. Cité par les Bénédictins de Saint-Maur au sujet de la mort de Sidoine, 257.

Zénon (S). III. Sa théorie sur les remariages, 300.

Zimmermann, Io. II. Commente chap. 25 du « Pan. », 590.

Zioteekiego, Romana. II. Son édition des « Lettres » de P. J. (Breslau, Schletter) [Voir Platner, p. 4, n° 164]. III. Rappel de ses travaux sur P. J., 514.

Zippel. Voyez « Valbusa et Zippel. »

Zonaras, Jean, historien grec du XIIe siècle, auteur des « Annales. » II. Cité par Livineius, 519.

* **Zosime,** « Zosimus, C. Plinius » (le « Tiron » de P. J.), lecteur de P. J., « pronuntiat acriter, sapienter »; P. J. lui consacre l. V, 19; Seibt le cite; Catanæus le fait mourir avant l'envoi de P. J., l. IX, 34. I. 111; II. 233, 284, 291.

Zosime, historien grec du Ve siècle, auteur de l' « Histoire romaine. » II. Les danses des pantomimes introduites par Pylade et Bathylle engendrent une infinité de malheurs, 74.

DEUXIÈME INDEX

(Intermezzo)

A

C

---

(1) « Castel Fusano est un petit château qui appartient au prince Chigi..... »
« Addenda » : « Le Musée Arlaud, de Lausanne, possède un bon tableau de
Castel Fusano (propriété de la société vaudoise des Beaux-Arts). Le peintre
(M. Emile David) a rendu fort exactement la mélancolie très spéciale de cette
forêt marécageuse. Sur la lisière des pins « à tête ronde » il fait errer le sanglier
qui évoque tant de souvenirs, depuis Horace et Pline jusqu'au roi Humbert. »

D

E

F

I

Ibrahim, C. [légende d'un sultan « dégoûté des grandeurs » racontée par la Princesse Belgiojoso. « Asie Mineure et Syrie », p. 152-155].

J

Jammy, Edouard, LXI.
Janin, Jules, IV, X, XIV, XIX, LXIX, LXXXI.
Joanne, II, XXVII, LXIX, LXXVI, CCLVII.
Joubert, Joseph, XXXVIII.
Jove, Bénédict, II, IV, VIII, X, XII, XIII, XIV, XIX, LVII, XC, CCLII, CCXCII, CCXCIV, CCXCVI.
Jove, Paul, IV, VIII, IX, X, XIII, LXXXI, XC.
Jove, Jean-Baptiste, IX, X, XI, XII, XIV, CCXCIV. [Voyez « Addenda et Errata »].
Jove (l'hôtel) [Musée civique], XCVIII.
Jove (La Famille), IX.
Jules II, pape, LXXV.
Juliette. Voyez « Roméo et Juliette. »
Jucundus (Frà Giocondo), XXI.
Junia, Vestale, XXXV.
Jupiter, CXXXVI, CCVI, CCVIII et CXLI [Voir Winckelmann, « Histoire de l'Art », VI, 34 et suiv.].
Juvénal, LXV, LXXXVI.

K

Keil, XXV, XXVIII, XXXVII, XLIV, XLVI, LVII, LXV, LXXII, LXXIV, LXXXV, LXXXVI, CXCIII, CXCVI, CXCVII, CXCVIII, CCXVII, CCXXXV, CCXXXVIII, CCXXXIX, CCXL, CCXLVI, CCL, CCLII.
Klussmann, E., CXCVIII.
Kreuser, A. (Dr), CLXXIX.

L

La Bruyère, CCXXXV.
Lælius Nepos, CCV.
Lafaye, CCXVI.
Lafforgue (L'abbé), L, CLXXXIII-CCIV (passim), CCXXVII-CCLIV (passim).
La Fontaine, IX.
Lagergren, CCXCII, CCXCIV.
Lallemand, LVII, LXXXV, CCLII.
Lamartine, LIII, LVIII, CXXXIII.
Lancisi, CLXXV, CCXV, CCXVI.
Lancisius. Voyez « Lancisi. »
Larousse, CCLXXI.
Latinus, roi du Latium, CCIV, CCV.
Lavinie, fille du précédent, CCV.
Lazzari, Fr. Ignazio, CLXXVII, CCLXIV, CCLXXVI.
Lebaigue, I, VIII, XLIII, CLXXIV, CLXXXII, CLXXXIII-CCIV (passim), CCIX, CCXIII, CCXIV, CCXXVII-CCLIV (passim), CCLVIII, CCXCI, CCXCV, CCXCVI.

---

(1) Ainsi lisons-nous dans notre « Carnet de voyage », au fascicule intitulé : « Notes recueillies dans les bibliothèques et chez les érudits à Città di Castello — Arrezo — Pérouse, Florence. » Nous ne comprenons pas bien aujourd'hui et malheureusement ne pouvons contrôler. Si le nom de l'auteur n'était placé avant Sacy, nous songerions aux « Litterarii Excursus per Italiam » de l'éminent professeur de la Sapience dont Boari disait (p. 27) : « Cf. Franciscus Zacharia. S. J. vir de sacris et profanis Antiquitatibus optime meritus, nobis quam maxime carus » [Voir le premier Index].

---

(1) « Il s'étend sur un drap et meurt asphyxié..... » — « Addenda » : I. On trouve dans Waltz [Choix de Lettres de P. J., Texte latin, p. 137] une petite illustration — souvent reproduite — représentant la mort du savant. Si à certains égards elle est sensiblement inférieure à celle du P. J. de Lallemand [voir notre tome II, p. 213], elle ne prête pas du moins au cataclysme, un décor de théâtre et à Pline, les traits d'un jeune premier. II. Ne quittons pas ce terrain anecdotique des illustrations pliniennes sans signaler que l'ouvrage tout récemment reçu de Formey [Der heidnische Philosoph. — Gedanken des Plinius. — Frankfurt und Leipzig, 1760, 1761, Brönner] débute par trois gravures (d'assez faible mérite) : 1° « Der sterbende Cornelius » [lisez Corellius Rufus]; 2° Der todt des ältern Plinius; 3° Plinius richtet die Christen [x Buch, xcvii Brieff]. III. Au surplus, pensant intéresser le lecteur, nous prenons le parti d'intercaler ces quatres gravures dans le présent fascicule [Voir la note de la Table des Tables].

Rufinus, Trebonius, CXII.

Rufus, Acilius, L, [ou **P. Acilius**].

Rufus, Caninius, IV, IX, XIV, XV, XX, XCVII, XCVIII.

Rufus, Corellius. Voyez « Corellius Rufus. »

Rufus, Sempronius, XCVI.

Rufus, Sextus ou Festus, auteur (?) du « De regionibus Urbis Romæ », XXXII, XXXV.

Rufus, Virginius, XVIII, XXXI, XCV, CXV, CXVI, CXVII.

Rusticus Arulenus, L. Junius, X, XX, CIV, CV, CVI.

Rutilius Numatianus, Claudius, auteur d'un « Itinerarium » en vers élégiaques, XXVIII.

S

Sablière (Mᵐᵉ de la), IX.

Sacchetti, Marcello, CCXV.

Sacchi, Giov., archevêque [mort en 1505], CXXI.

Sacerdos. Voyez « Nicétès Sacerdos. »

Sacy (de), XXIII, XXIV, XXVII, XXVIII, XXXVII, XLIV, LXV, CLXXXIII, CLXXXIX, CXCIII, CXCVI, CCXIV, CCXXVII, CCXXXII, CCXL, CCXLIII, CCLII, CCLIII, CCLVII, CCXCII, CCXCV, CCXCVI.

Saint-Simon (L. de Rouvroy, duc de), CCXLVIII.

Sammicheli ou San Micheli [1484-1559], XX, CVII.

Sardus, correspondant de P. J., CCXCI.

Sarrazin ou Sarrasin, J.-Fr., LIII [La Pompe funèbre de Voiture].

Saturninus, Pompeius, XCVI.

Scaliger (les), XX, CVII [Arche Scaligere].

Scamozzi, CLXXV, CLXXVII.

Scaurus, Attilius. Voyez « Attilius Scaurus. »

Schaeffer, G.-H., I, XXV, XXVIII, XXXVII, XLIV, XLVI, LVII, LXV, LXVIII, LXXII, LXXXV, CXCIII, CXCVII, CXCVIII, CCXXXV, CCXXXIX, CCXL, CCXLV, CCXLVI, CCL, CCLII.

Schaeffer, M.-J.-A., I, LXXXV.

Schanz, Martin, I.

Schinkel, CLXXVI.

Schott, C.-F.-A. (Dʳ) (zu Stuttgart). Caius Plinius Cæcilius Secundus, des Jüngern, werke [Erstes bändchen, Briefe] übersetzt, in-18, 1827, 1828, 1829, Stuttgart, Metzler [542 pages dont 10 d'Introduction] (1).

Scipions (le tombeau des), découvert en 1780 — CXXV.

Scipion, P. Cornelius Æmilianus, CCV.

Scolari, Felice (Le Professeur), VIII, IX, XIII, XVII, XCVIII.

Selbt, Ignace, LXXXV.

Sénécion, Sosius, CXIX.

Sénèque, le philosophe, LIII, LVII, LIX, LX, LXIX, LXXIII, CLXXIV, CLXXXVI, CCI.

Septicius, Clarus, XII, XXV.

Sequester, Vibius. Voyez « Vibius Sequester. »

---

(1) Ce petit volume [non trouvé lors de la rédaction de notre Tome II, p. 512] nous parvient au moment de la mise sous presse des derniers feuillets de nos « Tables générales. » Pour ne pas le passer sous silence, nous le mentionnons ici — place anormale, il est vrai, mais la seule dont nous disposions encore.

3 Janvier — 15 Juin 1902.

TABLE DES TABLES GÉNÉRALES

---

(1) Les Tables générales renferment elles-mêmes six gravures pages 1 et 217 (photographies de la statue de Pline le Jeune — Cathédrale de Côme) et après pages 80, 96, 160, 176 [emprunts à Formey et à Waltz. Voir la note de p. 230].

Besançon. — Imprimerie J. LUNANT, 8, rue Pasteur.

Eugène ALLAIN

PLINE LE JEUNE

ET SES HÉRITIERS

(A. FONTEMOING, Éditeur, à Paris)

ADDENDA

Décembre 1904

BESANÇON

IMPRIMERIE TYPOGRAPHIQUE J. LUNANT

8, rue Pasteur, 8

1904

PLINE LE JEUNE

ET SES HÉRITIERS

(Paris. A. FONTEMOING, Éditeur).

ADDENDA

En classant le manuscrit de mon ouvrage (1) dont la publication est aujourd'hui terminée (2), je retrouve quelques notes égarées. Je les fais imprimer pensant intéresser les lettrés qui étudient spécialement Pline le Jeune. Les indications ci-après permettront de se reporter aisément aux diverses parties du texte que ces notes concernaient.

(1) *Vide* : 1898, décembre « Polybiblion, Annales franc-comtoises » ; 1899, juillet « La Cultura » ; 8 novembre « Le Droit » ; 1900 « Dalloz, Jurisprudence générale » (1er cahier) ; fevrier « Polybiblion » ; 15 mai « Musée belge » ; juin « Rivista penale » ; 1901 « Laboratorium und Museum » (IV) ; 27 février, 11 mai, 3 juillet « Provincia di Como » ; 1er mai « Les Débats », Rivista storica italiana. » ; (mai-août) « Polybiblion » ; 4 mai « Revue bleue » ; 13 mai « Ordine di Como » ; 5 juin, 20 décembre « Les Etudes religieuses » ; 9 juin « Novocomum » ; 17 juin « Revue critique d'Histoire et de Littérature » ; 31 juillet « Revue bibliographique belge » ; 8 août « Internationale Litteraturberichte » ; septembre « Atene e Roma » ; 15 novembre « Musée belge » ; 25 novembre « Bulletin critique » ; 20 décembre « Les Etudes religieuses ». 1902, janvier « Eta preromana e Roma », Polybiblion, Revue des questions historiques » ; février, juillet « Revue historique » ; février « Bollettino di Filologia classica, Deutsche Litteraturzeitung, Philologie und Litteraturgeschichte » ; septembre « Atene e Roma » ; 5 septembre « Le Signal » ; 15 novembre « Revue internationale de l'Enseignement » ; 1er décembre « La Cultura » ; 10 décembre « Ordine di Como » ; 20, 27 décembre « Pro Como ». 1903, 3 janvier « Unione popolare di Città di Castello » ; 3 janvier, 22 août « Pro Como » ; 21, 31 janvier, 30 Mars « Provincia di Como » ; 29 juin « Revue critique d'Histoire et de Littérature » ; 15 juillet « Musée belge » ; 5 octobre « Les Etudes religieuses » ; 11 octobre « Minerva » ; Novembre « Polybiblion » ; 27 novembre « Le Soleil, Le Temps » (rapport du Secrétaire perpétuel de l'Académie française sur les concours de l'année 1903). 1904, 16 janvier, 8 mars « Provincia di Como » ; 19 juin « Il Giornale d'Italia » ; 15 octobre « Il Popolo di Spoleto ».

Adde : 17, 18, 19 octobre 1899, 10, 11, 12 juillet 1901, 25 octobre 1903, 4 mars 1904 « Le Petit Comtois, Le Progrès, La Dépêche républicaine, La Franche-Comté, L'Aisne, Le Centre, La Sarthe, Le Pas-de-Calais, Les Deux-Sèvres, Le Journal de Rennes », etc.

(2) Par la traduction si fidèle et si élégante de ma *Courte notice* due à M. le Dr Eugenio Mannucci, Città-Lapi, août 1904. Je renouvelle ici à mon éminent ami l'affectueuse expression de ma gratitude.

T. I, p. 366, l. 7, *Adduction d'eau à Nicomédie*, l. X, 37, 38. — Pline autorisé par Trajan amène à Nicomédie *arcuato opere* (par un ouvrage en voûte) une source très pure destinée à alimenter non seulement les quartiers bas, mais les hauts quartiers de la ville. M. Charles Texier (*Description de l'Asie mineure*, première partie, premier volume, *Nicomédie*, Paris, Didot, 1839) a retrouvé à l'orient de la ville moderne (Isnikmid), vers le quartier appelé Zeïtoun, Mahallé-si, et dans le lieu nommé Imbaher, au milieu des terrains du cimetière juif, les ruines d'une grande citerne (250 mètres carrés) qui fournissait de l'eau à l'ancienne ville. On ne voit plus de traces de l'aqueduc, mais la position de la citerne à mi-côte donne lieu de penser qu'elle avait reçu les eaux de la source de Pline aujourd'hui perdue.

T. I, p. 367, l. 27, *Théâtre de Nicée*, l. X, 39. — En se dirigeant un peu vers le sud de la ville moderne d'Isnik (ancienne Nicée), on aperçoit quelques arcades élevées sur un tertre entouré de broussailles. Ce sont les ruines d'un théâtre antique aujourd'hui presque entièrement enfoui sous terre. Suivant C. Texier (op. cit. *Nicée*), ces ruines seraient celles du théâtre bâti par Pline. « Il est certain » que si ce n'est pas le même édifice, si l'ancienne cons- » truction a été démolie pour lui substituer celle que nous » voyons, l'emplacement du moins n'a pas changé. »

T. I, p. 367, l. 33, *Græculi*, l. X, 40. — Trajan parle avec antipathie des Grecs (qualifiés de *Græculi*) passionnément épris de leurs gymnases, c'est-à-dire de ces édifices magnifiques où la jeunesse trouvait à côté de toutes les facilités pour le développement de ses forces physiques, l'instruction philosophique, scientifique, littéraire la plus complète sous forme de cours ou conférences. Or Elisée Reclus (*L'Asie antérieure*, p. 546-551, Paris, Hachette, 1884) démontre combien les inquiétudes non d'un intellectuel, mais d'un romain étaient justifiées. « Sans » effusion de sang la nationalité grecque se substitue » graduellement à la race turque. Grâce à leur instruction

» supérieure les Grecs d'Asie mineure se sont emparés au
» détriment de leurs oppresseurs de nombreuses industries
» et de toutes les professions libérales [Cf. les derniers
» mots de la lettre de Trajan]. Nul peuple ne sait mieux
» assurer l'avenir par l'éducation des enfants. Dans chaque
» ville les écoles sont la grande affaire. » D'où il appert
que les Grecs d'Anatolie sont demeurés fidèles aux traditions, aux sentiments, au patriotisme de leur race ; que
pour comprendre les ancêtres, il faut connaître, étudier les
descendants.

T. I, p. 369, l. 17, *Lac de Nicomédie*, l. X, 41, 42, 61,
62. — Mithridate, Xerxès ou tout autre souverain, avait
laissé inachevée la jonction de la mer de Marmara et de la
mer Noire, l'ouverture d'une voie navigable par le golfe
d'Ismid et le cours inférieur de la rivière Sakaria, (le
Sagaris ou Sagarias des anciens) qui reçoit les eaux d'écou-
lement du petit lac de Sabandja, l'ancien Sophon, reste
de mer intérieure. Grâce à son insistance Pline parvint
à obtenir de Trajan, fort hésitant, l'autorisation de
continuer cette canalisation d'un très grand intérêt
pour un pays beaucoup plus commerçant à cette époque
qu'il ne l'est aujourd'hui. Malheureusement il ne devait
pas tarder à mourir ; mais d'après toutes vraisemblances il
est aisé de se rendre compte sur place et de son projet et
de ses travaux puisqu'ils furent maintes fois repris, sans
persévérance d'ailleurs, depuis Soliman-le-Magnifique
(RECLUS, op. cit., p. 500-501).

T. I, p. 388, l. 12. 13. Θρεπτοί *(les nourris)*, l. X, 65, 66
[*Liberi nati expositi, deinde sublati a quibusdam et in
servitute educati… nec adsertionem denegandam iis qui…
in libertatem vindicabuntur puto, neque ipsam libertatem
redimendam pretio alimentorum*]. — M. Texier (op. cit.
Nicomédie) a découvert dans la partie supérieure d'Isnikmid, sur un sarcophage qui sert d'auge à une fontaine,
une inscription grecque en quatre lignes dont voici la
traduction ; « Dicampeilios Threptos à sa femme Sergia
Démétria. Salut. » L'érudit architecte renvoie pour l'explication du surnom de *threptos* aux deux lettres sus visées.

T. I, p. 417, l. 25, *Les Chrétiens*, l. X, 96, 97. — I. Pline demande à Trajan : « Est-ce le nom seul de chrétien, fût-il » indemne de crime, que l'on punit, ou sont-ce les crimes » inhérents au nom ? » Il ignore donc l'inculpation à formuler. Si Tacite, de son côté, tient pour coupables (sontes) les chrétiens mis à mort par Néron, c'est en tant qu'ennemis de tout le genre humain (*odio humani generis convicti sunt*), inculpation de raison d'Etat, non de code pénal (*Ann.* XV, 44). A la raison d'Etat, Suétone substitue (*Néron*, 16) la magie (*superstitio malefica*), inculpation légale bien antérieure à la naissance du Christ. Or Pline, Tacite, Suétone ne sont pas simplement des écrivains, des lettrés ou des rhéteurs ignorant droit et jurisprudence, mais des avocats de sérieuse instruction professionnelle, habitant Rome, y plaidant devant les plus hautes juridictions. Il semble donc malaisé de suivre Mommsen, Duruy, Boissier (op. cit.) Callewaert, de passer ou à peu près sous silence les contemporains les mieux qualifiés (à défaut de juristes proprement dits dont les opinions et commentaires ne nous sont pas parvenus) lorsque l'on recherche les bases juridiques des premières persécutions contre les chrétiens, de supposer la promulgation par Néron d'une loi spéciale contre le christianisme; malaisé de ne pas conclure qu'à cette époque il n'existait aucun texte législatif réprimant nommément soit le judaïsme, soit le christianisme, observation faite que les Romains confondaient alors et confondirent longtemps encore les chrétiens avec les juifs, ne voyant dans le christianisme qu'une secte juive. [En laissant de côté le rescrit de Marc-Aurèle (Digeste, XLVIII, 19, 30) sur les pratiques superstitieuses qui pouvait englober les chrétiens, mais ne les visait pas spécialement, nous inclinerions à attribuer à Septime Sévère (revenu de ses sympathies chrétiennes, Tertullien, *ad scapulam*, 4) la première disposition pénale : *Judæos fieri sub gravi pœna vetuit. Idem etiam de christianis sanxit. (Spartiani*, Severus, 17: *Adde Spartiani* Caracallus 1), puisque, au lieu de légiférer vers 201, cet empereur n'aurait eu qu'à appliquer la loi de 64 si elle avait existé]. Sous Trajan, les chrétiens ne pouvaient être

exposés qu'à des mesures de police telles que celles de
Tibère (incorporation dans l'armée, bannissement en
Sardaigne) et de Claude (*Judæos impulsore Chresto
assidue tumultuantes Roma expulit.* Suétone, Claude, 25)
ou à des mesures de fiscalité (Suétone, Domitien, 12) ou
devant les tribunaux qu'à une application motivée des lois
de droit commun (incendie volontaire, comme sous Néron,
inceste, infanticide, association secrète, rassemblement
nocturne, magie, sacrilège, lèse-majesté, etc., etc.), notamment de la *lex Julia Majestatis.* Peut-être, ajouterons-nous,
dans certaines espèces assez rares et peu connues (P. J.
*cognitionibus de christianis interfui nunquam ; ideo nescio
quid et quatenus aut puniri soleat aut quæri*) le juge
criminel avait-il considéré que l'aveu de christianisme
entraînait à la charge de l'accusé la présomption (*flagitia
cohærentia nomini*) du plus grave attentat à l'ordre social
(*perduellio*). Mais c'était déplacer abusivement le fardeau
de la preuve ; scrupuleusement honnête et d'ailleurs obsédé
par la crainte incessante des responsabilités, Pline n'y aurait pas consenti sans instructions formelles de l'Empereur.
Trajan consulté ne répondit pas le moindre mot aux
questions posées sur le terrain juridique ; ce qui démontre
l'arbitraire d'une pareille jurisprudence et confirme
l'absence même de textes législatifs. (Cf. Mommsen, *Der
Religions-frevel nach Römischen Recht* [*Sybel. Historicher
Zeitschrift*, t. 64, p. 389-429] ; *Römisches Strafrecht,*
Leipsig, 1899 ; Duruy, *Hist. Rom.*, t. IV, p. 504, 507, 509
et C. Callewaert, *Rev. d'Hist. ecc.*, 1902, p. 324 et suiv.).
II. Pline croyait pouvoir arrêter très facilement l'épidémie
(*contagio*) de christianisme. Voici la réponse de l'histoire :
« Malgré les persécutions éprouvées, la religion chrétienne
se répandit avec rapidité en Bithynie. Les fidèles couvrirent
de monastères et d'églises les environs des villes et les
penchants des montagnes. Toutes les vallées de l'Olympe
virent arriver des anachorètes qui formaient des disciples
fervents et dévoués. Aussi après plusieurs siècles de
conquête, les Turcs appellent-ils encore l'Olympe de
Bithynie, Kéchich-Dagh, la Montagne du Moine. » (Texier,
op. cit., p. 13).

T. II, p. 139, n. 3, 150, n. 1, 230, n. 1, *Studia, negotia, studiosi, scholastici.* — Le roman de Pétrone, dont les principaux personnages sont des intellectuels ou se piquent de l'être, nous fournit le vocabulaire latin des divers échelons de l'intellectualité : Les écoliers, *pueri in scholis* (Satyricon, c. 4); les étudiants, *studiosi juvenes* ou *scholastici* (c. 4, 6); ceux qui possèdent *amorem ingenii*, les hommes d'esprit, *litterati* (c. 83); les hommes d'étude, *litterarum studiosi* (c. 102); les amateurs de lettres opposés aux hommes d'argent, *litterarum amatores* (c. 84); les maîtres répétiteurs, les maîtres d'étude, *antescholani* (c. 81), enfin *scholastici* (c. 10) savants, lettrés, intellectuels, *ct tu litteras scis et ego* — ou dans un sens plus étroit, professeurs, rhéteurs, déclamateurs. Les lettres (*litteræ*) sont alors qualifiées de gagne-pain, de métier (*artificium*) au même titre que la médecine ou la banque (c. 56).

T. II, p. 145, n. 1. — Cf. Nisard, *Poètes latins de la décadence*, Paris, Hachette, 1878, Perse § VI, *De la querelle entre les stoïciens et les officiers de l'armée.* « .... Le stoïcisme à Rome, c'est l'opposition. Quand Domitien chassa les philosophes de Rome, cette brutalité était toute politique. Il avait peur, et non sans sujet, d'une secte discutante et militante. On ne conspirait que là.... »

T. II, p. 185, n. 3. — Nisard (op. cit., t. I, p. 267, 268) dit fort justement : « L'Empire c'est la fin du Sénat, des nobles, des chevaliers, gens de naissance ou de fortune qui écrasaient le peuple; c'est la confiscation de cent tyrannies particulières au profit d'une seule qui n'a point d'intérêt à opprimer le peuple et qui l'a pour principal allié contre les complots des castes privilégiées écrasées par Tibère. L'empire, c'est la forme la plus populaire de la société romaine. »

T. II, p. 257, n. 1. — Nisard (op. cit. Martial et Domitien § 5) a pris la défense de Martial et a plaidé en sa faveur tout au moins les circonstances atténuantes. Il estime qu'on serait bien sévère en voyant de lâches outrages dans ce que le poète a écrit contre Domitien après la mort de ce prince. Nous observons qu'il appuie son indulgence sur des citations incomplètes.

T. II, p. 271, n. 3. — Se reporter également à Nisard (op. cit.) : T. I, p. 359 et suiv., sur *Martial, homme candide et bon*.

T. III, p. ccciv, l. 7, *Pèlerinages pliniens en Bythinie*. — Le Xe livre des lettres ne saurait être mieux commenté que sur place, aux lieux mêmes où le légat impérial, honoré d'une mission de confiance, s'inquiéta à la fois de rétablir le bon ordre par l'exécution des décisions de justice, la sincérité des budgets publics, la dissolution des ligues, et d'accroître la prospérité de la province par l'achèvement ou l'entreprise des travaux les plus importants : thermes à Pruse et à Claudiopolis, aqueducs à Nicomédie et à Sinope, égouts à Amastris, théâtre et gymnase à Nicée, nouveau forum à Nicomédie et canalisation qui unira son lac à la mer.

T. III, p. 382, 383 et aussi t. II, p. 194, premières lignes ; t. I, p. 459, 460, *Pison, Saleius Bassus*. — A. Nous possédons un petit poëme de deux cent soixante-et-un vers, composé par Saleius Bassus en l'honneur de Calpuruius Pison. On y constate déjà cet enthousiasme de joie et de fierté voisin du ridicule, manifesté par Pline (L. V, 17) et expliqué par Friedlænder, qu'inspirait aux intellectuels de l'empire le concours inattendu d'un nom si glorieux des fastes républicains. « Continue, éloquent jeune homme, élève-toi au-dessus des titres et des honneurs décernés au mérite de tes aïeux ; que tes succès au forum éclipsent leur illustration sur le champ de bataille ! »

B. Ce Pison avait devancé, comme nous l'apprend le poète, Pline le panégyriste : « Qui pourrait peindre dignement la gloire dont tu te couvris dans ce jour solennel où, au milieu de sénateurs attentifs, décoré de la pourpre et escorté de douze faisceaux, tu célébrais d'un cœur reconnaissant la divinité de César ? »

C. Observons que le Pison ainsi chanté ne peut être que le conspirateur malheureux de l'an 818 de Rome (voir notre t. I, p. 459); qu'à tort Barthius en fait le contemporain de Pline le Jeune « revêtu du consulat dans la treizième année du règne de Trajan. »

T. III, p. 392, l. 12, *Nerva (ses poésies grivoises)* et aussi t. I, p. 218 et suiv. *(faiblesse de son gouvernement, adoption de Trajan.* — C'est le très médiocre opuscule de Jornandès : *De temporum successione*, qui nous paraît fournir le meilleur commentaire de Pline épistolier et panégyriste, en résumant dans ces quelques lignes l'esprit, le caractère, le règne de cet empereur : « *Nerva admodum senex regnavit anno uno mensibus quatuor ; qui ut vita privata levis, levior fuit in regno, nec quicquam profuit reipublicæ, nisi quod Trajanum se vivente elegit.* »

T. III, p. 489, l. 33 et aussi même tome, p. 403, l. 10. Nisard (op. cit., t. I, p. 300, 301), en s'inspirant de quelques vraisemblances discutables, a tracé un portrait spirituel et vivant de Sentius Augurinus : « C'est un poète de petite taille, doux, modeste ; il a l'œil voilé, la voix faible, la démarche négligée, incertaine ; il lit tout doucement et a peur des grands auditoires dont son filet de voix n'atteint pas les banquettes supérieures, etc. »

T. III, p. 502, l. 14, *Souvenirs pliniens.* — A notre demande, la ville de Côme a créé, nous le rappelons, dans sa bibliothèque, un fonds plinien qui sera bientôt riche de plus de deux cents ouvrages; les municipalités de Spolète, Città di Castello, Narni, Otricoli, Bassanello ont donné ou donneront incessamment, en exécution de délibérations déjà prises, le nom de Pline à des rues importantes ; le collège royal de Città s'appelle maintenant gymnase *Plinio il Giovine*, les principaux passages des lettres l. IV, 1, l. VIII, 8, seront gravés sur le marbre, dans le palais communal des Tifernates, au fronton de l'ancien temple du Clituinne (1).

____

(1) 1. Les délibérations de Côme portent les dates des 5 septembre 1902, 30 juin 1903 ; celles de Città di Castello, les dates des 29 décembre 1902, 31 mars 1903.

T. III, p. 505, l. 15, *Les deux Pline*. — J'ai reçu de MM. Magherini-Graziani et Mannucci, dont l'affabilité et la générosité sont inépuisables, une fort belle estampe que je tiens à signaler à tous les pliniens : *Conferenza dei due Plinii sulla storia naturale*. [L. Mussini dip. F. Calendi dips. P. Nocchi inv. Calamendrei imp. Società promotrice delle B. B. A. A. in Firenze, Anno III].

T. III, p. 506, n. 1 et aussi t. I, p. 243, l. 5, 6. — Sur l'indiscipline et la mollesse des légions de Syrie, voir encore *Vulcatius Gallicanus, Avidii Cassii vita* § 5, 6, notamment la lettre de Marc-Aurèle : « *Avidio Cassio legiones syriacas dedi, diffluentes luxuria et daphnicis moribus agentes* etc. »

Brevi notizie. — P. 8, l. 6, au lieu de *verso Plinio*, lire *verso Plinia*; même page, l. 7, au lieu de *di lui*, lire *di Plinio*; p. 51, au lieu de *Santa Maria in Orfeo*, lire *Santa Lucia in Orfeo*.

Eugène ALLAIN.

Décembre 1904.

Les conseils municipaux ont bien voulu nous faire le très grand honneur de prescrire par des votes unanimes de : « *Incidere il nome del Signor Allain sulla lapide dei benemeriti della Civica Biblioteca.* » Eminemment aimables et gracieux, MM. les syndics ont confié aux mains les plus artistes les copies des procès-verbaux destinées à nous être remises. II. Lettres de MM. les syndics de Narni (24 novembre 1903, 28 février et 12 septembre 1904); Otricoli (12 janvier, 29 mars 1904); Bassanello (4 mars, 4 septembre 1904); Spolète (20 juillet 1904), avec envoi de l'extrait de la délibération du 16 juin; même année.